Mes nuits blanches

CALMANN LÉVY

Couverture : olo.éditions
Maquette : olo.éditions
Photographies : © Jean-Marie Périer
Sauf mention contraire, toutes les photographies sont de Jean-Marie Périer
ISBN 978-2-7021-8890-3

Jean-Marie Périer

Mes nuits blanches

CALMANN
LEVY

« La mémoire est l'avenir du passé. »

Paul Valéry

Daniel Filipacchi et moi

1957 *dans les studios d'Europe n°1*

C'était quand même un type extraordinaire. Il m'avait engagé un an plus tôt comme assistant en me faisant une confiance totale alors qu'à seize ans je ressemblais vraiment à un môme à qui on aurait, au mieux, proposé de vendre des glaces sur une plage.

Il avait vingt-huit ans et il m'emmenait partout : rencontrer les musiciens de jazz la nuit au club Saint-Germain de la rue Saint-Benoît, dans les concerts qu'il organisait à l'Olympia avec son ami Frank Ténot, à Europe n° 1 pour me faire causer dans le poste pendant son émission « Pour ceux qui aiment le jazz ».
Et puis je me souviens de ses conseils tellement contraires à ceux qu'on me donnait lorsque je m'ennuyais sur les bancs du lycée : « Essaie de faire exactement ce que tu veux, n'écoute pas les gens ! », « Dans la vie, il vaut mieux avoir les choses en double ! » (c'est vrai, il conduisait les deux mêmes Peugeot 403...), ou bien : « L'avenir appartient à ceux qui se lèvent tard ! », « Dans la vie, il y a deux sortes de gens. Les "Y a qu'à, y a qu'à" et les "Oui mais, oui mais". Sache que si tu veux faire partie des premiers, les seconds t'emmerderont toute ta vie ! »
Bref, une façon unique d'envisager la vie, laquelle ne vaut finalement le coup que grâce aux gens que l'on rencontre.
Après mon père, il reste vraiment celui à qui je dois tout !

Johnny Hallyday

l'idole des jeunes **1965**

Cette nuit-là, nous avons roulé sans nous arrêter. Il est 7 heures du matin quand nous entrons dans le café d'un petit village. À la radio, on entend Richard Anthony chanter « J'entends siffler le train ». Accroché au bar, l'habitué du comptoir repose son énième verre de blanc de ses doigts qui tricotent. Il est un peu plié, mais debout. Ses yeux fixent le fond du verre, tirant sur sa Gauloise ; il ne boit pas, il tète. À une table, une madone qui ne fut jamais jeune écarte les miettes d'un croissant mou en se laissant bercer par son rêve. Elle aimerait du désordre sous sa jupe en vichy. Mais du respect aussi. Ce va-et-vient contradictoire la cloue ici depuis toujours car elle n'ose quitter ce village dans lequel on ne fait que passer. Enfin, il y a le Johnny de la région et son blouson clouté. Le visage accablé par le rôle qu'il se donne ; à lui seul, il représente le rock d'une jeunesse révoltée. Il règne en maître sur sa mobylette, affolant les jeunes filles, pétaradant les poules. Le voilà qui pâlit lorsque la porte s'ouvre. Catastrophe sidérale : c'est le vrai Johnny qui entre. Dans son costume de soie noire, il traverse la pièce sous l'œil interloqué de ces gens du matin. Ses yeux brûlés par trop de projecteurs parcourent la pièce sans la voir. Il est comme l'apparition irréelle d'une soirée folle qu'ils ne vivront jamais. Depuis qu'il a seize ans, il évolue en marge du monde en épousant les rôles que lui quémandent les regards des autres ; il est sur Terre pour les surprendre, c'est sa fonction. Jojo Mobylette hésite sur la stratégie à suivre. Doit-il lui passer la main dans le dos comme une vieille connaissance, ou bien marquer son territoire, l'agresser pour faire date ? Il le regarde en coin, sans trop savoir s'il maîtrisera la suite. Johnny connaît la scène, il les a vues mille fois, ces terreurs de quartier qui le provoquent pour exister un peu. On a la fureur de vivre qu'on peut. Il est trop tôt pour la bagarre, alors Johnny vient vers lui et lui serre la main comme à un ami perdu de vue.

Le guerrier devient mouton, le sourire prêt à toutes les connivences. Sa vie vient de changer pour toujours.

Guillaume Gallienne

2001 *quelque part en Corse*

Je l'ai rencontré grâce à ma merveille de Julie Andrieu, dont il est l'ami. Guillaume avait déjà la faculté très rare de savoir vraiment écouter les gens. Déjeuner avec lui, c'est être seul au monde ; il ne guette pas alentour, il vous regarde et vous écoute comme si l'on se voyait pour la dernière fois. Nous avons passé ensemble des vacances en Corse avec Julie, en compagnie de mon père et de sa femme Colette. C'est, je crois bien, la dernière fois que mon père a quitté Paris avant de s'en aller pour toujours. Il était assez affaibli ; seule une conversation sur le théâtre pouvait éveiller son intérêt. Et par chance, Guillaume était là. Il lui a donc parlé un peu et l'a écouté beaucoup. Je ne vois pas Guillaume assez souvent ; normal, la construction d'une ligne de métro Aveyron-Paris a pris pas mal de retard. Mais quand je pense à lui, quand je regarde ses films ou si j'entends sa voix à la radio, j'ai toujours un peu les larmes aux yeux, parce que je me souviens que la dernière personne à avoir parlé de théâtre avec mon père, c'est Guillaume, dont la scène, le texte et le jeu sont les passions. Et je voyais bien dans les yeux de mon père que ces conversations avaient le goût d'un passage de relais.

Charlotte Gainsbourg

à Saint-Pétersbourg dans les années **1990**

Peut-être représente-t-elle la plus belle réussite pour une enfant dite « gâtée ». Car figurez-vous qu'avoir des parents dotés d'une forte personnalité, c'est moins simple que le commun ne se l'imagine. S'il existe des gens qui « arrivent » dans la vie, c'est parce qu'ils le voulaient vraiment, se sont donné un mal de chien et ont beaucoup travaillé pour atteindre leur but.

Au fond, Charlotte avait un problème inverse : exposée très tôt à la célébrité par son père, tout était possible et sa force a sûrement été de savoir souvent dire non. Bien sûr la chance existe, elle intervient pour certains mais moins qu'on ne le pense. J'ai vu tellement de jeunes gens perdre les plus belles années de leur existence à vouloir être artiste pour de mauvaises raisons, entre autres la célébrité, les facilités supposées, au point qu'ils en sont devenus aigris et ont parfois complètement raté le coche pour une chimère. Résultat, ils en veulent à la terre entière.

Charlotte connaissait ces pièges depuis le départ, elle a su coller à elle-même.

C'est pourquoi elle est une Grande.

Pour les autres, heureusement, le hasard existe…

Johnny Hallyday

1980 *à l'Olympia*

J'allais voir Eddy Mitchell à l'Olympia (je parle de l'ancien, avant qu'il soit détruit et reconstruit à quelques mètres). À mon arrivée dans les coulisses, Eddy me prévient : « Le Grand a fait la fête hier, occupe-t'en et on se voit après le concert ! » Je vais donc chez Maryline, un tout petit bar niché au fond des coulisses, dans lequel se presse le Tout-Paris du spectacle pour attendre Johnny. Quand il apparaît du haut de son mètre quatre-vingt-cinq, tel que je le connais, il est clair que la veille il n'a pas bu que de l'eau. Il chancelle un peu et son visage a le teint d'un cataphote de vélo. C'est d'autant plus gênant pour lui que, bien sûr, tout le monde le regarde. Alors pour faire diversion, il se tourne vers moi et me dit avec un aplomb confondant : « Je reviens d'Afrique, j'ai attrapé le paludisme ! », prouvant ainsi qu'il ne manque pas d'imagination. Je lui propose donc de s'asseoir au bar, à la place que je lui ai réservée. Et, tout à coup, le voilà qui entre dans une colère noire contre les impôts français. « Oui, tu comprends, ils me prennent tout, etc. » Je me permets de lui répondre : « Écoute je ne comprends pas, ta maison de disques t'a payé une fortune pour une publicité il y a un an, et toi, tu vas t'acheter un bateau cigarette qui en coûtait les trois quarts, ce n'est pas raisonnable ! » Silence. Et là, il se tourne vers moi et me dit avec gravité : « J'en avais besoin pour aller sur la mer ! » Bon d'accord, aujourd'hui, cette histoire peut choquer du monde, surtout en ce moment, mais l'époque était autre, c'est tout. Et Jojo n'a rien fait comme tout le monde.Sa réponse était tellement hors de la réalité que je l'avais trouvé poétique. Une heure plus tard, il a rejoint Eddy sur scène pour chanter « Blue Suede Shoes » afin de clore le spectacle de son pote. Tout ça, je suis content de l'avoir vécu. Et je sais bien que ça ne reviendra jamais…

Valeria Bruni-Tedeschi

1990

Ce jour-là, je fais pour le magazine *Elle* une série de photos sur des actrices montantes. Et je vois entrer dans mon studio une jeune personne empêtrée dans une robe que la rédaction a choisie pour elle ; un look qui ne lui plaît pas et, surtout, qui ne lui ressemble pas. Elle reste près de la porte d'entrée et me regarde, figée comme une colombe devant un chasseur. Les rédactrices ne sont pas vraiment responsables : elles ont un nombre limité de robes et elles choisissent plus en fonction de la mode du moment que de la personnalité du modèle. Je suis seul dans le studio car je sais par expérience que pour les débutantes, il est difficile d'être détendues si d'autres gens les regardent. Valeria est toujours devant la porte, je vois bien que cette situation la met mal à l'aise, aussi je m'approche d'elle. On se dit bonjour, puis elle fond en larmes. Bien sûr, son désarroi me touche, alors je lui prends la main et je l'emmène s'asseoir sur un canapé. Elle m'explique que cette situation la gêne, elle a horreur de faire des photos, elle est là sur les conseils insistants de son agent. Et puis cette robe… Alors là, j'éprouve pour elle une tendresse immédiate puisque j'ai toujours été touché par les gens qui détestent se faire tirer le portrait. À part les mannequins, dont c'est le métier, personne n'affectionne cette situation. « Vous savez, lui dis-je, vous n'êtes pas du tout obligée de faire cette photo, ne pas figurer dans *Elle* ne changera pas votre carrière, etc. » Bref, me voilà, moi le photographe du journal, en train de lui expliquer qu'une photo n'a aucune importance (ne le dites pas à ma sœur). Mais cette merveilleuse personne étant très bien élevée, elle finit par se lever et va s'allonger sur le fond blanc. Nous faisons cette photo en trois minutes. Puis, après m'avoir dit au revoir, elle s'en va. Ni les rédactrices ni moi ne la connaissions en tant qu'actrice, mais surtout nous ignorions qu'elle deviendrait une vraie cinéaste…

Count Basie, Mezz Mezzrow et Earl Hines

dans les années **1950** *à Paris*

Ils étaient sans doute là pour les soirées jazz que Frank Ténot et Daniel Filipacchi organisaient à l'Olympia. Avec mon Leica autour du cou, je photographiais ces grands musiciens qui me laissaient les suivre pour *Jazz Magazine*, et moi, je trouvais ça normal.

Elle était quand même drôlement bien, ma vie de jeune homme. Pas de nostalgie, que des envies d'avenir sans aucune stratégie. Il serait mesquin de ma part de vous cacher plus avant que je ne suis pas emballé par notre époque. Et si, par un sortilège bienvenu, un quelconque chaman me proposait de revenir dans les années 1950, je ne vais pas vous raconter de salades, je me jetterais sur n'importe quel tapis volant pour retourner ce jour-là, au comptoir d'un bar de Saint-Germain avec ces trois joyeux génies, afin de descendre une demi-heure plus tard le petit escalier à la chaleur humide et enfumée de la cave de la rue Saint-Benoît. Là, je siroterais au bar un Coca-Cola tiède – je n'ai pas bu un verre d'alcool ni fumé une cigarette avant l'âge de vingt-sept ans – en regardant des filles moulées dans des pulls noirs danser le be-bop avec Jean-Pierre Cassel et Moustache, pendant que dans un coin Barney Wilen caresserait son saxo en attendant son tour, sans quitter des yeux les mains agiles de René Urtreger sur le piano et Pierre Michelot, le dos voûté sur sa contrebasse, tout en écoutant poliment les interminables élucubrations de Marcel Romano.

Mais, hélas, « There is no yes in yesterday », ainsi que le chantait Shirley Horn.

Patrick Modiano

1999

Je connais Patrick Modiano depuis mon enfance.

En effet, une actrice flamboyante aux accents d'Europe centrale venait parfois nous rendre visite, à Neuilly, chez mon père. C'était une amie de la famille, elle s'appelait Louisa Colpeyn. Elle tenait son fils par la main et, bien qu'il fût plus jeune que moi, il était déjà plus grand. C'était Patrick Modiano. D'aussi loin que je me souvienne, Patrick a toujours été « ailleurs ». Dans ce monde qu'il réinvente sans cesse depuis le jour où l'étoile d'une certaine place lui a frappé les yeux. Parfois, certains s'amusent de son inaptitude à jouer au tennis de la conversation. Sa pensée filant plus vite que la parole, ses mots se cognent et laissent traîner des bribes, comme si le début d'une phrase était par avance lassé de sa fin. C'est parce que, pour lui, l'important n'est pas à dire, il est dans les écrits de ses romans. Sa compagne Dominique Zehrfuss, auteure elle-même, n'est pas étrangère à ce fragile équilibre. Vous savez, vivre avec un écrivain, ce n'est pas toujours de la tarte ; aussi je la remercie d'avoir toujours su accompagner Patrick en ayant l'intelligence de respecter ses absences, même lorsqu'il était dans la pièce. Elle savait bien, elle, ce qui se cachait derrière ses silences. Je l'ai surpris un jour, dans une rue de Paris. Il regardait un immeuble, détaillant chaque fenêtre telle une amie retrouvée. Sur ce trottoir moderne, il était là, comme une photo sépia, le visage levé vers des souvenirs datant d'un hier qui n'avait peut-être pas existé, mais dont la valeur n'avait rien à envier à l'aujourd'hui des inconnus qui le bousculaient sans le voir. J'ai préféré ne pas le déranger.

Mon frère, Marc Porel, et Dani

1968

Le premier long-métrage de cinéma que j'ai tourné s'appelait *Tumuc Humac*. C'était une fiction sur un jeune orphelin partant pour la Guyane afin de retrouver son grand-père, un ancien bagnard. Nous écrivions, Jacques Lanzmann et moi, en descendant le fleuve en pirogue entre Saint-Laurent-du-Maroni et Maripasoula tout en dormant chez les Indiens, en compagnie de mon frère Marc Porel et de la chanteuse Dani, les deux héros de notre histoire. Mais si j'évoque ce film, c'est parce que j'y ai fait aussi jouer quatre des derniers bagnards encore vivants, libérés par de Gaulle en 1945. Le premier tenait un café à Cayenne et c'est lui qui m'avait le mieux renseigné sur Papillon et son roman à succès. Il était clair que ce dernier avait emprunté plusieurs histoires à d'autres bagnards pour écrire son livre. Sans doute un peu trop proche des gardiens, il était surnommé « le porte-clés » par les prisonniers, même si une partie de son histoire était vraie puisqu'il avait quand même réussi à s'évader de l'île du Diable. Je garde le souvenir des deux nuits passées dans cet endroit sinistre, éclairé par une lune qui en avait vu d'autres. Les murs de la prison étaient envahis par une forêt de lianes, comme si celles-ci voulaient effacer les traces des supplices infligés à ces maudits de la nation. J'avais rencontré un des anciens bagnards quelques mois avant le tournage et, après qu'il eut accepté d'apparaître dans mon film, je lui avais demandé où je pourrais le retrouver ; il m'avait désigné un tronc d'arbre au bord de la route. Hélas, le montage de la production ayant pris du retard, je revins en Guyane plusieurs mois après la date prévue. Et là, j'eus la surprise de retrouver mon bagnard à l'endroit exact qu'il m'avait indiqué. Comme je me confondais en excuses pour cette impolitesse, il me répondit dans un sourire : « Vous savez, j'ai passé trente ans dans une cage de deux mètres sur deux, aussi, vous attendre fut un plaisir ! » Depuis ce jour, j'ai décidé de ne plus jamais me plaindre.

Mon frère, Marc Porel

1968

C'est surtout pour cette scène, presque la dernière du film, que j'ai tellement eu envie de retrouver une copie de *Tumuc Humac*. Lorsqu'il rencontre enfin son ancien bagnard de grand-père, l'orphelin se retrouve en présence de ce qui lui reste de famille, ce très vieux monsieur qui s'occupe du cimetière d'un village de lépreux, tenu par des bonnes sœurs. À la fin d'un long plan où Marc traverse le village (j'ai bien sûr évité de montrer le moindre lépreux), il retrouve son grand-père au milieu des tombes. Celui qui joue ce rôle n'est pas un acteur : c'est un des quatre anciens bagnards encore vivants. Au cours de la scène, l'homme lui propose d'aller boire un verre d'eau chez lui. Or, dans le scénario que nous avions écrit avec Jacques Lanzmann, on voyait sur un mur de la cabane du vieillard une photo de la tour Eiffel. Nous arrivons chez lui et l'endroit est tapissé de photos de Paris. À partir de cet instant, le tournage devient surréaliste car, alors que je souffle des questions à Marc, les réponses du bagnard sont vraiment les siennes. Et il nous embarque en pleine improvisation dans une histoire selon laquelle il a une fiancée de dix-huit ans et demi qu'il a l'intention d'emmener en voyage en France. Tout ce qu'il dit dans cette séquence vient de lui ; c'est un court moment, mais il est sidérant. Il évoque l'amour de sa vie avec la candeur d'un adolescent. Je laisse tourner la caméra, impossible de couper ce moment de pure poésie. Après le tournage de cette scène, nous sommes allés voir les bonnes sœurs pour leur faire part de notre étonnement. « Cette fiancée n'existe pas, nous a dit la mère supérieure. Il l'a imaginée pendant ses trente ans de bagne et il mourra en rêvant de son voyage avec elle. » Ce moment est très rare et il me touche aussi particulièrement parce que mon petit frère est absolument magnifique dans cette scène.

Johnny Hallyday

1966

Il avait reçu cette Ferrari California le matin même. On se retrouve au bois de Boulogne pour faire une photo. J'emballe l'affaire en deux temps, trois mouvements ; après quoi, il me donne rendez-vous pour déjeuner aux Champs-Élysées et il démarre en trombe. Au croisement suivant, il explose son bolide contre un camion. L'engin n'aura duré qu'une matinée.

Voilà une particularité des plus évidentes des années 1960 : c'est sans doute la première fois dans l'histoire des hommes que des jeunes gens se mettent à gagner plus d'argent que leurs parents. En une matinée, Johnny venait de dépenser plus que n'importe quel père de famille en un an. Je me souviens de nos conversations de jeunesse durant lesquelles nous étions intimement persuadés qu'on mourrait avant l'âge de trente ans. Ce genre de certitude donne un sens de l'urgence, une inclination à vivre l'instant présent qui semble moins d'actualité en prenant de l'âge. Il ne faisait pas de plan de carrière, Jojo ; il n'avait pas de « conseillers en communication », il ne prenait pas de plans d'épargne logement. Il fonçait tout droit, c'est tout. Nous avions en commun de penser que dans la vie, la seule chose déraisonnable, c'est d'être raisonnable. Dans un certain sens, sa fonction consistait à vivre ce que les autres ne vivraient jamais. Il voulait tout, tout de suite, et il dépensait toujours l'argent qu'il aurait bientôt, sûrement, sans doute, peut-être. Désolé, mais ça, j'aime beaucoup. Ce qui n'est pas moral me rassure. Je sais, de nos jours, ce raisonnement frise le scandaleux, ce n'est pas dans l'air du temps ; tant pis, voyez-vous, je n'ai plus le temps d'être dans cet air-là...

Ma sœur, Anne-Marie, et Michel Sardou

2001

Soyons clair. Avant qu'il ne devienne mon beau-frère, je ne le connaissais pas tant que ça. Dans les années 1960, nous n'avions fait ensemble qu'un voyage aux États-Unis. Pour moi, son irruption sur les scènes françaises appartenait déjà à la vague suivante. Ce n'était ni du rock ni du yéyé ; c'était autre chose. Je passais tout mon temps avec Johnny, Sylvie, Françoise, Eddy, Polnareff, les Beatles et Mick Jagger. Et puis, il y avait Dutronc. Mon attachement excessif pour ce dernier m'a séparé de beaucoup de monde, donc de Michel aussi. En 1999, alors que j'étais à New York pour l'exposition de Daniel Filipacchi au Guggenheim, quelle ne fut ma surprise quand, un matin, ma sœur Anne-Marie entra dans ma chambre ; la tête à l'envers, elle déclara : « Michel m'a appelée cette nuit pour me demander en mariage ! » Je savais qu'elle le connaissait mais enfin, pas à ce point-là. Ce fut une bonne surprise. Je le savais fidèle à ses idées, je l'ai découvert capable de rire de lui-même. Nos relations sont courtoises, mais réservées. Serai-je un jour vraiment son ami ?... En tout cas, lorsque ces temps-ci je regarde Anne-Marie, je la vois heureuse. Bien joué !

Claude François

1969

Il est vrai qu'il n'était pas facile à vivre pour ceux qui travaillaient pour lui. Moi, j'avais de la chance, je travaillais « avec » lui, donc les choses étaient simples. Dans la loge du studio des Acacias, son assistant, Ticky Holgado, a tout préparé. Les chemises de toutes les couleurs, les costumes alignés sur des cintres et la machine à ozone pour purifier l'air. En entrant, Cloclo parcourt la pièce des yeux. Le miroir grossissant est un peu de travers, il entre dans une colère noire. Ticky fait le dos rond en attendant que ça passe. Il connaît l'animal : le trac passé, l'humour reviendra. Claude s'assoit et examine sa peau avec une attention féroce. Pendant qu'il scrute sans plaisir ce visage qui ne lui conviendra jamais, je regarde son nez dont je connais l'histoire. Il me l'a racontée une nuit, dans une chambre d'hôtel. Comme d'habitude, il avait exigé qu'on dorme dans le même lit. (N'allez pas vous faire des idées !) Entre la route, les répétitions, les spectacles et les soupers en groupe, nous n'avions pas une minute à nous. Seules les nuits nous permettaient de continuer notre incessante conversation. Aussi, il fallait voir les visages atterrés des groupies lorsqu'on apparaissait ensemble le matin.

À la fin des années 1950, il avait encore un nez dont la forme lui déplaisait. Il s'était alors rendu chez un grand chirurgien esthétique parisien et lui avait tenu ce discours : « Cher monsieur, j'ai besoin que vous changiez mon nez. Je suis artiste, c'est INDISPENSABLE. Je n'ai pas d'argent, mais bientôt je serai très connu et je viendrai vous payer ! » J'admire la force de conviction qu'il avait dû mettre dans son regard pour émouvoir un praticien débordé afin d'obtenir de lui qu'il l'opère en lui faisant crédit. Il eut son nouveau nez et paya ce chirurgien trois ans plus tard.

Simone Signoret

1949

Simone disait : « Je ne sais pas "désaimer". » Cette devise m'a accompagné toute ma vie. J'ai eu le privilège de la connaître depuis ma naissance. Grande amie de mon père, elle me faisait le cadeau de déjeuner seule avec moi deux fois par an par pure gentillesse, me reprochant souvent au passage mon manque d'intérêt pour la politique. Le plus beau souvenir qui me reste d'elle est certainement le dernier. À l'époque, je vivais à New York. Un jour, elle m'appelle de Paris pour me prévenir de son arrivée la semaine suivante, à l'occasion du spectacle d'Yves Montand au Metropolitan. « Viens me chercher à l'hôtel, mets-toi devant la porte de l'ascenseur et dis-moi quelle sera la couleur de ta veste, je ne vois plus très bien. » Je me rends donc à l'hôtel Méridien avec une veste bien rouge, que j'avais sans doute volée chez Avis. Lorsque la porte de l'ascenseur s'ouvre, elle s'approche et me prend le bras. « Allons d'abord déjeuner, ensuite on ira au Met retrouver Montand. » Le hall de l'hôtel est rempli de touristes français et alors que nous nous dirigeons vers la sortie, nous croisons deux types au pur accent parisien, apparemment deux lourdauds puisque, en regardant Simone, l'un se tourne vers son voisin et dit d'une voix peu discrète : « Je la connais celle-là, c'est qui ? » Il ne sait donc pas qu'il voit passer l'incarnation de *Casque d'or*. Alors au milieu de la foule pressée, en passant devant les deux cuistres, sans leur accorder un regard, Simone lance : « C'est la femme du mec qui a baisé Marilyn ! », et elle se dirige vers la porte. Elle venait de leur jeter au visage ce qui restera le drame de sa vie. J'ai toujours eu le sentiment qu'en prenant la décision d'accepter le rôle de *La Veuve Couderc*, Simone avait quitté sa fonction d'épouse pour devenir un peu la mère de l'homme qu'elle aimait, afin de ne pas le perdre. Quelqu'un a dit : « Il n'y a pas d'amour, il n'y a que des preuves d'amour. » Si c'est vrai, ce jour-là, Simone a certainement inventé une des plus belles.

Les Beatles

1964 *première séance à Londres*

Nous venions de nous séparer, Françoise et moi, lorsque j'ai débarqué à l'aéroport d'Idlewild de New York ; j'avais le moral en flaque. Perdre la Grande n'était pas une mince affaire. Rendez-vous était pris avec les Beatles à l'hôtel Warwick, mais quand j'ai vu la foule de fans en délire qui bloquait la 54e Rue, j'ai fait demi-tour ; j'avais besoin d'un verre. Affalé dans un fauteuil au bar du Plaza avec mes deux valises, après trois whiskies, je n'arrivais pas à me décider ; je ressassais : « Ils vont me demander des nouvelles de Françoise, il y aura du monde, il faudra faire bonne figure, etc. » Plus l'heure avançait, moins je me voyais y aller.

Quand je suis sorti, il faisait nuit, on entendait encore au loin les cris des filles en folie. Alors, avec mes valises, j'ai descendu mollement la 5e Avenue sans but précis. Je me suis arrêté pour regarder la vitrine d'une librairie française. Entre les vapeurs d'alcool, la chaleur moite et le décalage horaire, mon cervelet est entré dans une zone floue. J'ai distingué dans la pénombre un vétéran du Vietnam avec des guirlandes de Noël sur la tête et un drapeau américain à la main. Appuyé contre une vitrine de fringues de luxe, il m'a souri bien que je ne lui aie rien demandé et, écartant son imperméable mité, il m'a montré son sexe en marmonnant des incongruités destinées à lui seul. Où était-il donc écrit que je devais partager un moment d'intimité improbable avec un ex-hippie au cerveau broyé dans la « ville-qui-ne-dort-jamais » ? J'ai cru ressentir le désarroi de son pauvre membre qui n'avait sûrement pas servi depuis l'assassinat de Kennedy et qui aurait bien voulu partir. J'ai imaginé l'objet glissant le long du froc, contournant le genou, s'agrippant aux chaussettes et s'éloignant d'un bon pas sur la 5e Avenue, en direction du parc, jetant des petits coups de gland à droite et à gauche pour échapper aux taxis jaunes qui avaient autre chose en tête que de se préoccuper d'un pénis en marche vers un destin meilleur…

Ma pomme, à l'âge de neuf ans

1949

L'Occupation allemande était terminée : mes parents jouaient tous les soirs au théâtre ; mon frère, ma sœur et moi, nous restions seuls dans la grande maison de Neuilly avec ma grand-mère et une jeune domestique que je nommerai Sylvaine. Lorsque tout le monde dormait, je jouais souvent du piano dans le salon et parfois Sylvaine venait me chercher pour sortir, afin de se rendre à son rendez-vous préféré, à savoir les pompiers de Neuilly. Je me retrouvais donc à l'arrière de son vélo en direction de la caserne. Devant la porte, cinq ou six pompiers l'attendaient, les yeux brillants d'excitation. Elle m'intimait alors l'ordre de rester assis à l'arrière (dont le siège avait tendance à martyriser mon juvénile fessier). Puis elle allait retrouver le groupe aux visages rouges de plaisir. Car le but de la visite était toujours le même. Ils entouraient Sylvaine et, l'un après l'autre, ils s'adonnaient à un baiser sur la bouche des plus fougueux, pliant leurs corps dans un mouvement à faire pâlir n'importe quel danseur de tango jusqu'à se relever pour reprendre leur souffle. À peine avait-elle fini cet hymen furtif que le voisin l'attrapait et s'adonnait au même manège. Ça durait un petit quart d'heure. Enfin, essoufflée et les pupilles dilatées, en revenant vers son vélo, elle pointait son doigt vers moi en me disant de ses lèvres gercées : « Si tu répètes, J'AGGRAVE TON CAS ! » Phrase d'autant plus énigmatique qu'elle présumait d'une culpabilité dont je n'avais aucune idée. À cet âge, pour moi, les femmes étaient déjà une énigme. Rassurez-vous, je m'en suis très bien remis.

Ma mère
1942

Chez nous, il y avait d'abord ma grand-mère avec sa douceur infinie, et la cuisinière Linda. Contrairement à la fantasque Sylvaine, Linda était une merveille de gentillesse. Je n'ai qu'un seul souvenir de la guerre, et il est très précis ; pourtant, j'avais seulement cinq ans. Les Allemands tenaient encore Paris. Tout au bout de la rue du Bois-de-Boulogne se trouvait l'avenue de Madrid : interdite à la circulation, elle était entourée d'une barrière de fils de fer barbelé derrière laquelle on pouvait voir deux tanks Panzer à l'arrêt. C'était en juillet : ce jour-là, le temps était au beau et comme d'habitude après avoir fait leurs courses, toutes les ménagères du quartier venaient regarder les Allemands. Linda m'emmenait parfois pour me montrer « l'ennemi ». Je me souviens très bien de ce soldat au corps sculptural, torse nu, son fusil à la main, déambulant, lassé par les conversations de ces dames. Tout à coup, très haut dans le ciel blanc, le bruit d'un avion invisible retint son attention. Alors, afin de se débarrasser de cet attroupement, il arma son fusil et le leva vers les nuages blancs. Puis il tira en l'air un coup totalement inutile dont la détonation fit fuir cette volière comme des poules affolées.
Dans la cuisine, pendant que sur le four à bois cuisaient de succulentes pâtes, Mamie nous rejoignait pour déjeuner, en compagnie de Sylvaine et Linda. Celle-ci n'avait qu'une seule conversation : la guerre, les Allemands, les rationnements et surtout la peur de manquer de beurre. Tous les jours, inlassablement, elle nous répétait les mêmes phrases et à la fin du repas, elle mettait son coude sur la table en appuyant son menton sur sa main tout en se curant les deux mêmes dents d'un seul ongle, avec un petit bruit de suçotement énervant. L'œil fixe et vague, perdue dans ses pensées craintives, au milieu d'un silence pesant, elle finissait toujours par déclarer : « C'est bien joli tout ça, mais y a la vaisselle à faire ! » Et ma mère, qui venait de se réveiller, entrait dans la pièce, encore émoustillée par les applaudissements des spectateurs de la veille. La journée pouvait commencer…

Arthur Penn

1968

Vous vous souvenez de cet acteur très sympathique nommé Claude Dauphin ? Il était l'un des rares Français à avoir réussi à faire carrière aux États-Unis, interprétant des seconds rôles en pagaille dans les années 1950 à 1970. Je l'avais croisé parfois à Los Angeles. En France, il habitait un bel appartement à Paris, dans lequel il donnait des fêtes ressemblant étrangement à celles d'Hollywood. C'est-à-dire au moins cent personnes parlant très fort, tout en se donnant de grandes tapes bruyantes dans le dos, exactement comme à Beverly Hills. Et ce, à deux pas de la Madeleine.

Un soir qu'il m'avait gentiment invité, j'aperçois, assis un peu à l'écart, un homme d'une rare élégance. Costume de bonne facture, juste un peu froissé, comme il faut ; bottines de chez Lobb : un émule de Fred Astaire. Je m'assois donc à côté de lui afin de faire connaissance. Au bout d'une heure, je me rends compte qu'il m'a posé mille questions sur la France, mon travail, la vie à Paris, sans avoir une seule fois évoqué son parcours. N'osant pas lui demander son nom, je vais voir Claude Dauphin afin qu'il m'éclaire sur ce personnage si courtois.

« C'est Arthur Penn ! » me dit-il.

Rendez-vous compte : cet homme était un des plus grands metteurs en scène américains. *Le Gaucher* avec Paul Newman, *Bonnie et Clyde* avec Warren Beatty et Faye Dunaway, *La Poursuite impitoyable* avec Marlon Brando et Robert Redford, *Little Big Man* avec Dustin Hoffman, et pas une fois il n'a parlé de lui, ni évoqué un de ses films ou son incroyable parcours.

Pendant ce temps-là, à Saint-Germain-des-Prés, à peine après vous avoir salué, des pisseurs de copies vous racontent le livre qu'ils écriront peut-être, des cinéastes vous abreuvent de leurs motivations stylistiques et des photographes vous font part des émotions cachées derrière leurs images. Peut-être devraient-ils en prendre de la graine…

Ma grand-mère

1948

Encore une personne à qui je dois tout. Elle était la mère de mon père, François Périer. Issue de la petite bourgeoisie, elle avait tenu une mercerie à Paris, près du pont de Bir-Hakeim, élevant son fils avec le même soin qu'elle mettait à tenir sa maison. Il était sa fierté. Lorsque ma mère est partie, mon frère, ma sœur et moi, nous sommes devenus sa mission ; c'est elle qui nous a élevés. Fervente catholique, elle cachait sa tendresse derrière son amour de l'ordre. L'hôtel particulier dans lequel nous vivions donnait sur les jardins de Mme Voltera, richissime rentière dont le parc allait pratiquement du pont de Neuilly au pont de Saint-Cloud – autrement dit, la taille d'un golf. Dans les années 1950, elle louait au jeune général de Gaulle un morceau de son jardin afin qu'il puisse y tenir ses meetings politiques. Et durant ces journées-là, Mamie fermait toutes les fenêtres de la maison afin que nos chastes oreilles n'entendent pas les discours de ce « communiste ». Elle le pensait sincèrement, les temps étaient autres. Comme toutes les Françaises, elle avait subi deux guerres, vu et entendu des choses horribles ; ça vous rend méfiant, on se replie sur son « quant-à-soi », on ferme les fenêtres...

Elle est morte comme elle a vécu, rangeant son petit appartement comme si elle partait en vacances ; après avoir mis sa plus belle tenue, elle s'est allongée sur son lit et puis elle a décidé de mourir.

Merci, Mamie.

Isabelle Huppert

1999

Pour moi, Isabelle sera toujours synonyme de Los Angeles. Dans les années 1980, j'y avais une grande maison sur les hauteurs de Mulholland Drive. J'avais rêvé de l'Amérique, j'y habitais et j'étais reconnaissant envers ce pays de m'avoir accepté. Mais force me fut de constater que j'étais désespérément français, et je commençais sérieusement à ne plus croire au mythe de l'Ailleurs. Pourtant, je partageais ce havre de paix avec Sylvette Desmeuzes, une merveille qui avait comme moi deviné que la seule façon de vivre en bonne intelligence était de ne surtout pas tomber dans le piège de l'amourette, afin de garder la distance des belles amitiés. Ainsi, grâce à sa gentillesse légendaire, nous avons pu durant plusieurs années nous adonner à notre plus grand plaisir, c'est-à-dire recevoir des amis de Paris. Défilait donc chez nous tout ce qui compte de gens du cinéma français, venus s'égarer dans ces contrées dont on rêve, tant que l'on n'y a pas vécu. Isabelle venait parfois à la maison en attendant de tourner *La Porte du paradis*, le film de Michael Cimino lequel était apparemment très troublé par la jeune actrice. Il ne pouvait savoir qu'elle faisait partie des rares beautés françaises réfractaires au mélange des genres ; elle n'avait pas le style de celles que l'on attrape. Ce qui n'empêchait pas son metteur en scène de continuer à nous rendre visite en arrivant à cheval à travers les collines, se frayant un chemin entre les coyotes en liberté qui le voyaient sûrement déjà comme le maudit d'Hollywood qu'il deviendrait plus tard. Je me souviens du corps pâle d'Isabelle dans ma piscine azur et de ses rires d'enfant qui en savait beaucoup plus que moi.

Françoise Sagan

1998

On vient au monde sans le vouloir. On traîne son ennui sur les bancs de l'école. On devient photographe d'idoles par hasard. On croise la terre entière. On gagne plein d'argent mais on en dépense encore plus. On achète des maisons qui vous quittent. On rencontre des femmes sublimes, on fait le paon, on les séduit, on rate et on les perd. On recommence, on se marie, c'est Versailles, et puis on peine un peu, alors on fuit, on part pour l'Amérique. On passe autant de temps dans des avions que sur la terre ferme. On a des enfants qu'on élève comme on peut. On paie ses impôts, en retard, mais on les paie quand même. On tourne des films. On en écrit plein d'autres qui ne se font pas. On fait l'intéressant dans des talk-shows. On croit qu'on a tout vu, tout fait. Et puis un jour, on se regarde dans la glace et voilà qu'on est vieux et c'est alors qu'on se retrouve dans un appartement en face de Françoise Sagan et qu'on ne sait pas quoi dire. On aimerait être plus cultivé, avoir tout lu, alors on se tait. Et puis on comprend qu'on a vécu dans le même siècle, en se croisant sans se connaître vraiment, et qu'elle aussi a un parcours, et qu'elle se demande peut-être ce qu'elle fait là, assise devant cet ancien ami photographe qui est venu au monde sans le vouloir, etc. La dame a des silences qui en disent long.

Michel Simon et « sa femme »

1967

La dernière fois que j'ai vu Michel Simon, c'était au cours d'un déjeuner avec Jean-Pierre Rassam chez Lipp, à Saint-Germain-des-Prés. Il était accompagné de sa guenon, autrement dit l'amour de sa vie, et durant tout le repas il l'embrassait amoureusement ; c'était étrange mais charmant. Mon ami Rassam était producteur de cinéma et surtout un type fantasque vraiment génial ; aussi j'aime autant vous dire que c'était un enchantement pour nous deux de voir les clients du restaurant choqués par l'insolence de l'idylle entre ce grand comédien et sa fiancée poilue. Seul M. Cazes, le patron des lieux, riait sous cape. Qui aujourd'hui prend le relais des talents, de l'insolence et de la fantaisie de ce genre de personnage ? Ceux qui savent bousculer la bienséance, chevauchant la grossièreté sans approcher la vulgarité. Pour l'instant, Blanche Gardin ou Philippe Katerine ont l'air d'être sur le bon chemin. Mais c'est leur métier, le résultat d'une réflexion et de beaucoup de travail. Alors que pour un homme comme Michel Simon, que l'idée de choquer le bourgeois devait sûrement beaucoup amuser, le geste était gratuit ; ce n'était que pour le plaisir, il vivait simplement sa vie comme il l'entendait. Autrement dit, il n'y avait pas de caméra. Mon admiration ira toujours à ce courage-là, celui de faire des choses qui ne rapportent rien, si ce n'est des ennuis, peut-être.

Mylène Farmer

1999 *à Paris*

J'avais déjà eu le privilège de la rencontrer à Los Angeles, dans les années 1980. Elle avait cette belle qualité, chère à Simone Signoret : le don d'attention. Elle ne parlait pas d'elle, mais seulement des autres, et le moment qu'elle m'accordait m'était entièrement consacré. Elle ne trichait pas, j'avais le sentiment de l'intéresser vraiment.

Quelques années plus tard, un rendez-vous est pris pour le magazine *Elle*. La veille de la prise de vue, elle m'appelle chez moi pour me prévenir gentiment qu'elle déteste se faire photographier, qu'elle n'aime pas se voir et qu'à partir du moment où un appareil photo se trouve dans la pièce, elle devient une autre personne. Je croyais qu'elle plaisantait. Le lendemain, elle s'enferme dans la loge avec les stylistes, maquilleurs et autres coiffeurs. Pour la sécuriser, j'avais décidé d'utiliser une chambre 20/25 et des films Polaroid, afin qu'elle puisse voir tout de suite le résultat des photos.

On fait une première prise de vue, je sors la plaque du châssis et la lui tends. Mylène pose l'épreuve sur une table et se penche pour la regarder de près. À ma grande surprise, elle reste dans cette position quatre bonnes minutes sans dire un mot. Puis elle se relève en dodelinant de la tête, dit doucement : « Non ! », et déchire la photo. Ce manège se reproduit une quinzaine de fois, sans agressivité aucune. Elle n'accuse personne ; à l'entendre, je ne suis coupable de rien, simplement, c'est « Non ! ». Tout à coup, la seizième lui convient. Elle sort donc du studio pour changer de tenue. Je regarde la photo à mon tour avec insistance pour tâcher de comprendre ce qu'elle a de mieux que les autres.

Nous en garderons trois en tout, après avoir jeté une cinquantaine d'épreuves à la poubelle. Mylène a l'air content. Elle me remercie pour cette séance dont elle gardera apparemment un bon souvenir. Une fois seul dans le studio, je pense qu'il n'y a rien à comprendre et que, de toute manière, c'est elle qui est « sur la photo », donc elle a forcément raison.

Daniel Filipacchi et ma sœur, Anne-Marie

1980

Lorsque, revenant d'Algérie après vingt-huit mois d'armée, je tombai par hasard sur Daniel devant les bureaux de *Match*, je travaillais pour *Télé 7 jours* depuis deux mois. J'étais content d'avoir un job, mais immortaliser Catherine Langeais sur fond de velours bordeaux, j'en avais un peu fait le tour ; aussi, quand il me proposa de venir le rejoindre pour le lancement d'un « petit journal de musique », je sautai sur l'occasion. Il me confia la direction de la photo de *Salut les Copains* et me donna tous les moyens imaginables, ainsi qu'une totale liberté. Tiré à cent mille exemplaires, le premier numéro fut un succès et il fallut en retirer d'urgence deux cent mille quelques jours plus tard : c'était l'émeute devant les kiosques. Quand je lui présentai ma sœur, Anne-Marie, elle avait dix-huit ans ; il lui donna très vite la direction de son nouveau journal, *Mademoiselle Âge tendre*. Vous connaissez beaucoup de gens qui accordent une telle confiance à une môme de cet âge ? Ensuite, il créa le magazine *Lui* : succès immédiat. Ce journal étant sujet à des procès fréquents pour outrage à la pudeur, il nomma Anne-Marie présidente de la publication, se réjouissant à l'avance de la tronche des juges qui verraient arriver une jeune femme en Chanel pour défendre le journal « de l'homme moderne ». Après avoir racheté *Paris Match* et monté une cinquantaine de journaux, Daniel se retrouva à la tête d'un empire de presse qui ne ressemblait qu'à lui. Il passait sa vie dans les avions et peu de gens savaient où il se trouvait, mais en même temps, des secrétaires aux rédacteurs en chef, tout le monde pouvait avoir accès à lui. Nous sommes bien mille personnes qui aimerions encore travailler avec Daniel Filipacchi. Dans l'histoire de la presse française, il restera l'homme qui est allé en Amérique avant tout le monde (quand elle représentait encore l'avenir), en comprenant que ce qui se passait là-bas allait bientôt arriver chez nous. Aujourd'hui, il est toujours mon ami. Merci, Daniel.

Le jeune Jean-Marie à seize ans

1956

En 1956, il y avait sur les Champs-Élysées un petit cinéma qui passait des films le matin, pour un prix dérisoire. L'endroit était généralement peuplé de dragueurs homosexuels et de femmes esseulées. Au milieu de la projection d'un film avec Fred Astaire, une jeune femme s'assoit à côté de moi et, sans quitter l'écran des yeux, elle glisse sa jambe contre la mienne. J'ai seize ans, j'en parais onze, vierge comme une madone de missel ; je sens dans mon jean 501 comme un mouvement d'humeur qui m'échappe. Je ne bouge pas jusqu'à la fin du film et, lorsque s'allume la lumière, voilà que la belle me prend par la main. Sur le trottoir, je regarde son visage, c'est une jeune actrice (dont je tairai le nom) ; une beauté d'une vingtaine d'années. Dans son regard, je peux lire l'espiègle séduction de celle qui n'a pas de temps à perdre. Tétanisé par sa main qui prend la mienne, je suis la belle étrangère à la silhouette moulée dans une robe vichy à rendre fou un régiment de cavalerie, chevaux compris. (Non, il ne s'agit pas de B.B.) Elle est maîtresse de sa sensualité, il est clair que je ne suis pas tombé sur une émule du col Claudine. Dans sa petite chambre, je reste debout figé, tel un nain de jardin, tandis qu'elle se déshabille. Nue, elle s'approche et presse contre moi son corps de rêve, puis elle me susurre à l'oreille : « Oh, toi, tu vas me faire jouir ! » Pour moi, le corps d'une femme est encore une énigme. N'oubliez pas qu'en 1956, *Playboy* n'est même pas un projet et l'éducation catholique a bien verrouillé les tentations. Dans mon citron de puceau inculte, un tsunami de questions s'agite. De quoi parle-t-elle ? Que signifie ce mot inconnu ? S'agit-il d'une quelconque opération chirurgicale ? En plein désarroi, je quitte la pièce et je pars en courant. Je l'ai revue longtemps après, on en a ri et je repense avec regret à l'apprentissage qu'elle m'aurait offert ; moi qui n'ai fait mes premiers pas qu'à dix-neuf ans…

Johnny Hallyday et Sylvie Vartan

en voyage de noces **1965**

Je crois que ce que je préférais dans le concept du mariage, c'était le jour de la cérémonie, le cœur battant, l'idée du risque, cet émerveillement d'avoir rencontré « l'autre ». Bien sûr, tout bien réfléchi, on peut difficilement faire plus présomptueux que les déclarations du genre « Il n'y a que toi ! » et autres « Pour toujours ! ». Du haut ou plutôt du bas de la solitude, rencontrer sa moitié peut sembler illusoire, pourtant l'expression n'est pas vaine. Selon mon éternelle théorie, celle dite d'Esther Williams (l'impératrice du plongeon dans les films hollywoodiens des années 1950), imaginez que vous êtes sur un plongeoir haut placé, en bas, la piscine ressemble à un timbre-poste, vous aimeriez vous lancer mais vous avez peur, si vous êtes vraiment tenté, n'hésitez pas : sautez ! S'il y a de l'eau dans la piscine, vous nagerez en beauté. S'il n'y en a pas, vous vous écraserez lamentablement, ça vous fera très mal et il vous faudra des lustres pour vous en remettre. Mais le risque en vaut la chandelle car ce qui compte, C'EST LE VOL. Le moment où, porté par l'élan, vous planez, vous avez un projet, vous rêvez, vous y croyez à fond, vous êtes enfin à votre place. Bien sûr, le voyage n'est pas très long, comme souvent d'ailleurs, car pour un mariage qui fonctionne, combien échouent ? Qu'importe, au moins il reste les souvenirs. D'aucuns me reprocheront cet enthousiasme soudain après m'être si souvent emporté contre la mièvrerie des beaux sentiments, mais je réclame le droit à la contradiction et à l'envie d'être plusieurs. (Saluez Yin et Yang de ma part.) Le vol, je vous dis, il n'y a que ça qui vaut la peine d'être vécu.

Une phrase de Jean Poiret :
« Vous vous mariez à l'église ?
— Bien entendu !
— Vous avez raison. Tant qu'à faire une connerie, autant la faire en musique. »

Bertrand Blier

2000

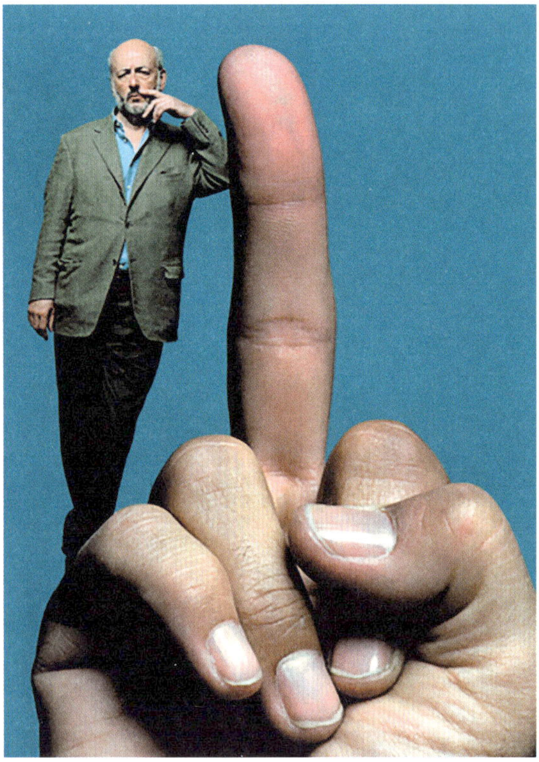

C'est incontestablement l'homme de cinéma le plus doué de sa génération. Capable de la plus belle poésie comme de la pire cruauté. Il est la preuve qu'il faut beaucoup d'empathie pour manier ainsi les extrêmes des rapports humains. Sans parler du vent de folie qui se cogne aux parois de son apparence débonnaire.
Mais, pour moi, il sera toujours associé à un train électrique. Nos pères étaient très proches et parfois, le week-end, je me retrouvais chez eux. Au sous-sol, endroit magique, il y avait une pièce entièrement dédiée au plus beau circuit de train miniature que j'aie vu de ma vie. Lequel, de Bertrand ou de son père, était le plus passionné ? Je ne le sais toujours pas.
J'ai eu le privilège de vivre une quinzaine de séances de travail avec Bertrand, en vue d'écrire un scénario (pour Dutronc, une fois de plus). Il m'avait offert ces moments par pure générosité et je garde de ces instants un souvenir précieux.
On s'asseyait dans son salon avec une bouteille de bordeaux et là, il démarrait. La profusion d'idées que ce type est capable de sortir en trois heures est inconcevable. Il n'est en rien coincé par les références, les plans et autres techniques contraignantes qui sont l'apanage des scénaristes classiques. Il commence au hasard : « Alors c'est l'histoire d'un type qui marche dans la rue, il se gratte le cul en pensant : “Tiens, si j'allais aux putes ?”... »
Et c'est parti. Il invente au gré de son humeur, avec une rapidité déconcertante ; parfois, ça ne mène nulle part, il s'en fout, il suit ses idées sur un chemin connu de lui seul, et surtout, il se marre. Tout le temps.
Ça n'a pas abouti bien sûr, mais quels souvenirs ! J'aurais dû le filmer lors de ces séances, car je me demande si le plus beau des spectacles n'est pas de le regarder pendant qu'il imagine.

Michel Galabru

1996

Je pense qu'il serait d'accord avec mes propos.

Où sont passés les restaurants de campagne ? « Top Chef » n'a pas fait que du bien à la restauration de ce pays. Imaginez que vous dînez avec la femme que vous aimez, à peine la conversation démarre, voilà qu'un jeune homme au sourire siglé « école hôtelière » vous interrompt et pose entre vous deux dés à coudre remplis d'une gelée incertaine. Faisant fi de votre conversation, il entreprend de vous expliquer en détail les beautés d'une mignardise que vous n'aviez pas demandée. Puis, après avoir lancé l'incontournable « Bonne continuation », il s'efface. Vous réinstallez l'ambiance et alors que vous êtes sur le point de demander la dulcinée en mariage, le type ressurgit en posant devant vous les « asperges en folie » commandées en entrée. Là, il part dans une explication que même « le meilleur cuisinier du monde » trouverait compliquée, donc vous baissez les yeux sur une assiette rectangulaire (pour faire moderne) dans laquelle trois asperges debout dansent le boléro sur une garniture genre Mondrian, agrémentées de huit gouttes de vinaigre jetées au débotté. Autrement dit, alors que vous êtes en train de déclarer votre flamme à l'amour de votre vie, le type fait le panégyrique du couple à trois, merci pour le conseil. Alors que vous tentez de reprendre les choses en main, le sommelier arrive et vous propose d'aller maintenant « sur » un meursault. Les asperges ingérées, voilà que le garçon du début surgit avec le poulet « en son jus ». Déjà, dans cette œuvre d'art, il faut réussir à reconnaître la bête pendant qu'il vous explique en détail un plat que vous connaissez puisque vous l'aviez commandé. Et je vous ai épargné les « Tout va bien ? » pendant, et les « Ça vous a plu ? » après. C'est quand même étrange. Partout, en province, les restaurants font comme ils croient que c'est à Paris, alors que dans la capitale, ceux qui ont le plus de succès font dans le genre terroir...

Françoise, Sylvie et Sheila

2006

L'idée de réunir celles que j'ai connues adolescentes me séduisait assez. Le journal *L'Express* me propose de faire les photos dans un nouveau palace parisien des Champs-Élysées. La veille de la séance, Sylvie m'appelle pour me demander comment s'habiller et elle s'étonne de ce rendez-vous dans une suite d'hôtel. « Tu veux nous mettre au plumard ? » me dit-elle en plaisantant. Trouvant l'idée excellente, je lui propose effectivement de commencer par les réunir sous les draps « pour chauffer l'ambiance ». Nous plaisantons sur Françoise qui ne va pas manquer de détester cette proposition. En effet, je suis habitué depuis quarante-cinq ans à entendre de sa part les reproches les plus variés, à la moindre de mes envies de mise en scène. Le lendemain, lorsque Sheila arrive, je lui expose l'idée et, aussi sec, elle éclate de rire, faisant preuve de son humour habituel. Lorsque la Grande arrive, ça ne manque pas : à peine ai-je émis ma proposition qu'elle explose et s'insurge contre ma manie de vouloir à tout prix les mettre dans des situations grotesques. Elle n'a pas tort, je n'ai pas lésiné sur les idées fantasques. Mais, heureusement, je connais Françoise : je sais bien qu'il suffit d'attendre quelques minutes pour qu'elle finisse par se détendre et qu'en plus, ça l'amusera. Effectivement, un quart d'heure plus tard, elles sont sous les draps et c'est un plaisir de les voir se marrer comme des gamines. J'aime beaucoup cette photo parce qu'elle prouve qu'à soixante ans passés, ces trois-là avaient suffisamment de classe pour oser rire d'elles-mêmes. Elles donnaient ainsi une belle leçon de simplicité, qualité devenue rare dans le show-business actuel. Et en passant, je les remercie pour la confiance qu'elles m'ont accordée pendant toutes ces années. Car si elles ne doivent leur succès qu'à elles-mêmes, je n'oublie pas que sans elles et tous les autres artistes de l'époque, moi, je n'existerais pas.

Hélène de France

son mariage en **1957**

Le 1er janvier 1957 devait avoir lieu à cathédrale de Dreux le mariage d'Hélène de France avec le comte Evrard de Limburg Stirum. Il y avait du beau monde, le comte de Paris, la comtesse Thierry de Limburg Stirum, le duc de Wurtemberg, la duchesse de Wurtemberg, l'archiduc et l'archiduchesse d'Autriche et tout le toutim, si j'ose dire. Les journalistes étaient interdits durant la cérémonie. Bien sûr, les photographes de *Paris Match* se trituraient les méninges pour trouver le moyen d'obtenir le « scoop ». J'étais alors l'assistant de Daniel Filipacchi et je traînais dans les couloirs du journal, comme souvent. Le directeur photo Walter Carone, voyant mon visage enfantin (à dix- sept ans, j'en paraissais douze), a tout à coup l'idée suivante : « On va déguiser Jean-Marie en enfant de chœur et le mélanger à la procession ! » Renseignements pris, les enfants de chœur seraient tous en aube blanche. Les types de *Match* se ruent chez les Petits Chanteurs à la croix de bois et ils achètent à prix d'or la tenue adéquate qui va me permettre de me mêler au groupe, muni de deux Leica planqués sous ma robe immaculée.

Et me voilà parti à 5 heures du matin dans la TR3 de Jack Garofalo (à droite sur la photo) jusqu'au parc de la cathédrale. Caché derrière un chêne centenaire, je suis pétri de froid et terrorisé à l'idée de me lancer dans cette aventure. L'attente dure de 7 h 30 à 10 h 30, lorsque enfin la procession apparaît au loin. Catastrophe, le renseignement était faux, tous les enfants de chœur sont en rouge. En habitué de situations beaucoup plus dangereuses, Garofalo me pousse hors de la cachette en me disant : « Dis que tu fais partie du personnel de l'évêque ! » Je devais vraiment faire tache, car au bout de cinquante mètres maximum, je me suis retouvé entre deux gendarmes. Et le lendemain, furieuse d'avoir été écartée de la fête, la presse quotidienne mit en première page ma tronche d'enfant de chœur à la limite des larmes entouré par la maréchaussée.

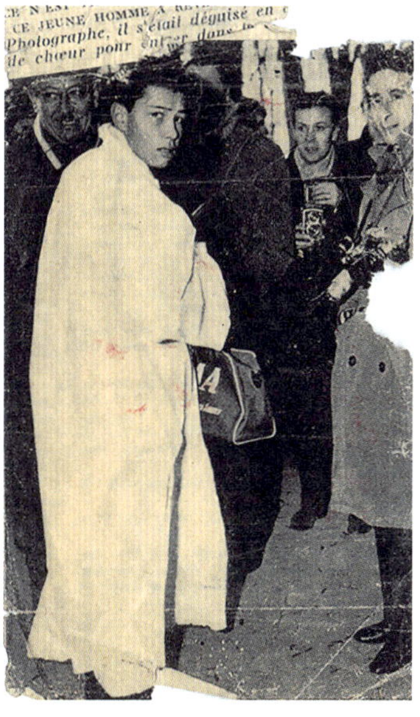

Jacques Dutronc et les filles de *Lui*

1968

Dans la série : « Aujourd'hui on change de style car la vie sans contraste est un plat de nouilles triste. »
La dernière fois que j'ai montré cette photo de Jacques sur internet, aussitôt : « Honte à vous, scandale, vulgarité, misogynie… »
Je suis donc intéressé de voir l'évolution dans l'étrange période que traverse notre beau pays.
Cette photo date de 1968 ; autrement dit, il y a cinquante ans.
Eh oui, c'était une autre époque. Par pitié, arrêtez de juger le passé avec les yeux d'aujourd'hui. Non, messieurs-dames, il n'y avait aucun mépris dans cette photographie ; ce n'était qu'une illustration un peu primaire de sa chanson « J'aime les filles ! » (« Si vous êtes comme ça, téléphonez-moi, si vous êtes comme ci, téléphonez-mi… ») et elle était destinée au journal *Lui*, le magazine de l'homme moderne. On a les modernités qu'on peut. Les jeunes personnes qui posaient ce jour-là étaient très contentes de gagner leur vie et d'être dans ce numéro consacré à l'insolence de Dutronc ; elles s'amusaient comme nous, avec nous, il n'y avait aucun geste salace et, non, nous ne les touchions pas. D'ailleurs ce soir-là, je m'en souviens très bien, nous avions fini par dîner, Jacques et moi, seuls dans un restaurant indien.
Quelle chance ce fut d'être jeune dans les années 1960.

Mon père, François Périer

1948

Il est probable que j'évoquerai souvent ma famille. Vous penserez que je ressasse un peu, mais c'est pour une bonne cause. J'ai appris qu'un ami souffrait d'un chagrin d'amour. Voici le rapport avec cette photo. Regardez-le bien, mon père. Ma mère l'a quitté un an plus tôt, le laissant seul dans la grande maison de Neuilly, avec ma sœur, mon frère et moi.

À le voir comme ça, il a l'air calme, se tenant droit comme un homme bien élevé, mais en réalité, il est dévasté. Il pense avoir perdu « la femme de sa vie » ; expression dont nous avons tous pu toucher du doigt la vacuité. Facile à dire avec le recul d'une vie bien sûr, mais sur l'instant, ça peut faire des dégâts.

Un jour, son ami Louis Jouvet vient lui rendre visite, comme souvent. Voyant mon père effondré, assis à son bureau la tête dans les mains pour mieux cacher sa peine, il se penche vers lui et, mettant sa main sur son épaule, il lui dit avec son inimitable accent : « Mon p'tit François, tu verras, un jour tu ouvriras la fenêtre et tu te diras : "Tiens, mais il y a des arbres !" Ce jour-là, tu seras sauvé ! » L'homme n'était pas qu'un grand acteur, c'était aussi un poète. Il avait raison : un an plus tard, mon père s'est remarié. Mais bon, ça, ce n'est pas forcément toujours une bonne idée...

Les Beatles

1964 *à Londres*

Au début des années 1960, je ne connaissais de l'anglais que ce que j'en avais appris au lycée. Inutile de vous dire que mon vocabulaire était limité. Pour la première séance, je les rencontrai dans le bureau de leur agent, Brian Epstein, lequel connaissait notre journal. Ils entrèrent l'un après l'autre en lançant des plaisanteries auxquelles je ne compris pas grand-chose. On me demande souvent si j'étais impressionné : non bien sûr ; à l'époque, ils n'étaient pas encore les Beatles avec un grand B, mais seulement un groupe de jeunes qui faisait de la musique sympathique. Je fis tout de suite des photos d'eux près d'une fenêtre, en leur parlant surtout à l'aide de gestes, on aurait dit un traducteur pour sourds-muets des journaux télévisés. Puis je proposai qu'on aille dans le studio que j'avais réservé. En descendant avec eux, je vis cette porte rouge. « Tiens, si on en faisait une là ? » dis-je au hasard. Le temps de trouver une chaise pour que Ringo puisse se mettre en position, la prise de vue nous demanda cinq minutes. Quand je pense que cette photo est maintenant la plus célèbre de celles que j'ai faites du groupe...
Ils m'avaient sans doute pris en sympathie, car aussitôt après la séance en studio, ils m'emmenèrent chez Anello & Davide, le fabricant de bottines des rockeurs anglais ; celles avec le zip sur le côté, le rêve absolu à l'époque.
Nous n'étions pas arrivés dans la boutique depuis une demi-heure que la rue était bloquée par une foule de jeunes filles affolées par la présence du groupe. Il fallut appeler la police pour ressortir. Ça me donna une idée de l'ampleur de leur succès. Moi, j'étais content, j'avais mes bottines...

Isabelle Carré

1998

On se connaît peu et je ne l'ai pas consultée pour joindre son image à cette chronique. J'espère qu'elle ne m'en tiendra pas rigueur. J'aimerais aujourd'hui m'insurger contre les hypocrites qui défilent en se prétendant pour l'union entre homosexuels mais contre leur droit à l'adoption, utilisant tous les arguments pour cacher le fait qu'ils se bouchent le nez à l'idée d'enfants élevés par d'autres qu'eux. Ceux-là mêmes qui nous expliquent que, pour élever un enfant, il faut un papa et une maman parce que « c'est comme ça que ça marche ! ». Non, mais ils se foutent du monde ? Vous avez vu le bordel chez nous, les « hétéros » ? Les divorces, les séparations, les familles recomposées, les mômes tiraillés d'un adulte à l'autre ? Aujourd'hui dans les cours d'école, le mouton noir, c'est celui dont les parents vivent ensemble. Le problème pour les homosexuels qui désirent adopter est exactement le même que celui des hétéros infertiles. Car eux aussi, quand ils veulent un enfant, ils le veulent vraiment. (Je connais plusieurs de ces couples depuis longtemps, leurs mômes sont grands, hétérosexuels et mariés, on se calme...) Alors que pour nous les hétéros, c'est facile. On s'allonge, on se mélange, et boum neuf mois plus tard : bonjour le paquet-cadeau. Je suis même convaincu que partout sur la Terre une partie des couples homme-femme fait des gosses sans savoir vraiment pourquoi. Aussi, que ceux qui défilent sûrs de leur « quant-à-soi », arrêtent de parler au nom des enfants, prétendant prendre leur défense ; ils feraient mieux de les écouter. Car en réalité, ceux-ci ont beaucoup plus d'imagination que les adultes. Ce qu'ils veulent, c'est qu'on les aime, et l'amour, ils le prennent là où il y en a. Et je suis bien placé pour vous dire que la famille, ce n'est pas les gens qui vous ont fabriqué, mais bien ceux qui vous ont choisi et que vous adoptez à votre tour. (J'imagine déjà les foudres qui vont me tomber sur la tronche, ne vous fatiguez pas, ça glissera comme sur les cils de mes ânesses par un beau jour de pluie.)

Michel Serrault

1995

Michel Serrault ne le savait pas, mais il me rappelait toujours mon enfance. En effet, dans les années 1950, j'avais douze ou treize ans, après sa représentation du soir, mon père m'emmenait parfois dans un cabaret nommé L'Amiral. C'était une sorte de pré-café-théâtre, dans lequel des comédiens se produisaient pour le plaisir : Jean Richard, Darry Cowl, Jacqueline Maillan, Roger Pierre et Jean-Marc Thibault, Jean Poiret et Michel Serrault, et j'en oublie. Tous ces gens étaient les rois de l'improvisation et s'ils venaient jouer au milieu de la nuit, sans se faire payer bien sûr, c'était par passion de leur métier ; en quelque sorte comme un pianiste fait ses gammes, pour le plaisir de faire rire leurs amis comédiens.

Dans les années 1990, chaque fois que je le retrouvais, je pouvais voir son envie encore intacte de la phrase qui surprend, du geste qui étonne, à la recherche du moment impossible, de l'envolée stupéfiante qui cloue sur place le spectateur le plus averti. Derrière son sourire d'enfant sans cesse à l'affût de la prochaine bêtise, l'œil était triste. Il avait l'élégance de ne pas montrer la déception que lui inspirait sûrement le manque d'imagination des années 1990 comparé aux délires dénués de grossièreté des inventeurs du « seul en scène » des années 1950.

Un homme qui sait faire rire le monde vit autant de tristesses que les autres et il est loin le temps où son compagnon de toujours l'aidait à les cacher. À eux deux, ils étaient une forteresse. Seul désormais, au cinéma, lorsque dans une scène Serrault nous fait pleurer, à ses côtés en transparence, j'ai l'impression de voir Poiret qui rit.

Alain Delon

à Saint-Tropez **1966**

Il avait la gentillesse d'accepter de poser pour moi, bien que ce ne fût pas son exercice préféré. Avec lui, le secret était donc d'aller très vite.
Mais avec son physique, ce n'était pas difficile. (Il faisait partie des rares personnes que l'on pouvait photographier de trois quarts arrière sans trahir l'esthétique. Essayez, vous verrez, moi je l'ai fait, ça frise la gargouille.) Mais il fallait faire vite car il donnait l'impression d'attendre avec impatience la fin de cet intermède sans intérêt. Il était rarement passionné par l'instant présent, préférant le projet à venir, le coup d'après, l'espoir impossible, pressé d'en finir avant d'avoir commencé. C'est fou ce que les journaux ont mal compris Alain, mélangeant souvent ses rôles au cinéma et sa vie personnelle. Contrairement à ce que beaucoup croyaient, il n'était pas un voyou fasciné par les princes ; c'était plutôt un prince qui comprenait les voyous.
En choisissant cette photo pour la campagne Dior, Alain m'a vraiment rendu service, d'autant plus qu'il me semble ne l'avoir faite qu'en couleur. En passant l'image en noir et blanc, elle prenait une dimension nouvelle ; ça la rendait plus classique. Pour ma part, j'ai toujours pensé que la photographie en couleur était beaucoup plus difficile, risquant plus facilement de se démoder. Un conseil, si vous voulez vite passer pour un « grand photographe », faites du noir et blanc : à tous les coups, vous serez considéré par la crème du milieu. Heureusement, dans ma vie, ce fut le cadet de mes soucis...

Une phrase de Jean Yanne, ça ne peut pas faire de mal :
« J'attends la première Bible homosexuelle. Avec Dieu qui crée Adam et Robert. »

Mick Jagger
1972

Je viens de retrouver les Stones en tournée. À l'hôtel, un étage est réservé au groupe et à ses invités. Dans le couloir, on entend de la musique venant des suites. La porte de l'ascenseur s'ouvre sur une fan égarée, une nymphette intimidée prête à sourire à qui le veut, même à une poignée de porte, pourvu qu'on la laisse approcher Mick Jagger. Un garde du corps bondit et, sans lui dire un mot, l'envoie valser dans l'ascenseur avec une violence inouïe. Puis, appuyant sur le bouton de descente, il me lance un sourire de connivence dont je me passerais bien, tandis que les portes se referment sur la poupée désarticulée qui hurle « Please » en replaçant son soutien-gorge en guipure fauvette. Gary Stromberg fait son entrée, un personnage inénarrable, sorte de Buffalo Bill urbain, imbu du pouvoir abyssal de distribuer les badges pour les coulisses du concert du soir.
Le temps d'une tournée, il a l'arrogance d'un cerbère du paradis. Tel un sphinx, il toise son monde. « Alors, c'est vous le Français qui veut des pass pour ce soir ? » Dédaigneux, l'oiseau est bien décidé à me faire ressentir que la désinvolture calculée de sa veste à franges n'est qu'une habile parade, que sous l'ostensible attitude Woodstock, l'homme est une huile.
Le soir, dans les coulisses, lorsque Mick m'accueille chaleureusement, il faut voir la tête du Stromberg. Et là, d'impérial, il devient veule. Sortant la mallette magique, il me propose tous les expédients disponibles sur la planète. Des uppers, des downers, toute la panoplie des dopages

pharmacodynamiques de pointe est à mes pieds, prête à me transformer en benêt de la « branchitude » internationale. Je connais Mick Jagger, donc j'ai tous les droits. Suis-je bien installé, est-ce que je veux des filles ? etc. Versailles ! Il en fait des tonnes. Du rat de backstage, je suis passé au rang de meilleur ami...

Une phrase de mon grand-père, Jacques Porel :
« Au vrai, il y a autant de mauvais acteurs dans la vie qu'au théâtre. »

Françoise Hardy

1963

à l'Olympia, dans son costume de chez Courrèges

C'était quand même une date incroyable, pour une môme du square de La Trinité, de se retrouver avec son nom en grand au-dessus de l'entrée du music-hall le plus important de Paris. Nous nous connaissions depuis deux ans exactement. Je me souviens du soir où, dans ma voiture, je lui ai pris la main en écoutant « Hurt », une chanson de Timi Yuro. Il y a eu bien sûr quelques regards croisés, des moments sans paroles, une muette attirance qui nous menait l'un vers l'autre, sans le savoir encore.

Puis est venu ce dîner à Marseille, où je l'avais rejointe durant sa tournée d'hiver. Et cet instant étrange que personne ne dirige où je l'ai accompagnée jusqu'à l'ascenseur, dans le grand hall de l'hôtel de Noailles. Nous nous sommes regardés et j'ai ouvert la porte. Elle est entrée sans dire un mot et moi je lui ai emboîté le pas comme un somnambule. L'ascenseur est monté, elle a ouvert la porte de sa chambre et, sans m'en rendre compte, je l'ai suivie, sans geste ni formule ; c'était fait, nous étions « ensemble », sans l'avoir vraiment décidé. Elle avait dix-huit ans, j'en avais vingt-trois et nos réserves adolescentes n'avaient pas disparu.

Au début des années 1960, me retrouver le fiancé de l'Excellente me conférait une aura usurpée qui faisait des jaloux. Je ne m'en suis pas rendu compte jusqu'à ce jour où, dans les coulisses de l'Olympia, j'étais en train de la regarder chanter. Son profil sage, ses longs cheveux valsant au rythme de ses phrases, son sourire soulagé à la fin des chansons. Un photographe qui traînait par là s'est alors penché vers mon oreille et m'a susurré d'un ton fielleux : « Elle est pas mal, ta combine ! » Ma combine, cette merveille. C'était donc ainsi qu'il voyait la chose. Je suis resté glacé d'effroi par la vulgarité de ses propos. Finalement, il était très en avance, puisque c'est le genre de phrase qu'on peut trouver aujourd'hui sur les réseaux sociaux. En 1964, le type était vraiment un précurseur de la bêtise mondiale...

Robert Hirsch

2008

À quatre-vingt-onze ans, Robert Hirsch était capable de ne pas quitter la scène pendant une heure quarante ; autrement dit, avoir la maîtrise de son corps, une énergie et une mémoire à ce point intactes, c'est proprement époustouflant. De plus, comble de l'ironie, le judicieux cadeau que lui avait fait l'auteur Florian Zeller était un texte sur la maladie d'Alzheimer. Je savais Robert flamboyant, mais oser émouvoir et faire rire avec la perte de mémoire, à savoir la hantise de tout comédien, est un des plus beaux pieds de nez au destin qu'on puisse imaginer. Sa performance était tellement extraordinaire que, lorsque le rideau descendait et remontait entre les différents tableaux de la pièce, la salle n'osait pas applaudir de peur de briser l'émotion. C'est la première fois que j'ai vu un public attendre la toute fin d'une pièce pour laisser éclater son enthousiasme. L'ovation aurait pu durer indéfiniment mais, se sentant coupable de le laisser saluer trop longtemps, le public s'infligea la frustration de le laisser partir. Ils me font marrer, ceux qui vous expliquent que le troisième âge est la plus belle période de la vie. J'ai eu quatre-vingt-un ans en février. Pas de temps à perdre. J'ai calculé, en faisant gaffe, il me reste quinze printemps opérationnels, et encore ; non, on est déjà en juin, ce serait plutôt quatorze. Treize, douze, onze, on arrive vite en gare ; ne pas rater la marche quand l'heure arrive de descendre du train. Inutile de regarder à droite, à gauche, pas de correspondances. Il se trouve toujours quelqu'un pour vous parler de sa grand-mère qui se fait sa petite marche quotidienne à cent quatre ans. « Et regardez Edgar Morin ! » D'accord, mais ils sont combien, ceux dont la pensée est aussi claire à quatre-vingt-dix-huit ans ? Sans compter que, pour être Robert Hirsch ou Edgar Morin, il est conseillé de s'y prendre très tôt. C'est comme pour le piano, il faut faire ses gammes dare-dare, parce que dire : « Vous verrez, à cent ans, j'aurai toute ma tête ! », c'est un peu comme commencer le solfège en disant : « Je serai Mozart ! »

Barbra Streisand
1968

Qu'est-ce que je foutais ce soir-là dans les collines de Los Angeles, à une party donnée par un mogul de maison de disques dont j'ai oublié le nom ? Il y avait, comme toujours, tous ces gens qui s'étreignent à coups de petites tapes sur l'épaule en hurlant des : « *Hey, how are you, man ?* » et puis plus rien, ils rejoignent le bar chacun de leur côté. Tous les arbres du jardin éclairés, ça sentait bon l'eucalyptus. Je tombe sur un Jacques Deray égrillard, un type très sympathique spécialisé dans les films avec Alain Delon. Sur ses genoux, il y a l'actrice Zsa Zsa Gabor qui lui embrasse le crâne tendrement. Il me raconte qu'il a commencé en étant son chauffeur. Bien sûr, tout cela n'a plus d'âge, il est loin le temps où il l'attendait en double file, c'est un grand réalisateur aujourd'hui, elle aimerait bien qu'il la fasse tourner d'ailleurs. Avec Delon, de préférence.

Et dans un coin du jardin, entre un maître d'hôtel acrobate et une colonie de perroquets en cage, j'aperçois, assise près d'une amie volubile, Barbra Streisand, la plus belle voix du monde. Depuis son premier album dans les années 1960, j'écoute tous ses disques. Dès ses débuts, Frank Sinatra a tenu à la soutenir, autrement dit Dieu l'avait bénie. Ce que cette femme est capable de faire avec sa voix est proprement inimaginable, dans les hauts comme dans les basses, je n'en vois pas d'autres (Yma Sumac peut-être, ou Céline Dion, mais je connais moins). Elle était donc là, à trois mètres de moi, bien sûr je n'y suis pas allé, sans doute à cause de mes antécédents d'enfant de la balle, je n'ai jamais pu affronter la banalité des propos que ma gêne engendrerait sans doute, alors une fois de plus je me suis abstenu. J'étais venu avec Michel Colombier, il la connaissait peut-être, il était en pleine conversation avec Herb Alpert, je n'allais pas le déranger. J'ai toujours regretté de ne pas lui avoir parlé ce jour-là. Pour ceux que ça intéresse, si vous voulez vous rendre compte de la magie de cette voix, écoutez cette chanson, « The Love Inside », vous n'en reviendrez pas.

Vincent Lindon

1993

Vincent est un homme pressé. Il lutte sans cesse contre l'idée que le temps lui est compté. De chaque moment, de toute chose, du moindre mot, il pèse le pour et le contre. Vincent, c'est un éternel déçu du possible. Seul l'éventuel le comble. Une conversation avec lui commence toujours par un généreux état des lieux de votre vie. Il se soucie sincèrement de votre avenir en se rassurant grâce au passé. Il n'aime pas systématiquement tous ceux que vous aimez, mais s'en inquiète quand même. Il a pour vous des ambitions, c'est pour ça qu'il vous parle. Et, en même temps, ses yeux peuvent être ailleurs, toujours sur ses gardes, comme un gardien de phare. D'un autre comédien, il vous dira du bien, tout en saupoudrant son propos d'un soupçon de mal qu'il ne pourra retenir. De Niro est magnifique, oui mais il y a Pacino. Son admiration pour un autre se cogne à son envie. Il voudrait être tout, mais connaît ses limites ; c'est pourquoi son ascension n'en aura pas. Les femmes qu'il croise le rendent fou, lui qui ne sait en aimer qu'une à la fois. Tous ces moments qu'il ne vivra jamais...
Quand je le photographie, il me regarde en pensant à ce que je pense, ou au dernier coup de fil qu'il a reçu, ou à celui qu'il doit donner. Il corrige nerveusement un détail de sa tenue, laquelle ne ressemble parfois à rien. Il ne se coiffe pas, il se décoiffe.
Je lui pose la main sur le bras, il a ce recul rapide, presque horrifié comme par une agression soudaine. Ce n'est rien, n'y prêtez pas attention, il ne s'agit pas de vous mais d'un de ses tics qui ne sont que les ponctuations d'une énergie trop pleine.
Vouloir être son ami, c'est prendre le risque de le voir souvent de dos. Il est pressé, je vous dis. Vous venez de passer trente secondes avec Vincent Lindon.

Michel Polnareff

au Marox **1971**

L'incontestable talent de Michel engendrait des obsessions et des phobies irrépressibles, qui le rendaient parfois nerveux.
Sur la route pour Marrakech, nous nous arrêtons dans un troquet pour boire un thé. Je ne sais pas si Michel se rend compte du choc que son apparence peut provoquer chez les enfants d'Ismaël qui nous servent. Laissant le revolver à blanc qu'il cache généralement dans une chaussette sous son manteau en agnelet frisottant sur le siège arrière de la voiture décapotable, il descend, avec à la hanche la matraque pendante qui ne le quitte jamais. Autour de nous, les mamelouks à tronches de tueurs le dévorent de leurs yeux opiacés. Un enfant a repéré le flingue et s'en approche pour jouer. Michel bondit pour éviter un accident. Ce faisant, un coup part, mettant instantanément le feu au manteau.
Est-ce que je rêve ? Michel Polnareff est maintenant en train de piétiner une sorte de mouton en flammes au milieu d'une route du Sud marocain.
Rendez-vous le lendemain pour la fête du Trône, laquelle a lieu pendant le retour de La Mecque. C'est dire si l'atmosphère du pays est survoltée. On se rend aux festivités en calèche. La fantasia a lieu dans la cour royale. Nous sommes dans la tente du frère du roi, dont Michel est l'ami, allongés sur des coussins dorés, entourés de danseuses. Des cavaliers chargent à toute allure dans une odeur de poudre, sous les youyous des femmes et les chants des trompettes en bronze qu'on voit briller sur les fortifications.
Précédant la cavalerie, un vieillard majestueux avec une barbe blanche arrive au triple galop sur un pur-sang. D'une main, il tient un faucon, de l'autre, il fait des moulinets avec son arquebuse et s'arrête à dix centimètres de mon coussin. J'ai dû boire un peu trop car, un moment plus tard, je me retrouve en train de danser avec les cavaliers tirant des coups de pétoire vers les étoiles...

Françoise Hardy et Jacques Wolfsohn

1964

Vous voyez l'homme en face de Françoise Hardy sur cette photo ? Il s'appelait Jacques Wolfsohn. Il fut dans les années 1960 le seul vrai découvreur de talents de la chanson française. Il est à l'origine de la carrière de Johnny Hallyday, qu'il impose dès 1958 alors que les journalistes et autres gens dits « du métier » se rient de ce jeune homme qui veut chanter et danser comme ceux qui, de l'autre côté de l'Atlantique, sont en train d'inventer une musique nouvelle. Alors qu'en 1962, les artistes prennent des pseudonymes américains, Wolfsohn lance Françoise, une belle chanteuse un peu triste ; ceci en pleine vogue du twist. En 1966, il donne sa chance à son assistant en le faisant enregistrer : c'est Jacques Dutronc. Et on le retrouve même plus tard au début du groupe Téléphone. Il est certainement le type le plus étonnant que j'aie rencontré dans le monde du spectacle. Un humour à vif, toujours tenté par la contradiction. Si vous lui disiez : « Il fait beau », il y avait des chances pour qu'il vous réponde « Il pleut », et vous aviez intérêt à le croire. J'ai peut-être été son ami, mais je n'en serai jamais sûr ; il n'était pas du genre à s'épancher. Nous sommes pas mal à Paris à lui devoir beaucoup.
Quand il est mort, ça n'a même pas fait une ligne dans les journaux.

James Caan

1980

Très beau portrait de mon ami Jeff Dunas. L'inoubliable Santino « Sonny » Corleone dans *Le Parrain* de Francis Ford Coppola. On était nés la même année. Je me souviens d'un déjeuner à Pacific Palissades dans les années 1980. On ne se connaissait pas, il était seul comme moi dans un de ces restaurants en bois au bord de l'océan. Et quand au même moment, à deux tables d'écart, on nous a servi un homard d'une taille impressionnante, il m'a fait un petit signe de connivence de la main.
Bien sûr je ne l'ai pas dérangé, et je ne l'ai jamais croisé depuis.
Ce jour-là il faisait beau, comme toujours, et la France me manquait, comme souvent...
Adieu à lui.

Jacques Dutronc

2000 *le 1er janvier*

Que feront-ils le matin de ce siècle nouveau ? C'était l'idée de la série réalisée sur commande pour *Le Figaro Magazine*, à la fin des années 1990.
Dans ma jeunesse, j'avais vécu une situation identique à celle recréée sur cette image. Le 31 décembre 1966, j'étais allé exprès dîner seul, au buffet de la gare de Lyon. J'étais alors un adepte de la délectation morose, un luxe de nanti. Il serait regrettable de mépriser les joies de la tristesse : bien malaxée, elle peut vous faire cadeau d'une journée fructueuse. Loin de moi l'idée de faire l'apologie du cafard, mais il peut s'avérer très enrichissant d'être triste par moments. Descendre jusqu'en bas pour remonter bientôt fait partie du voyage. Et pas forcément seul : partager le blues avec quelqu'un de subtil vaut la peine, à condition bien sûr qu'on ait vu le même film. Trahir sa mélancolie en faisant le joyeux avec un imbécile peut s'avérer assez vain, encore que... Finalement, tout est bon si on va jusqu'au bout. Les grands alcooliques connaissent bien cette chanson. Heureusement, je n'ai jamais pu vraiment les suivre : ce qui m'aura sauvé n'est pas la foi, mais un foie trop fragile. Si j'avais eu la santé adéquate, j'aurais traversé la vie bourré. On est tellement certain d'être intelligent dans ces moments-là. Je me serais bien vu au bout de Long Island, assis au bar de l'American Hotel de Sag Harbor, comme un Gatsby en smoking blanc sirotant à longueur de nuit des Singapore Slings, fumant des Lucky Strike en attendant le petit jour.
Bref, ce soir de 1966, je regardais les trains qui partaient sous la pluie, les esseulés parlant à leur assiette, les militaires en fin de course, les garçons de salle impatients : cette petite comédie m'avait beaucoup plu. Qui d'autre que Dutronc pour comprendre les joies de cette tristesse-là ? Alors je lui avais demandé de venir très tôt un matin. On avait fait cette photo en cinq minutes, puis on avait pris un café. Tous ces moments vécus ensemble n'ont pas de prix pour moi.

Françoise Hardy

1980

On me demande souvent pourquoi je ne fais plus de photos pour les pochettes de disque. C'est simple, et cette histoire l'explique bien je pense : ce jour-là, on a la chance d'être encore dans les années 1980. Pour cette séance, dans le studio, il n'y a que la Grande, mon assistante et moi. Aujourd'hui, vous auriez en plus une attachée de presse qui sourit à tout le monde, l'agent de l'artiste qui ne sourit à personne, un directeur artistique lisant *Télérama*, le producteur du disque chuchotant des choses sûrement importantes à son secrétaire, un « créatif » d'agence qui se ronge les ongles en regardant un grand écran de contrôle sur lequel chaque cliché apparaît dès que je déclenche l'appareil, un représentant de la maison de disques qui téléphone tout le temps, sans compter le coiffeur, le maquilleur et une styliste hésitant devant un portant interminable débordant de tenues inutiles. Alors que là, Françoise s'était fait coiffer et habiller chez elle, autrement dit elle arrivait « tête faite ». *Clic clac*, merci Kodak ! Et une demi-heure plus tard, on vaquait à nos occupations respectives. Pour finir, je choisissais la photo avec Françoise et je n'envoyais que celle-là pour la pochette. Le tout sans aucune retouche, bien sûr.
Aujourd'hui, les choses ont changé, c'est une autre époque et le dinosaure vous salue bien.

Schwab's

2000 *à Los Angeles*

Dans les années 1970-1980, ce drugstore était le centre névralgique du monde du cinéma. Le matin, avant l'heure des tournages, tous les seconds rôles se retrouvaient là pour le petit déjeuner. Ceux dont on connaissait le visage sans se souvenir du nom. Au-dessus du long bar en arc de cercle, les murs scintillaient de photos en noir et blanc d'acteurs aux sourires crispés par l'espoir d'un triomphe. Dans ce paradis du blanc plastifié et du stool en acier, l'odeur du trop propre vous assaillait dès la porte passée. Les serveuses frisaient toutes la cinquantaine, arborant des bonnets datant des années 1950 et des bas blancs d'infirmière, mi-Debbie Reynolds mi-June Allyson ; elles déposaient violemment des « *triple-eggs sunny side up* » en engueulant les clients. Anciennes futures actrices déçues, elles dataient de l'ouverture du lieu. Celles-là, il ne fallait pas leur parler box-office : elles les avaient toutes connues à leur début, les « vedettes », bien avant qu'elles aillent se nicher dans leurs palais luxueux de Beverly Hills. Lorsque l'une d'elles réapparaissait au sommet de sa gloire, elles la remettaient vite en place, la star ; elles avaient le bagou des femmes simples dont la seule fierté réside dans ce noble statut de maman du matin.
Pour moi, Los Angeles a perdu son âme le jour où Schwab's a été détruit. Dès qu'ils ont troqué Gene Tierney pour Bo Derek, forcément, j'ai décroché…

Amélie Nothomb

2006

J'aime beaucoup Amélie Nothomb. D'abord, j'aime ses livres, et l'entendre en parler est un enchantement.

Nous sommes en 2006 et lorsqu'elle arrive le matin dans mon studio de photo, c'est sans aucun maquillage ni artifice pour pallier la lassitude qu'engendre la promotion d'une rentrée littéraire. Dès qu'elle m'aperçoit, elle s'écrie : « Pardon, mais il va falloir tout votre talent pour arranger la pauvre chose que je suis ce matin. »

Et d'ajouter : « Cher Jean-Marie, quel plaisir de vous revoir ! » Déclaration d'autant plus élégante de sa part que notre dernière séance datait de bien dix ans auparavant.

C'est que la demoiselle est belge, et ces gens-là n'ont pas cette propension au ronchonnement typique de l'esprit français – lequel, à dose homéopathique, présente une amusante façon d'envisager la vie, mais qui, à la longue, peut finir par lasser. Bref, vous m'avez compris, j'aime beaucoup Amélie Nothomb et c'est vrai, je vous l'avoue, si je n'étais pas un amoureux de la France, j'aurais peut-être choisi Bruxelles pour mes derniers cent mètres. Pas tant pour sa souplesse fiscale que pour l'humour des Belges et leur absence de prétention. Ils ne sont pas du genre à gémir, ils ont l'esprit joyeux et ils adorent faire la fête. Je crains qu'en France, nous ayons quelques leçons à prendre…

Yvonne Printemps

1927

Je n'ai jamais aimé le théâtre parce que, lorsque j'étais petit, j'avais l'impression qu'il me prenait mon père, François Périer. Ce dernier a longtemps dirigé La Michodière, à Paris ; aussi, dans ma prime jeunesse, j'allais souvent le voir là-bas. Je n'aimais pas entrer dans la salle, je trouvais que ça sentait « l'odeur des vieux ». Mais j'adorais les coulisses, avec ces actrices trop maquillées qui se penchaient vers moi en parlant tout bas pour ne pas déranger le spectacle. Alors je me mettais derrière le rideau, à l'abri des yeux du public, et lorsqu'il me voyait, mon père, tout en continuant à jouer, se rapprochait de moi et il me faisait un clin d'œil que les spectateurs ne pouvaient voir. Je le leur volais un peu, il redevenait mon père, à moi seul.
Ensuite, j'allais au bar du théâtre pour assister à une scène qui m'amusait beaucoup. Yvonne Printemps et Pierre Fresnay étaient les propriétaires de ce théâtre, et le soir, ils siégeaient au bar pour voir comment se déroulait la soirée.
Le problème, c'était que Mlle Printemps ne buvait pas que de l'eau, et qu'en deux heures, elle vidait joyeusement une bouteille de « limonade de Reims », comme l'appelaient les amateurs de champagne à l'époque. Donc l'urgence était de faire sortir la diva du bar avant l'entracte afin d'éviter qu'elle n'invective les spectateurs à coup de « Vous ne comprenez rien au THÉÂÂÂTRE » et autres amabilités de ce genre. Et là, j'assistais d'un œil ravi au spectacle de Pierre Fresnay cherchant à attirer son épouse vers les coulisses afin qu'elle continue à lancer ses tirades vengeresses vers les cintres, pour le plus grand bonheur des machinistes. C'était un temps où, dans les théâtres, le spectacle était partout.
Un jour, mon père m'avait emmené dans leur maison de Neuilly, ce n'était pas loin de là où nous vivions. J'aimerais tellement revoir cet endroit dont je ne me souviens plus, si ce n'est d'un immense tableau de l'actrice dans le salon.
Et puis ce parfum (*L'Heure bleue*) qui émanait d'elle tandis qu'elle évoluait comme sur coussin d'air en riant fort derrière sa voilette, laissant seulement deviner les contours de son beau visage.

Daffy

à Étretat **2019**

Ce jour-là, j'avais emmené ma chienne à Étretat pour voir les falaises. Et parce que l'instant était remarquable, je me souviens avoir pensé : « Tiens, c'est sûrement la dernière fois que je vis ce moment-là ! » Voilà, c'est ça, être vieux. Ah je vois, vous vous dites : « Ça y est, petit Jean-Marie n'a pas le moral… » Pas du tout, c'est simplement que lorsqu'on arrive à mon âge, il ne faut pas oublier de vivre les moments qui passent, et ce n'est pas une mauvaise idée que de rappeler aux jeunes gens : « Profitez du présent avant qu'il ne devienne un souvenir. » C'est vrai, les années 1960-1970 furent exceptionnelles, mais c'est une erreur que de dire : « C'était mieux avant ! » Pour moi, oui, ça l'était, grâce aux chances exceptionnelles que le hasard a mis sur ma route et surtout parce que je préférais avoir vingt-cinq ans que quatre-vingts. Mais rassurez-vous, dans cette période bénie des Trente Glorieuses, les problèmes étaient légion : l'avortement, la contraception, la peine de mort et les femmes qui n'ont eu droit au carnet de chèques du couple qu'en 1966 ; tout n'était pas rose. Vous verrez en 2050, tout le monde dira : « Ah ! Les années 2010-2020, c'était le bon temps. » Et en allant voir les falaises d'Étretat (si elles sont encore là), vous penserez peut-être : « Tiens, c'est sûrement la dernière fois que je vis ce moment-là ! » Ce jour-là, vous aurez compris que vous êtes vieux.

Lucky Blondo

1963

C'était il y a cinquante ans, le temps des flirts, des amourettes légères. Qui est cette jeune fille ? Vient-il de la rencontrer ? Est-ce sa fiancée ? C'est étrange de parler d'un type qu'on n'a jamais revu et, par la grâce d'une simple photo, des images de l'époque remontent, alors que je ne me souviens même pas de cette séance. Il est un jeune chanteur à succès, elle semble tentée. Elle n'est pas sûre. Elle voudrait ? Elle hésite. La façon qu'il a de la tenir par le cou suggère le début d'une histoire ou alors la fin d'une tentative ? Quatre fleurs, il ne s'est pas foulé. Derrière eux une mère, une nourricière sûre de son fait. Elle a des ambitions pour son petit, un droit chemin, avec une situation enviable et un mariage à l'église. Derrière elle, un homme marche d'un air décidé, il a dû faire la dernière guerre ; et puis, en arrière-plan, un autre plus âgé qui se souvient de l'autre guerre, celle de 14. En 1963, les Français sont encore reconnaissants envers les Américains d'être venus les sauver en 45. La paix, ils en connaissent le prix, ils l'ont méritée. Mais lui, le jeune, bien qu'il soit aussi français qu'eux, il a choisi son nom, il s'appelle Lucky maintenant. La vie que ses parents lui ont préparée, il n'en veut pas. Il rêve d'un ailleurs qu'on appelle l'Amérique, vivre moderne comme sur un grand écran. Il ira là-bas, il en est sûr. Mais je suis présent, moi aussi, avec mon appareil, et ce baiser n'est peut-être là que pour la photo. Allez savoir...

Mon père, François Périer, et Gérard Depardieu

dans Le Tartuffe *de Molière* **1984**

La famille de mon père venait d'un milieu que l'on nommait « d'extraction simple ». Son père était représentant en charbon et sa mère était gérante d'un magasin de vin, Les Caves du Viaduc, avenue de Versailles. Ils n'étaient pas pauvres, mais il leur arrivait parfois d'être « dans la gêne ». Enfant déjà, l'imagination ne manquait pas au futur comédien. Souvent, ses camarades de classe le toisaient d'un air condescendant à cause son unique costume, lequel, fatigué par l'usure des bancs, trahissait sans doute sa condition. Le petit François, qui s'appelait encore Pillu, était donc très solitaire. Et pour lutter contre l'adversité, il s'inventa un camarade qu'il appela « Désiré Méstiferi ». C'est ainsi qu'entre le chemin de sa maison et l'école, passant devant un cinéma, il regardait les photos et s'inventait des histoires qu'il racontait plus tard à sa mère. Au bout de quelques mois, un peu curieuse de ne pas connaître ce providentiel ami, celle-ci lui dit qu'elle aimerait beaucoup le rencontrer. Pris de court, quelques jours plus tard, le petit François Pillu raconta à sa mère que son meilleur ami était mort avec sa famille dans un accident de voiture. Vous voyez, il ne manquait pas d'imagination, et l'usure de son costume cachait déjà une âme d'artiste.

Si, lorsque Gérard Depardieu décida de mettre en scène cette pièce de Molière, il choisit mon père, c'est certainement parce que, fin comme il l'est, il avait ressenti leur passé commun. Et je me souviens du jour où mon père m'a raconté Depardieu lui parlant de Châteauroux, de son milieu d'origine. En lui décrivant le silence terrible de la misère, il avait ajouté : « Les pauvres, maintenant, ils ont la télé. À l'époque, il n'y avait que les mouches. »

Mick Jagger

1972

On me demande parfois pourquoi je ne fais plus de photos. D'abord, je n'ai plus de journal, et un photographe sans journal, ce n'est pas grand-chose. Car il y a une énorme différence entre une magnifique photographie qui trône sur votre bureau et la même imprimée en double page. Tout à coup, comme par miracle, elle prend une valeur qu'elle n'avait pas une semaine avant. Et la seconde raison, c'est que j'ai été trop gâté, tant dans les années 1960 que dans les *nineties*. Il n'y avait pas de filtres, pas d'intermédiaires, pas de spécialistes pour nous expliquer ce qu'il fallait faire. Qu'il s'agisse de Daniel Filipacchi ou de ma sœur, Anne-Marie, personne ne m'a jamais imposé quoi que ce soit. Cette liberté-là date du siècle dernier. Prenez Mick Jagger par exemple : lorsque j'ai fait cette séance, il est arrivé au studio avec une armada de costumiers, maquilleurs, coiffeurs, parce que je lui avais demandé au téléphone : « Tu peux venir un après-midi avec des fringues ? On fera des images, mais je ne sais pas encore ce que j'en ferai. Improvisons et je trouverai ensuite ! » On est en 1972, les Rolling Stones sont au sommet de leur gloire, et franchement Mick n'a pas besoin de moi ni de notre journal ; c'est juste pour le plaisir. Nous avons fait une douzaine de photos sur des fonds différents et ni lui ni moi ne savions qu'un mois plus tard, il se retrouverait assis sur une glace à la vanille. Voilà pourquoi je ne fais plus de photos : aujourd'hui, aucun artiste, aucune maison de disque, aucun magazine ne m'accorderait cette liberté-là. Les choses étaient légères et je cherchais surtout à me marrer. Quelle chance…

Richard Bohringer en compagnie de sa fille, Romane

2000

Lettre à toi :
Cher Richard. Comment vas-tu mon pote ? S'il m'arrive de voir encore Jean-Paul Goude, Régis Pagniez ou Daniel Filipacchi, toi, la dernière fois, ça doit bien faire quinze ans, au Lutetia je crois.
Il faut faire gaffe à ne pas couper le fil. Parce que je ne sais pas ce qu'ils ont tous à mourir, mais ça vire à l'obsession.
Souvent, sur les réseaux, on me reproche de maudire la vieillesse et la mort, mais ils me font marrer, moi, qu'y a-t-il de plus important ? De gloser sur les folies du monde ? Des navrants qui veulent virer les étrangers ou des inconscients qui clament qu'on est en dictature ?
Soyons sérieux Richard, les seules choses dont on devrait parler, c'est de l'avenir des enfants qu'on a eu l'impudence de mettre sur une planète qui s'écroule, et de tenter de vivre chaque jour comme si c'était le dernier. Le reste n'est que gesticulations.
Si on ne se voit pas, alors on finit par ressasser les souvenirs, seul dans son coin, comme je le fais d'ailleurs tous les jours.
Quitte à évoquer nos heures heureuses à Saint-Germain-des-Prés, autant le faire ensemble.
Ces temps bénis où tu révolutionnais la rue Saint-Benoît avec tes exagérations magnifiques et tes révoltes dont la beauté, loin des modes à venir, ne daignait se calmer qu'au petit matin. Même si nous ne nous comprenions pas toujours, toi le révolté magnifique et moi le petit bourgeois de Neuilly, réunis néanmoins par un rire salvateur, nous trouvions toujours un moyen pour nous rejoindre.
Mais ces délectations moroses avec de la tendresse dans les yeux, autant les vivre à deux, sans ça on finira par parler à nos miroirs et il n'est pas certain qu'on soit emballés.
Il faut se voir mon pote. Revoyons-nous avant le grand silence !

Madame Claude

1994

En regardant l'autre soir le film sur la vie de cette femme intrigante, j'ai été surpris par la différence entre le personnage du film et la dame que j'ai connue. Du temps où elle exerçait à Paris, je ne l'ai jamais croisée. Normal, le soir, je sortais beaucoup, elle jamais. Et je n'avais aucune raison de la connaître, ses « services » m'étant étrangers.
C'est à Los Angeles que j'ai rencontré Madame Claude. Avec ses cheveux blancs et ses élégantes tenues, elle avait plus l'air d'une dame patronnesse que d'une proxénète. Certes, ce n'était pas une oie blanche, et derrière l'ombre à paupières, l'œil pouvait se faire dur, mais je ne me sentais pas le droit de la juger. Après avoir fait de la prison en France, elle semblait avoir perdu de sa superbe, une sorte de dame âgée un peu esseulée en Californie. C'était étrange de la rencontrer là, dans une autre vie. Un jour, elle me parla avec une certaine fierté d'une jeune femme avec laquelle j'avais eu une aventure assez longue, tout en ignorant qu'elle était une de ses filles. Je fus sidéré par cette déclaration, je me gardai bien de lui demander son nom, je préférais ne pas le savoir par elle. Néanmoins, pendant plusieurs jours, je ne pus m'empêcher de chercher à deviner ce nom parmi mes amours passées. Et je me rappelai une très jolie jeune femme, une merveille de gentillesse, d'une élégance on ne peut plus bourgeoise. Par discrétion, appelons-la Maud. Elle était mannequin le jour, et je me souviens de cette excuse qu'elle opposait parfois à certaines de mes invitations en semaine : « Ah non, le mardi et le vendredi, je passe la soirée avec mon oncle ! » Ça ne m'avait pas choqué, je n'étais guère méfiant. Cette chère Maud avait donc un oncle, ou plutôt plusieurs aux multiples visages qu'elle voyait sans doute dans des chambres d'hôtel ou des appartements luxueux. Il est très possible que ce soit elle, car de toutes mes aventures de l'époque, Maud était de loin la mieux élevée. Ciel ! Comment aurais-je pu savoir que derrière son raffinement, il y avait peut-être la patte de Madame Claude ? Maud souriait tout le temps. Elle avait l'air heureux.

Ma mère, Jacqueline Porel

1942

Adolescent, j'aimais à flâner dans le passage des Champs-Élysées ; je trouvais ça luxueux. D'abord, à côté, il y avait Lido Musique, un des rares magasins de disques dans lequel on pouvait trouver des 30 cm « long playing » américains dans les années 1950. Vers mes dix-huit ans, je hantais cet endroit, écoutant Gilbert Bécaud chanter « C'était moi ! » dans une cabine, quand la direction le permettait, mais pas trop longtemps. Lorsqu'un nouveau disque de Frank Sinatra arrivait des États-Unis, après l'avoir acheté, je coupais avec l'ongle le fin plastique qui protégeait la pochette et je plongeais le nez dedans afin de respirer l'air de là-bas. J'étais bien secoué quand même. Dans mon costume en prince-de-galles gris de chez Eddy (au fond de la galerie à droite), je sirotais des milk-shakes en évitant de tacher mon pantalon à revers (4 cm, une cassure, 19 en bas) en attendant d'aller retrouver mon amie de l'époque. Elle était capitaine des Bluebell Girls du Lido. Mais j'ai bien dit « amie », car à l'époque, le corps d'une femme m'était encore inconnu, et je ne l'ai jamais touchée. Mais j'étais mignon, alors elle aimait que je vienne la chercher dans les coulisses après le spectacle, vers 1 heure du matin, pour aller dîner avec d'autres girls dans un restaurant de la rue de Ponthieu. Je devais être curieux à voir, moi le petit puceau, au milieu de ces gazelles dont le slip arrivait à la hauteur de mon nez.

Après quoi, j'allais retrouver ma mère au Carroll's, chez Frede, la célèbre lesbienne patronne des lieux. Pendant une période, elle a travaillé la nuit dans cette boîte, recevant des gens du Tout-Paris ; l'endroit était très couru à l'époque. J'aimais beaucoup quand, après avoir sonné, la porte s'ouvrait et une dame, en smoking, cigarette au bec, me disait en m'indiquant du doigt un coin sombre enfumé : « Elle est là-bas ! » Et ma mère me serrait dans ses bras en me présentant à tout le monde.

Gilbert Montagné

1917 *à Paris*

Le jeune aveugle et les « voyants », en train de lire les journaux. Certains avaient trouvé ça de mauvais goût, mais Gilbert et moi nous pensions que c'était une façon de dédramatiser sa cécité que d'aller jusqu'à en sourire. Au cours de nos premières rencontres, il avait évoqué une femme qui l'avait conduit vers ses premiers émois ; il rêvait de la revoir. Elle vivait dans les faubourgs de Miami. Je lui ai donc proposé d'aller la retrouver. Nous nous sommes envolés pour New York, puis j'ai loué une voiture pour descendre jusqu'en Floride. C'était la première fois que j'étais seul en compagnie d'un aveugle. J'avais peur de lui lâcher la main, de le perdre. Il était beaucoup plus détendu que moi. En Amérique, une route peut traverser le même paysage monotone pendant six cents kilomètres. Gilbert ayant tendance à réagir au moindre bruit, il me demandait ce qu'il se passait toutes les dix minutes. Lassé par mes réponses, l'envie me prit d'inventer des prairies, des villages, des maisons entourées de barrières blanches ; bref je commençai à lui décrire l'Amérique de Norman Rockwell, au milieu du désert. Au bout d'un moment, il a souri et m'a dit : « Arrête de me prendre pour un con ! » Arrivés dans la banlieue de Miami, nous nous sommes dirigés vers un fast-food un peu décrépit. L'endroit était vide, la serveuse derrière le bar approchait la cinquantaine, rien dans son apparence n'a retenu mon attention. Elle est venue vers nous avec une certaine lassitude mais, lorsqu'elle a aperçu Gilbert, son visage s'est éclairé. Ils se sont tombés dans les bras, elle nous a assis à une tablc. Commc jc m'apprêtais à les laisser, Gilbert m'a retenu pour me la présenter. Les retrouvailles auxquelles j'assistais étaient des plus émouvantes. C'était donc la première femme qu'il avait tenue dans ses bras. Elle lui caressait les mains, l'émotion et la gentillesse qui émanaient de son visage étaient merveilleuses ; c'est alors que j'ai pris conscience que sans Gilbert, je ne l'aurais sans doute même pas regardée. Parce que j'avais mes yeux, je la voyais moins bien que lui, qui ne pouvait la voir.

Sheila et Sylvie en Bécassine

1967

Samedi dernier j'étais sur la route et j'écoutais Frédéric Taddeï, comme souvent. Il était en train de repasser une interview de Jean-Louis Trintignant enregistrée il y a quelques années, où ce merveilleux acteur développait une théorie qui me fascina. Il expliquait qu'avant de commencer sa carrière dans le cinéma, il s'était passionné pour la photographie.
Il s'était acheté un appareil photo pour satisfaire sa passion de l'image. Mais, expliquait-il, il n'avait jamais mis la moindre pellicule dans l'appareil car ce qui l'intéressait, c'était de cadrer, et quand il appuyait sur l'obturateur, il se plaisait à imaginer la photo qu'il était en train de faire. Mais ce qu'il concevait par l'esprit lui semblait tellement beau qu'il préférait ne jamais voir le résultat, par peur d'être déçu.
C'est une des idées les plus poétiques que j'aie jamais entendues.
Tout photographe devrait au moins une fois se poser cette question.
Alors bien sûr, j'ai repensé aux milliers de photos que j'avais prises dans ma courte vie de photographe (deux fois dix ans) tout en m'obligeant à réfléchir grâce à la théorie de Trintignant.
Combien de photos ai-je faites qui ressemblaient vraiment à mes rêves ?
Malgré mon obsession de vouloir tout diriger, la réalité reprenait certainement souvent le dessus et libre à moi d'oublier les heureux hasards pour finir par penser que j'étais bien l'auteur de ce que je voyais.
Par exemple, cette photo que vous connaissez sûrement déjà, Sheila et Sylvie en Bécassine : si les oies avaient refusé de rester sur place et si ce troupeau de vaches inattendu n'était pas passé, elles se seraient retrouvées habillées de manière ridicule, les pieds dans la boue devant un mur triste… Donc la chance nous rend souvent service.

La cuvette

1986

Dans la série : « Idolâtrer Ronsard n'empêche pas de se confronter aux réalités de la vie quotidienne. »
Chers lecteurs, je vous prie d'excuser le choix de cette illustration (laquelle était l'image finale de mon clip antidrogue dans les années 1980), mais c'est ce que j'ai trouvé de mieux pour vous narrer mon infortune.
Vous êtes-vous déjà trouvé en présence de ce siège qui, tout à coup, vous nargue de sa soudaine inutilité en se bouchant sans prévenir ? Cet ami, que dis-je, ce frère de votre fessier se braquant tout à coup en refusant d'écouler l'eau salvatrice de votre laisser-aller. Vous vous retrouvez là, debout face à une incompréhension d'autant plus pénible que l'idée d'appeler un « spécialiste » et celle du regard noir qu'il ne manquera pas de vous lancer vous glacent déjà d'effroi. « Mais monsieur, je vous promets que je n'ai pas confondu l'objet avec une vulgaire poubelle, je n'y ai jeté aucun journal froissé, encore moins un ourson en peluche datant de mon enfance, il n'y avait qu'une eau d'une légère couleur citron lorsque j'ai appuyé sur ce bouton toujours prêt à rendre service ! Mais l'indispensable liquide s'est écoulé à la vitesse d'une file d'attente à Roissy. »

À 1 heure du matin, je tentai de passer en force à l'aide d'un cintre en fer tordu vers une hypothétique issue.
À 2 heures, j'abimai mes yeux sur internet à la recherche d'une officine au professionnalisme irréprochable. À 4 heures, je consultai déjà les annonces immobilières afin d'éventuellement changer d'adresse.
À 6 heures pétantes, si j'ose dire, je me précipitai en désespoir de cause vers le décevant réceptacle et, le cœur battant, j'appuyai d'un doigt fébrile sur le bouton. L'eau s'écoula alors joliment comme une source de montagne ornant un prospectus helvétique. Et tandis que tout rentrait dans l'ordre, j'étais à deux doigts de croire en un dieu, prêt à être rebaptisé à l'aide d'un geste dans les eaux du Gange.
Quand je me risquai à appuyer une seconde fois pour vérifier ce miracle, je crus presque voir au fond de la faïence un œil cligner comme pour souligner la bonne blague. Méchante machine !

Eddy Mitchell

1961

C'est en Algérie, pendant mon service militaire, que pour la première fois, en rencontrant Eddy, je découvris le « rock ». Moi, je ne connaissais que le jazz et le blues. Le matin, tandis que les premiers rayons du soleil caressaient les toits d'Oran, j'écoutais Miles Davis, B.B. King ou Frank Sinatra sur mon tourne-disque. Tout en regardant la ville s'éveiller, je m'accrochais à cette musique, dernier vestige de mon adolescence.
Détaché par l'armée à la télévision, je vivais en ville, dans un studio, sur le toit d'un ami. J'avais le droit de porter des habits civils ; mon boulot consistait à faire des reportages pour les journaux télévisés. Donc, au début, j'avais la belle vie par rapport à mes copains coincés dans le djebel. C'est par la suite que, très vite, les choses se gâtèrent, lorsque la ville s'enflamma. Eddy Mitchell était en tournée avec les Chaussettes Noires. Je n'en avais jamais entendu parler. Lorsqu'il donna un concert pour l'armée française, je fus tout de suite fasciné par ce groupe aux allures de voyous. Leurs manières arboraient avec insolence un mépris absolu pour les valeurs morales de l'époque ; ils se permettaient de traiter d'égal à égal avec mes supérieurs, lesquels, au contact de leur musique, en oubliaient les raideurs militaires. En les regardant sur scène, mon intraitable colonel devenait mouton, retenant à grand-peine une envie insoupçonnée de remuer son derrière. Avec son air goguenard, Eddy Mitchell me sidérait. Sa façon de chanter, sa coiffure, ses déhanchements tenaient de la planète Mars et, en même temps, il était très courtois. C'était un choc, au milieu du marasme algérien, de voir des types très jeunes réussir à se faire respecter, avec pour seule arme le but avoué de se marrer…

Jean-Paul Goude et moi

2000

Dès le début, j'ai eu pour lui de l'estime et de l'admiration, le considérant depuis toujours comme l'artiste le plus doué de ma génération, et de très loin. Chantre du métissage, il fut souvent incompris, les Américains prenant sa passion de la négritude pour du racisme, alors qu'il passait sa vie à mettre en valeur de façon aussi imaginative que sophistiquée les gens de toutes les couleurs. Quand j'habitais à New York, il m'appela un jour en catastrophe : il tournait un film sur Grace Jones et, son chef opérateur étant coincé à Londres, il me demanda si je pouvais le remplacer au pied levé. Bien sûr, je sautai sur l'occasion, de toute façon j'aurais fait n'importe quoi pour lui, un ami de si longue date, c'est trop rare. Et puis son univers m'a toujours sidéré, donc travailler avec lui, ne serait-ce que deux ou trois jours, était un plaisir. Il tournait dans les immenses hangars du port de New York avec une cinquantaine d'artistes homosexuels déguisés en Grace Jones grâce à des masques que Jean-Paul avait confectionnés. Ils marchaient tous à une allure militaire, suivis par d'énormes projecteurs, de ceux qu'on utilise là-bas pour éclairer le ciel des premières de cinéma. J'avais l'habitude de beaucoup rire avec Jean-Paul, ces jours-là atteignirent des sommets, jusqu'au moment où le producteur arriva en trombe près de la caméra, suppliant qu'on arrête tout. Le tournage se faisait à l'arrache, aucune autorisation n'avait été demandée, et on avait intérêt à se tirer fissa, l'endroit étant géré par les Teamsters (le syndicat des routiers). Il valait mieux en effet déguerpir vite fait, car les Teamsters étaient connus pour régler leurs problèmes à coups de batte de base-ball. Vous auriez vu la volée de Grace Jones courant dans tous les sens vers la sortie, ça valait le voyage !

Sylvie Vartan

à New York **1962**

Première photo, retrouvée dans mes archives. À vrai dire, je ne me souviens pas précisément de ce moment, ce qui n'est guère surprenant car contrairement à ce que beaucoup de gens pensent, j'ai très peu de mémoire. Heureusement, en général, ce sont les photos qui me font cadeau de leurs souvenirs. Simplement en regardant ce visage, c'est clair, pour moi tout était dit. Coiffée par elle-même, elle porte son manteau. Pas de maquillage, tout est derrière les lunettes noires. Ce portrait représente à lui seul tout ce qui attend la jeunesse des années 1960.

En me levant le matin, quand je savais que j'allais la photographier, j'étais heureux. Déjà !

Une phrase qui fera plaisir à Sylvie, si elle lit cette chronique :

« Je voudrais connaître la musique dont la queue de mon chien bat la mesure. »

Ivan Audouard

Mathilda May

1990 *pour le magazine* Elle

Il me semble qu'à cette époque, elle était enceinte. Si vous regardez bien, on le voit dans ses yeux. Il y a dans le regard des femmes à ce moment de leur vie un mélange troublant de plénitude, de confiance dans l'avenir et d'un amour reconnaissant pour le père de l'enfant dont ce dernier a intérêt à bien profiter, car ce n'est pas sûr que cela dure. Dans cette attention, vous pouvez lire la promesse d'un avenir radieux, la prise de conscience que l'événement va changer sa vie pour toujours, mêlées d'un soupçon de certitude que, quelle que soit la qualité du responsable de sa grossesse, il a intérêt à faire le poids sur la longueur. Désormais, le centre du monde est ce ventre généreux qu'elle caresse à plaisir, et lui, « l'homme de sa vie » selon l'expression consacrée, va se retrouver dans un rôle plus secondaire. Je ne voudrais pas draper le mariage de cynisme, mais l'amour d'une mère s'apparente souvent à la Kalachnikov du couple. Et ceux qui réussissent à garder le cap après la naissance d'un enfant sont des héros qui s'ignorent. Être à la hauteur face à cet amour-là tient de la montée du Cervin par la face Nord, et en espadrilles...

Azzedine Alaïa

1995

Aucun rapport avec ce grand couturier, mais son visage m'a inspiré une petite nouvelle cette nuit.
Ce bon vieil Al Zheimer.
« Nom, prénom », demande la directrice de l'Ehpad : « Zheimer, Al », répond sa fille. Al Zheimer, c'est vraiment son nom, quand on arrive au troisième âge, ce n'est vraiment pas de chance.
Ensuite, sa fille est partie, le laissant seul au milieu des rires des autres résidents. Avec un patronyme pareil, se faire des amis n'est pas simple. Être vieux n'empêche pas d'être un salaud : « C'est pas un peu juif comme nom, ça ? » lui demande un barbu connu sur la place pour dire des conneries. « Oui, répond Al, et même que des crétins comme toi, j'en ai sauvé pas mal à Auschwitz ! » En effet, en 1943, il a réussi à organiser une fuite de cet horrible camp en emmenant une dizaine de Français. L'imbécile insiste : « Moi, tu m'aurais sauvé ? Elle est bonne celle-là !
— Oui, c'était peut-être pas une bonne idée d'ailleurs ! » répond Al en retournant dans sa chambre.
Maintenant, il tourne en rond. « Où ai-je mis ce putain de téléphone ? » se demande-t-il. Alors il regarde par la fenêtre, dehors il y a le parc, après c'est le mur. Attiré par le vert de l'herbe, il descend et marche, ce jour-là il fait soleil, c'est toujours ça de pris. Derrière un arbre, il aperçoit des tennis

blanches sur le gazon. Assise sur une chaise, à l'abri, une infirmière fume une cigarette.
« Qu'est-ce qu'elle veut encore la blondinette ? C'est une sacrée blondinette celle-là ! » Ce bon vieux Al a toujours aimé rire.
Il avise un pigeon qui vient se poser sur la rambarde de la véranda.
« Madeleine. Notre voyage de noces au lac d'Annecy ? Tu te souviens ? La mouette sur le balcon qui nous regardait nous embrasser... »
L'infirmière lève les yeux au ciel et s'éloigne en écrasant son mégot dans un verre. Al retourne dans la grande maison en évitant la porte principale, depuis la guerre il n'aime pas les grandes portes.
Dans sa chambre il s'assoit sur son lit. « Où ai-je mis ce putain de téléphone ? »
Quel téléphone ? Ça fait longtemps qu'il n'en a plus...

Françoise Hardy et la tour Eiffel

1965

Pourtant, j'aimais bien Paris.
J'y vécus mes belles années, celles des succès plus ou moins mérités, des amours légères aux serments définitifs, des amitiés immortelles, et surtout celles où toutes les chances me souriaient.
Un divorce plus tard, je partis vivre aux États-Unis, un vieux rêve d'enfance ; je croyais encore au mythe de l'Ailleurs, on a les faiblesses qu'on peut. Après dix ans dans l'univers des films publicitaires, bien que reconnaissant à ce pays de m'avoir ouvert les bras, j'étais un peu lassé par l'obsession de la réussite à tout prix du New York de la fin des années 1980.
N'étant pas prédisposé à devenir « le plus grand, le plus beau et surtout le plus riche », je sautai sur la main tendue par ma sœur Anne-Marie pour rentrer en France. Ces dix années passées au sein de l'équipe du journal *Elle*, dont elle était la directrice, seront un enchantement.
Bien sûr, Paris n'était plus celui des années 1960, les Champs-Élysées n'étaient plus déserts en été, Saint-Germain-des-Prés avait délaissé la rue Saint-Benoît et la fantaisie de la ville s'estompait doucement sous le poids d'un mal nouveau dont je reconnaissais les symptômes. Dans les bureaux, à la poste, dans les supermarchés, je retrouvais cette sourde angoisse de l'échec social, les regards inamicaux de la concurrence obligée, bref, une astreinte implicite de la réussite à tout prix s'étendait sur la ville. À regarder ses rues, ses monuments, son ciel, Paris restait une fête, mais où étaient donc passés mes Parisiens ? Ceux qui aimaient à noyer les nuits pour oublier les jours, les chantres du suicide social pour le plaisir d'un mot aussi brillant qu'inutile ? Ceux qui osaient la paresse sans crainte d'être jugés. J'avais le sentiment d'appartenir au siècle dernier, J'entends le XIXe, bien sûr. Aujourd'hui, « mon » Paris n'existe plus, ses trottoirs ont oublié les pas de danse du Fred Astaire de *Funny Face*. Comme l'écrivait mon grand-père, Jacques Porel : « Mon amour de Paris a les yeux cernés. Alors, ailleurs, il se repose. »

Valérie Lemercier

1994

Dans la série : « Je n'aime parler que des gens que j'aime. »
Pendant mes dix années passées à *Elle*, j'ai eu le privilège de voir émerger puis grandir cette merveille, plus connue sous le nom de Valérie Lemercier. Parmi les milliers de gens que j'ai croisés dans ma vie, ils ne sont pas légion ceux qui, comme elle, m'auront sans cesse étonné. Cette fille est un miracle sur deux pattes.
J'espère que vous avez eu la chance d'assister à l'un de ses spectacles (ils n'ont pas été filmés et vous ne les verrez donc jamais en DVD, parce qu'elle tient à ce que chaque soir reste un moment unique – honnêteté peu fréquente vis-à-vis des spectateurs qui paient leur place).
Résultat : la voir sur scène a quelque chose de miraculeux, vous ressentez cette impression d'être le témoin d'un instant qui ne reviendra plus. La moindre de ses mimiques est ciselée, retenue, toujours à la limite du déséquilibre. En même temps, elle ose tout.

Maniant la grossièreté sans jamais être vulgaire, le regard qu'elle jette sur l'époque a la délicatesse d'en noyer la cruauté sous un humour que, pour ma part, je trouve irrésistible. Ses yeux peuvent vous attendrir ou vous terroriser en l'espace d'une seconde, pendant que son visage s'amuse à passer de la bourgeoise dédaigneuse à la petite fille déçue.
Si jamais elle se décidait à refaire de la scène, surtout ne ratez pas ça car, dans l'univers frileux du spectacle que des médias mercantiles tirent vers le bas des succès faciles, rares sont ceux qui, comme tous les grands artistes, ont le culot de se mettre chaque fois en danger.

Brian Jones

1996

Ma rencontre la plus improbable avec lui eut lieu à Ceylan, désormais connu sous le nom de Sri Lanka, par une fin d'après-midi sur la plage de Colombo. J'étais avec Jacques Dutronc en villégiature pour faire des photographies en Inde. Nous avions passé un moment de conversation des plus amicaux à la terrasse du bar de l'hôtel, non loin d'un groupe d'Anglaises rousses aussi bruyantes qu'éméchées, mais nous n'avions de leçons à donner à personne. Le soleil s'apprêtant à se coucher, nous allâmes nous balader sur la plage. Et, au loin, au milieu d'un espace magnifique, assis en lotus face à l'océan, j'aperçus un type dont le visage ne m'était pas inconnu. C'était Brian Jones. Que faisait donc un membre des Rolling Stones seul, en pleine contemplation sur une plage du bout du monde ? Le hasard était insensé, il y avait une chance sur des millions pour que l'on se rencontre là. Ça n'a pas du tout eu l'air de l'étonner. Je les ai présentés, nous nous sommes parlé un instant, mais comme l'anglais de Jacques était approximatif, je n'ai pas voulu prolonger le moment. Nous l'avons laissé à sa poésie ésotérique. Je sais, l'histoire a l'air d'une invention, pourtant elle est vraie. J'ai demandé à Dutronc si je n'avais pas rêvé parce qu'il a une mémoire d'éléphant – il m'a confirmé l'authenticité des faits en ajoutant que pas loin de là, sur la plage, il y avait une chèvre, un môme debout sur un escabeau et son père tenant un tambour devant une cahute ornée d'un écriteau indiquant « CIRCUS ». Tel que je le connaissais, je suis certain que Brian Jones a dû se dire que dans une autre vie, il aurait pu être cet enfant pensif à côté d'une chèvre sur une plage déserte de Colombo.

Une héroïne anonyme

2019

Dans la série « Quelle époque ! » : une héroïne. Bien sûr, cette photo n'est pas de moi ; de même, n'allez pas croire que je suis l'auteur de cette publicité, beaucoup vue l'hiver dernier sur les écrans. Mais loin de moi l'idée de rire de ce produit dont le moins que l'on puisse dire est qu'il n'est pas facile à mettre en valeur ; et force est de constater qu'il est d'utilité publique. Non, mon propos aujourd'hui est de rendre hommage à cette actrice. Je ne parle pas de sa prestation, mais j'aimerais que nous ayons une pensée pour cette femme dont j'espère pour elle qu'elle est étrangère, car sinon, sa situation ne doit pas être simple à vivre. Imaginons que ce soit une mère de famille française : certes, ce travail lui a permis de nourrir sa progéniture et c'est on ne peut plus respectable. Mais enfin, le soir, lorsque ses enfants rentrent de l'école en lui disant que leurs copains l'ont vue à la télé, il ne doit pas être aisé de leur expliquer pourquoi leur maman bien-aimée incarne à elle seule un trouble digestif très répandu dans notre belle nation. Se retrouver du jour au lendemain considérée comme une sorte de Jeanne d'Arc de l'élimination harmonieuse demande un certain équilibre moral. Savoir que le moindre « Comment ça va ? » proféré à la légère dans les bureaux ou dans la rue fait aussitôt apparaître dans l'inconscient collectif l'image de leur mère doit sans doute mettre celle-ci en situation délicate face à ses chères têtes blondes. Car enfin, il n'est pas donné à tout le monde d'incarner la Miss France de la constipation... J'espère qu'elle a été très bien payée et qu'en cas de rediffusion prochaine, les autorités responsables sauront se montrer généreuses. C'est d'autant plus regrettable qu'il me semble me souvenir que dans ma tendre enfance, ma grand-mère, du haut de sa sagesse, me recommandait souvent les bienfaits du pruneau. L'usage de ce petit fruit laxatif peut rendre des services appréciables. Finis les regards au plafond de la pharmacie en commandant le médicament, vive le retour au paradis des sphincters apaisés.

Marie Gillain

1994

On dit des gens qui se font photographier qu'ils perdent un peu de leur âme. Mais on ne parle jamais du désarroi du photographe. Voilà une jeune actrice ravissante qui entre dans le studio. Elle est intimidée, elle n'aime pas tellement cette situation. Là, j'ai le beau rôle. Je tente de la rassurer en lui promettant de faire vite. (Rien n'est pire que les photographes lents.) Je lui indique avec assurance un canapé, je l'allonge. Pour l'instant, mon pouvoir est absolu. Je lui mets de la musique en souriant, je plaisante en exécutant des circonvolutions ; bref, je fais le beau. Puis je glisse un œil derrière cet appareil magnifique, lequel m'accorde une supériorité dont j'abuse allègrement, jouant au détenteur d'une technique mystérieuse qui en réalité m'échappe un peu. Je regarde son visage dans le viseur et, tout à coup, voilà qu'elle me sourit. J'ai beau être un enfant de la balle, je ne peux m'empêcher de penser que ce sourire n'est destiné qu'à moi. Mon charme aurait-il des vertus qui m'échappent ? Car, enfin, d'accord, c'est une actrice, mais quand même, ce sourire...

L'imagination décolle, il y a tant d'émotion dans ce qu'elle me donne ; les projets les plus fous me caressent l'espoir. Je m'aime bien, tout à coup. Subitement, elle passe d'un masque de théâtre à l'autre ; le sérieux, celui qui pleure. Son regard se détourne, sa robe la gêne, peut-on venir l'aider ? Adieu les illusions. Remis à ma place, j'appelle au secours le professionnel qui dort en moi d'un sommeil profond. Cette pose que je lui impose lui donne une crampe. Je sais, mais il faut savoir ce qu'on veut, ma petite. Je n'en pense pas un mot, mais je me force.

Elle allonge à nouveau ce corps si proche et si lointain de moi. Mais je suis sur mes gardes. Le sourire suivant me laisse de glace. Quoique... Fin de la séance. Baiser furtif. « Merci d'avoir fait vite, mon fiancé m'attend. » Penaud, le don Juan. Alors je reste assis un moment devant le canapé vide, et puis je vais au cinéma. Voir une actrice...

Helmut Berger

1973

Helmut Berger était beau, il en était déjà un peu conscient au départ, puis Luchino Visconti le prit en main jusqu'à le conduire aux plus beaux rôles du cinéma italien. *Les Damnés*, *Ludwig*, *Violence et passion*, que des chefs-d'œuvre. Ce metteur en scène magnifique emmena Berger tellement loin de la réalité que celui-ci finit par se fourvoyer. Ce n'est pas surprenant, j'oserais même dire que c'est dans l'ordre des choses.

Après la disparition de son mentor, il commença à se perdre en route, la drogue passa par-là, et malgré Joseph Losey et Vittorio De Sica qui tentèrent d'entretenir la flamme, il déclina inexorablement vers quelques films mineurs jusqu'à devenir l'ombre de lui-même.

On ne peut pas porter aux nues quelqu'un et lui demander ensuite de redescendre pour se voir tel qu'il est. Si certains acteurs ou actrices s'égarent en chemin, j'aurais tendance à avoir de la tendresse pour ce genre de destin. Lorsqu'on a le talent d'être le pygmalion d'un Visconti, on n'a pas le droit de mourir, c'est presque égoïste, ça ne se fait pas.

Steve McQueen

1969

Apparemment, ce jour-là, il n'avait pas envie de voir ma tronche. Pourtant, avec ma sœur Anne-Marie, on était venus de Paris pour le retrouver en Espagne sur le tournage d'un film. Comme souvent avec les stars américaines, on avait un rendez-vous d'un quart d'heure. Quand nous pénétrons dans l'hôtel, son assistante nous demande d'être prêts à 10 heures, le lendemain matin. On arrive à l'heure, l'assistante nous dit : « Désolée, ce n'est pas possible, revenez demain. » Même chose le matin suivant. Finalement, le troisième jour, on accède enfin à la terrasse de McQueen. Il est en train de prendre son petit déjeuner. Il ne nous adresse pas la parole, pas un café, rien. Même pas à ma sœur ? Ça m'énerve. Il faut dire à sa décharge qu'on avait vraiment l'air de deux gamins, mais quand même. Tout à coup, il se lève et me dit : « Vous avez trois minutes ! »

Il s'est adossé à un arbre sans vouloir retirer ses lunettes. Alors j'ai braqué l'appareil, j'ai fait trois photos, merci et au revoir. C'est la seule mauvaise expérience de ma vie de photographe. Ce jour-là, il avait peut-être une peine de cœur. Dommage, j'aimais beaucoup cet acteur…

Les Inconnues

Tiens aujourd'hui, pour changer,
je vous le fais en vers…

Une nuit j'arpentais les boulevards extérieurs.
J'entrevis une brune à la démarche inquiète.
Je la suivis de loin pour ne pas lui faire peur.
On a les joies qu'on peut, c'est pas toujours la fête.

Elle semble un peu perdue, allant à la dérive.
J'imagine des mots qui sauraient la charmer.
Mais que cherche-t-elle donc à cette heure tardive ?
Elle traverse la rue et se met à pleurer.

Je n'ose pas bouger, cette histoire est la sienne.
Il n'y a que le vent qui s'amuse à remuer
Une à une les mèches de ses cheveux dorés,
Abandonnée de tous, enfermée dans sa peine.

La voilà qui repart, happée par une rue.
Je cours comme un fou, car je ne la vois plus.
Elle est là à nouveau, affalée contre un mur.
Et j'entends à distance les mots qu'elle susurre.

« Non je ne suis pas folle,
Vous êtes sans parole.
Je vous ai tout donné
Vous m'avez oubliée. »

Les fenêtres endormies derrière leurs dentelles
Se fichent éperdument de celle qui m'ensorcelle.
Elle relève les yeux, attirée par une porte.
Un homme en sort, heureux, enserrant une blonde.
Clouée contre le mur, elle a l'air d'une morte.
Serais-je le seul à voir comme elle est seule au monde ?

Mais voilà que le couple s'arrête sur le trottoir.
La femme gifle l'homme d'un geste des plus sûrs.
Il voudrait lui parler mais il est bien trop tard.
Et j'entends à distance les mots qu'elle susurre.

« Non je ne suis pas folle,
Vous êtes sans parole.
Je vous ai tout donné
Vous m'avez oubliée. »

Puis elle tourne le dos et s'en va dans la nuit.
Ma brune se relève et n'a d'yeux que pour lui.
Il sourit, elle aussi, elle avance, docile.
Alors je réalise ma présence inutile.

Là-bas sur la chaussée la blonde s'enfuit sans peur.
Elle est une autre histoire, un mystère, une quête.
Et je la suis de loin, j'aimerais faire son bonheur,
On a les joies qu'on peut, c'est pas toujours la fête.

Johnny Hallyday et Jean-Paul Belmondo

1969

Encore deux qui sont partis. Le problème, voyez-vous, c'est qu'à mon âge, on se fait difficilement des nouveaux amis, surtout des jeunes. Remarquez, il y en a qui font l'effort, ils vous disent qu'ils aimeraient bien être comme vous quand ils auront votre âge. Seulement ça c'est pour être gentil, c'est du discours d'adolescent bien élevé, il y en a beaucoup plus qu'on ne le croit, des jeunes prévenants, ils n'osent pas s'asseoir en face de moi à la terrasse du café, ils m'abordent gentiment et me posent parfois des questions sur la vie… Mais passée l'admiration pour le vieux qui s'est débrouillé pour être encore là, ils jettent toujours un œil sur leur montre afin d'être sûr de ne pas rater le début de « Quotidien ». Barthès, c'est quand même plus marrant.

Ils ont raison, c'est ce que je leur dis chaque fois, ne perdez pas une minute de votre existence. Et pour le leur expliquer, je leur balance mon test des doigts. Je leur dis : « Tiens, fais comme moi là, claque des doigts une fois, comme pour suivre le rythme d'une musique ! » Alors il le fait en se marrant, le jeune. « Eh bien tu vois ? Ce que tu viens de faire ? Ça ne reviendra jamais. C'est déjà du passé ! »

Michael Caine

1985

Curieusement, Michael Caine est un acteur qui me procure une nostalgie inattendue des jours heureux. Nous vivions la même époque, mais lui, il était anglais au moment où Londres passait pour être la ville la plus passionnante du monde. Je ne l'ai jamais rencontré et heureusement car je parlais un anglais approximatif et j'aurais détesté l'idée de mal le comprendre. Bien sûr, je fréquentais les Beatles et les Rolling Stones, ce qui n'était pas rien, mais j'avais le même âge qu'eux. Ensemble, nous appartenions au même monde, celui de la musique, j'étais en terrain connu. Michael Caine était adulte, il représentait à mes yeux le comble de la décontraction, l'humour britannique à son meilleur rien que dans le sourire. Il avait ce côté « rions avant d'en pleurer ». On ne la lui faisait pas, comme s'il connaissait déjà la fin du film. Il était « cool » à la manière d'un Jack Nicholson, avec l'élégance en plus.

Une phrase de Jacques Dutronc :
« Il m'arrivait de passer *La Marseillaise* à la fin de mes tours de chant. J'étais sûr qu'à cause d'elle, au moins, le public se lèverait et m'ovationnerait. »

Sheila

1963 *première séance*

Devant moi, la jeune Sheila, et derrière, la tête sur mon épaule, il y a Claude Carrère, son producteur. Il n'arrête pas de dire : « Jeune, jeune Sheila, souris, tu es jeune ! » Une heure, ça a duré, hop ! son souffle dans ma nuque, un cauchemar. C'est son quotidien, à la môme. Je crois bien qu'en dix ans, je n'ai jamais été seul avec elle dans une pièce. Autour, c'est sectaire, toujours l'assistant pour surveiller, une sorte de prolongation du patron absent, pas méchant remarquez, mais plus Marcel que Proust, vous voyez le genre. Ils ont peur de quoi ? que je lui saute dessus ? Sylvie, Françoise, les autres sont libres pendant que pour Sheilita, c'est du « sur commande », sourires, tenues, coiffures, télés, photos, scène, et hop ! maintenant tu chantes… Pour moi, Sheila, c'était une poupée russe, je voyais bien qu'il y avait quelqu'un d'autre « dedans ». Mon seul lien avec elle, c'était l'humour. Si je disais des conneries, là, personne autour ne pouvait lutter et elle se marrait, je vous jure. Même ses vacances étaient programmées, toujours au même endroit dans le Midi, avec Carrère à la barre. Un jour, elle part faire un tour en Chris-Craft, un marin au volant et le sbire en maillot, visage pâle, pas loin du mal de mer, le mec. Presque seule par une belle journée d'été, elle était contente, Sheila, comme une fille de son âge. Le mentor, lui, il était dans la maison, la fenêtre grande ouverte et des jumelles à la main, il se filait une conjonctivite à force de ne pas la lâcher des yeux, parce que même en vacances, il fallait qu'il surveille. Elle le savait, bien sûr. À un moment, passe un bateau de touristes qui poussent des petits cris en la voyant. Alors Sheila soulève une seconde son soutien-gorge et, en leur souriant vraiment cette fois, leur crie : « Regardez, voilà les seins de Sheila ! » Et l'autre Kaiser de s'arracher les tifs. L'histoire est-elle vraie ? Je ne sais pas, mais je la connais, je sais qu'elle aurait pu ! Maintenant, elle fait ce qu'elle veut. Tant mieux, elle le mérite.

Françoise Hardy et Daniel Filipacchi

1962

Rien qu'avec cette image, toute ma jeunesse défile.
Françoise passait à l'Olympia en première partie de Richard Anthony, un des artistes dont la voix l'inspirait.
J'aimais vraiment beaucoup l'atmosphère des coulisses de ce qu'il était convenu d'appeler un music-hall (je parle de l'ancien Olympia).
La soirée commençait à côté par un verre au Bar Romain où le Tout-Paris qui chante et qui sourit se rendait pour boire un coup. Je retrouvais Jean-Jacques Debout, toujours prêt à chanter Charles Trenet *a capella*, Charley Marouani, le calme prince des agents, et Jacques Wolfsohn, le seul vrai découvreur de talents des années 1960, souvent énervé par quelqu'un. Un soir, il m'avait confié sa montre en or avant d'en venir aux mains avec l'accordéoniste Aimable parce que ce dernier s'était permis une réflexion sur Johnny Hallyday, transformant tout à coup ce charmant troquet en ring de boxe.
Ensuite, on entrait par la petite porte des coulisses, accueillis par les machinistes, des personnages aussi pittoresques que ceux des tournages de cinéma. Bruno Coquatrix, le maître des lieux, discutait avec Eddie Barclay tandis que les Gam's roucoulaient dans un coin avec Sacha Distel.
Ce soir-là, je me dirige vers la porte close de la loge de Françoise. Une revêche inconnue l'entrouvre et me dit : « Vous êtes qui vous ? Revenez plus tard, elle est en interview ! » tout en refermant la porte. La situation me fait marrer, alors je vais chez Marilyn, le petit bar à l'intérieur des coulisses, véritable centre de la chanson française. Je raconte l'incident à Jean-Jacques Debout, lequel me répond : « On n'a pas toujours du caviar ! » en référence au titre d'un livre à succès de Johannes Mario Simmel sorti quelques mois avant.
La grossière journaleuse s'excusera un moment plus tard.

Jean d'Ormesson

1997

Voilà l'un des plus grands privilèges de la photographie. Si vous avez la chance de travailler pour un journal (de qualité), vous pouvez rencontrer pratiquement n'importe qui. Cette faveur n'est pas donnée à tout le monde. Cela dit, j'avais déjà croisé Jean d'Ormesson quelques fois, mais nous n'étions pas des proches. J'ai surtout passé avec lui trois jours mémorables à Venise, à l'occasion d'un sujet pour le journal *Elle* dans les années 1990.

J'avais emmené mon amie Julie Andrieu, et au moment même où je la lui ai présentée, la raison de ce voyage devint évidente. Ne pouvant respirer sans séduire, les photos que je devais réaliser passèrent aussitôt au second plan, et il entreprit de lui faire connaître sa Venise à lui ; autrement dit, la vraie.

C'était un spectacle merveilleux de voir cet homme d'un âge certain marcher à vive allure, l'œil vif et le doigt véloce, nous indiquant des détails architecturaux que les touristes ne verront jamais. Et, bien sûr, tant d'entrain était en l'honneur de Julie.

À la suite de quoi il posa pour moi, mais la séance fut rapide. Et tandis qu'il me regardait de ses yeux bleu roi, je ne savais dire s'il me souriait par politesse ou pour me remercier de lui avoir donné l'occasion de rencontrer une aussi belle personne.

Boursin

1985

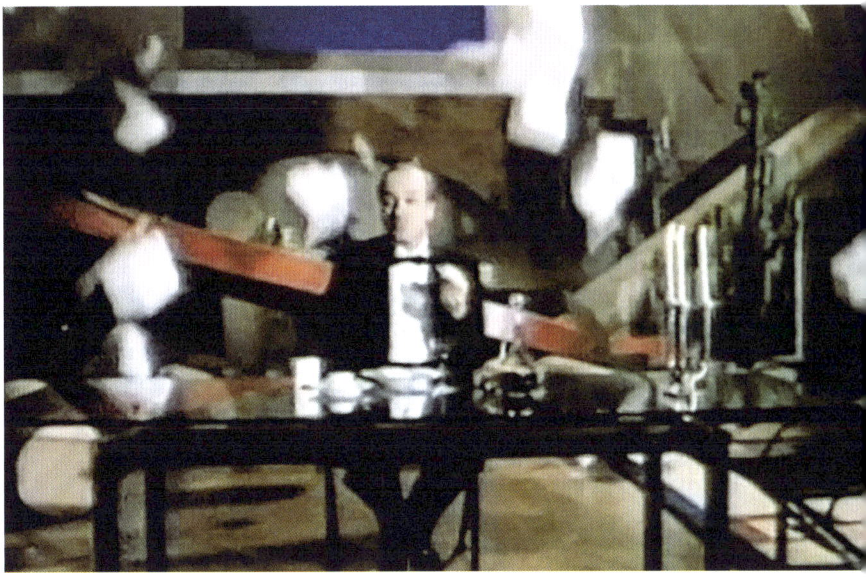

Ce spot que j'ai tourné dans les années 1980 me rappelle un souvenir ancien. Marcel Bleustein-Blanchet fut un des hommes qui, dans les années 1950, inventa la publicité en France en créant son agence, Publicis. Pour faire connaître aux grandes sociétés, aux annonceurs ainsi qu'au public ce qui deviendra le moteur le plus voyant de l'économie, il eut une idée géniale. Partout dans Paris, il fit placarder de grandes affiches sur lesquelles on pouvait lire ce mot intrigant. « Garap ». Dans les rues, dans le métro, personne ne pouvait échapper à ce slogan mystérieux et tout le monde se demandait ce qu'il cachait. Il mit fin à ce suspense après une dizaine de jours. Garap signifiait : « Gare à la publicité ». Son agence était lancée et elle reste encore aujourd'hui l'une des plus importantes au monde. À la fin des années 1960, devant l'émergence de la jeunesse, M. Bleustein-Blanchet eut l'idée d'organiser un repas dont le thème était : « Le déjeuner de ceux qui ont réussi avant trente ans ». Son intention était généreuse : il voulait mettre en avant l'idée de faire confiance aux jeunes. À ma grande surprise, je reçus sa lettre d'invitation. Bien sûr, j'étais touché par son geste, mais, pendant plusieurs jours, j'hésitai ; quelque chose me mettait mal à l'aise à l'idée de me retrouver dans cette assemblée. Déjà, « réussir », il faut y penser à deux fois, mais avant trente ans ? Après moult hésitations, je me décidai enfin à lui écrire : « Cher monsieur. Je suis très touché par votre invitation mais, après réflexion, je crois sincèrement que quelqu'un qui pense avoir réussi sa vie avant trente ans manque cruellement de discernement. Aussi, je vous prie de m'excuser de ne pas me joindre à cette ambitieuse assemblée, j'espère que vous ne m'en tiendrez pas rigueur. » Je n'ai pas reçu de réponse. Certes, c'était un peu cavalier de ma part, mais attendu qu'aujourd'hui, à quatre-vingts ans, je ne saisis toujours pas bien le sens du mot « réussite », je suppose que j'ai bien fait de décliner cette invitation.

Jeanne Moreau

2000

Pourquoi Jeanne Moreau ? Parce que grâce à elle, filmée par Louis Malle dans *Les Amants*, la cause des femmes a avancé en un seul plan.
D'abord on la voit, nue sur un lit, laissant un homme lui embrasser le ventre, puis ce dernier disparaît en descendant hors du cadre, l'allusion est claire. Puis on passe à un gros plan de la main de Jeanne agrippant un drap pour représenter le plaisir féminin, un plan qui a été repris dans beaucoup de films. Ce faisant, elle envoie un message aux hommes afin qu'ils comprennent que ce geste intime peut se répéter un nombre scandaleux de fois (à moins de tomber sur une brute). Alors que le pauvre mâle, lui, a intérêt à profiter de son petit moment d'apothéose, car pour remettre le couvert, il lui faudra passer par des élucubrations diverses et des gymnastiques destinées à le rassurer sur sa supériorité fictive, pendant que la charmante en sera à tapoter ses oreillers pour une nuit aussi insolente que réparatrice.
Jeanne Moreau nous a expliqué ça avec un seul plan sur une main au comble de la nervosité. Je lui en sais gré à jamais ; elle m'a permis de comprendre, avec un peu d'avance, que ce moment d'imagination était beaucoup plus fort que toutes les gesticulations des immondices pornographiques à venir, lesquelles ne sont que de vulgaires « Big Mac » comparées au grain de caviar que représente ce lâcher-prise d'une main crispée sur un drap froissé. Tout était dit en quelques secondes de cinéma.
Si tous les hommes de ma génération avaient compris le message de Jeanne, ils auraient gagné un temps fou et de précieux moments. (Ça y est, on va encore me dire que je suis obsédé. Non, mais la seule beauté du troisième âge, c'est que vous pouvez vous permettre de dire tout ce qui vous passe par la tête…)

Sylvie Vartan

en classe **1963**

Ces dernières années, il m'est arrivé quelquefois dans ma région de répondre à l'invitation de professeurs des écoles me proposant de venir parler à leurs élèves. Je trouvais leur démarche originale et courageuse puisque au fond ils ne me connaissaient pas, sinon par des interviews télé, Instagram ou des souvenirs de jeunesse. Pour moi, la situation était assez cocasse, attendu que je n'ai ni le bac ni même le certificat d'études. Qu'allais-je pouvoir apporter à des mômes de quatorze ou quinze ans d'aujourd'hui vivant dans un monde tellement différent du mien ? Je commençais toujours par leur dire : « Vous n'avez sans doute aucune idée du vieux con qui est devant vous et vous vous demandez peut-être ce que je fais là. Rassurez-vous, moi aussi ! » Tout de suite, ça détendait l'atmosphère. Ensuite, en gros, j'enchaînais avec mes thèmes favoris : « N'ayant jamais été un élève exemplaire, je ne dirai mot sur l'importance de vos études, si ce n'est que j'ai rencontré des gens bien à qui ça avait été très utile. Je ne crois guère aux conseils en général, essayez de penser par vous-même, méfiez-vous des emballements politiques collectifs sur internet et de la foule en particulier, et surtout, tenez un journal quotidien sur lequel vous couchez tout ce qui vous passe par la tête, si vous ne devez retenir qu'une seule chose de notre rencontre, c'est celle-là. » Parfois, j'essayais de les amuser en poussant l'insolence à une limite acceptable pour les profs dont les regards viraient dubitatifs, surtout lorsque je concluais en déclarant : « En résumé, suivez la route que vous choisirez, n'hésitez pas à changer de vie, attendez d'avoir trente-cinq ans pour faire un enfant et profitez-en avant pour déconner le plus possible, si une idée vous tient à cœur, foncez, n'écoutez absolument personne et surtout pas les vieux. Ils vous parleront de leur expérience, alors qu'en réalité, vous verrez, on refait souvent les mêmes bêtises. Donc, moi, ne m'écoutez pas trop non plus ! » L'équilibre de ces « conférences » était fragile, j'en ressortais en eau, mais ils avaient l'air plutôt contents. J'en retiens surtout une évidente admiration pour le métier de professeur.

Jacques Dutronc

1968

J'avais proposé à Jacques de l'emmener à Ceylan dans le but de faire des photos. On décolle et je m'endors. Deux heures plus tard, j'ouvre les yeux et, comme d'habitude, au contact de Jacques tous les passagers sont devenus fous. L'avion était rempli d'Américains et Jacques ne parlait pas un mot d'anglais, pourtant les gens se marraient, dansaient sur les sièges, le steward avait son slip sur la tête et le capitaine avait mis le pilote automatique pour participer à la fête, bref, un asile en plein ciel.

Et surtout deux hôtesses, de vraies beautés, avaient l'œil qui frisait, alors je leur ai proposé : « On va passer quelques jours à Ceylan, vous venez avec nous ? » Elles auraient bien voulu mais Ceylan n'était qu'une escale, elles allaient à Hong Kong. Nous nous sommes concertés du regard avec Jacques et, à Colombo, je suis descendu avec le capitaine pour que nous nous occupions des visas ; j'ai acheté les billets et on a décollé pour Hong Kong. Une fois à bon port, j'ai loué une suite à l'hôtel Hilton parce que c'était celui des équipages. Entre nos chambres, il y avait un grand salon où trônait un buffet rempli de victuailles. En compagnie de nos jolies hôtesses, nous y avons tenu table ouverte pour tous les équipages de passage. C'était surréaliste ; de la tour de contrôle, les types disaient aux pilotes : « Rendez-vous au 307, c'est là que ça se passe ! » Et pendant trois jours et trois nuits, les équipages se sont succédé dans notre fête improvisée. Croyez-moi, la troisième nuit, quand KLM a débarqué en hurlant « Youpi, c'est la fête ! », je vous jure qu'on était sur les genoux. On n'a rien vu de Hong Kong ; ensuite, on est allés à Ceylan pour se remettre de cette bacchanale.

Oui, je sais. Cette histoire n'a plus rien à voir avec l'époque actuelle ; nous n'étions pas sérieux et je pense encore aujourd'hui qu'on avait bien raison.

Danielle Darrieux

2009

Une merveille d'actrice qui m'inspire cette petite histoire (bien qu'elle n'ait absolument aucun rapport avec elle).
« Pense avec le cœur et l'estomac, oublie la tête, l'expérience, ça ne sert à rien. Agis d'abord et réfléchis ensuite. »
Pour une grand-mère, ce conseil à ses petits-enfants était imprudent, mais elle avait toujours été très en avance sur son temps. Dans les années 1960, elle avait des mœurs très légères, se faisant régulièrement mettre enceinte au point que ses amis l'appelaient « Balloon ».
C'était l'idole des faiseuses d'anges. Elle plongea à fond dans le mouvement hippie, se livrant à de nombreuses expériences à coups d'excès en tous genres – son état actuel en étant peut-être le résultat.
La voilà désormais clouée au lit dans un Ehpad avec pour seul lien une poire pour appeler du monde. Elle qui n'aimait que les pommes.
Alors que beaucoup de gens vivent leur vie déjà allongés dans leur tête, s'il y en a une qui était debout, c'était bien elle.
Depuis toute jeune elle trouvait que les gens roulaient au ralenti. Elle vivait non pas au jour mais à la minute près, pour elle une seconde était déjà une éternité. Alors vous imaginez, être allongée de force...
L'homme qu'elle avait le plus aimé était un musicien assez moyen, mais elle adorait regarder ses mains courir sur sa guitare. Un jour, elle s'était rendu compte qu'il l'avait volée, qu'il lui avait tout pris.
Lorsqu'elle lui avait demandé pourquoi, il avait répondu : « Je ne peux pas m'en empêcher ! » Alors elle lui avait caressé la joue et elle était partie.
Mais l'époque était autre...

Jack Nicholson

1974 *du temps de sa splendeur*

J'étais, comme beaucoup de monde, absolument dingue de cet acteur, surtout depuis son rôle dans le film *Five Easy Pieces (Cinq pièces faciles)*, sorti en 1970. Je ne l'ai rencontré qu'une fois, à la brasserie La Coupole à Paris, en 1971. Il était en France pour présenter *Drive, He Said (Vas-y, fonce)*, le premier film qu'il avait réalisé, une fiction sur le monde du basket-ball. Comme je dînais à une table à côté de la sienne, je me suis permis de le féliciter pour l'accueil que son film avait reçu à Cannes.

Pendant les années 1980, cet acteur eut la situation la plus enviée du monde du cinéma. Il pouvait aller aussi loin qu'il le voulait dans la folie, l'insolence et l'exagération. Tout lui était permis et il faisait sûrement beaucoup plus attention qu'on ne le croit à ne pas faire n'importe quoi tout en donnant l'impression de se foutre de tout.

Durant les années où je vivais à Los Angeles, je ne le connaissais pas mais je le voyais parfois dans un endroit curieusement très prisé pendant les années 1980. Il s'agissait d'une piste de patinage à roulettes, également un peu night-club, où les stars de cinéma se rencontraient en évoluant sur leurs patins. J'avoue que je trouvais ça un peu ridicule, mais c'était drôle à voir. Nicholson et Jon Voight en train de parler boulot sérieusement sur des pompes de gosses qui roulent, c'était quand même abstrait…

Bien sûr, à l'époque, j'aurais pu le rencontrer en passant par des amis communs, mais curieusement, me retrouver dans la situation d'un fan de quelqu'un que je ne connais pas vraiment m'a toujours paru impossible. Il est resté néanmoins mon acteur préféré de ces années-là (avec Sean Penn, bien sûr).

Mick Jagger

1972

Le concert a commencé ; pendant que le groupe virevolte, je fais un tour dans la salle au milieu de la foule. À cet instant, le danger est partout. L'agressivité maîtrisée qui émane de la scène est récupérée, digérée, amplifiée par les spectateurs. S'identifiant tous, pour le meilleur ou pour le pire, à ces garçons à jamais inaccessibles, auxquels ils aimeraient ressembler.
En ce sens, j'ai plus de chance que les Stones, Johnny, les Beatles ou tous ceux que j'ai croisés. Ce que je vois du public, ils ne le verront jamais. J'avais demandé à Mick quelle était sa perception d'un spectacle : « C'est un grand trou noir avec des hurlements », m'avait-il dit.
Il ne peut pas percevoir la grappe de filles qui tombe du balcon en s'écrasant sur le béton du stade. Mentons cassés, genoux tordus, j'imagine la tête des parents quand l'ambulance ramènera la petite. Ils l'ont laissée partir ce soir, au lieu de regarder *Ma sorcière bien-aimée* sur le tube rassurant du poste en simili-acajou familial. Le groupe ne voit pas non plus le cinglé enthousiaste jetant une bouteille sur la scène que les *roadies* tabassent à mort. Il a beau expliquer qu'il l'a fait par amour, le visage en sang ; s'il lutte, c'est pour rester quand même.
Au dernier rang, un type avec une tête de chèvre, genre « Donovan », se masturbe laborieusement sans se soucier de la basse-cour qui hurle en lui tournant le dos. Qu'est-ce qui le met dans cet état ? Les filles ou Mick Jagger ? Je pencherais plutôt pour ce dernier. En assistant à ce qui se passe ce soir-là dans une salle texane des années 1960, je vois bien que l'Amérique profonde est en train de changer...

Miles Davis
1963

En 1963, sur le tarmac de l'aéroport de Nice, j'attends le grand Miles avec d'autres photographes. Sous un soleil de plomb, tous les passagers sont descendus ; l'escalier siglé TWA est désormais vide. Je sens comme une nervosité chez mes collègues. L'un d'eux apostrophe l'hôtesse aux ongles carmin qui attend en haut, près de la porte. « Il arrive », répond-elle avec un geste maternel. À ce moment, sur la piste, une Jaguar bleu marine fonce vers le Super Constellation et vient se garer devant, au bas de la dernière marche. Un chauffeur blanc habillé de noir sort du bolide, laissant le moteur tourner, toutes vitres baissées, portière ouverte, puis il s'éloigne à pied vers son destin. En haut de l'escalier, Miles Davis apparaît. Costume sombre moiré, lunettes noires en écaille ; dans sa main, l'étui croco marron protégeant l'instrument de sa renommée. Il descend calmement, sans prêter attention aux flashs qui crépitent. Arrivé en bas, très poli mais sans un sourire, il contourne l'engin et s'installe derrière le volant. Léger coup d'accélérateur pour flatter la bête et sa main se penche vers un lecteur de cassettes. Son doigt fin caresse l'objet et un concerto de Jean-Sébastien Bach inonde l'habitacle. Élégance absolue. Après un petit salut amical, la Jaguar démarre en trombe. Il n'a pas dit un mot. Et tandis qu'il s'éloigne vers la mer, médusés par l'arrogance de son attitude, ces petits Blancs du début des années 1960 ne peuvent pas comprendre qu'il vient de les remettre à leur place, en hommage aux frères noirs de son lointain pays.

Jean-Claude Brialy

1986

Encore un qui manque sévèrement aujourd'hui.
Par sa culture d'abord, sa hauteur de vue, son humour, paravent d'un désespoir bien planqué derrière une course après la vie à qui je crois qu'il en voulait un peu. Être homosexuel à l'époque n'était pas une balade en forêt par un jour de printemps. Alors il brillait à coups de mot d'esprit, à l'instar d'un Gainsbourg qui, pour d'autres raisons, brandissait la provocation à plaisir pour oublier un physique qui au départ masquait sérieusement sa beauté d'âme. Ces grands écorchés-là vous emmenaient très loin d'une vie amochée par les a priori des autres.

Une phrase posthume de celui qui savait de quoi il parlait :
« C'est une tuile de ne pas savoir vieillir. Et savoir vieillir c'est être de son époque. »
Philippe Tesson

Gene Vincent

1964

Encore un à qui le rock doit beaucoup (ne serait-ce que pour « Be-Bop-A-Lula »). En 1955, il refuse l'amputation après un grave accident de moto et se retrouve avec la jambe gauche bloquée. Il ne pourra plus marcher pendant des années. Curieusement, c'est ainsi qu'il inventera, sans l'avoir cherché, une position scénique qui deviendra un style adopté par la plupart des rockeurs dignes de ce nom. En l'imitant, ils transformeront son handicap en jeu de scène. Cette jambe raide deviendra alors une sorte d'attitude rebelle chère à la jeunesse des années 1950 et 1960.
Ce sont souvent les défauts assumés qui font la particularité d'un artiste !
C'est ainsi que les grands deviennent parfois une sorte d'exagération d'eux-mêmes jusqu'à en devenir des monstres. Personne ne parle comme Marlon Brando, ne rit comme Jack Nicholson ou ne vous regarde comme Gérard Depardieu. L'étymologie du spectacle, c'est la foire aux monstres, c'est Elephant Man, le plus beau d'entre eux !

Une phrase de mon grand-père Jacques Porel :
« Les humiliations viennent toujours des inférieurs. Les supérieurs ne vous humilient jamais. »

Christine Ockrent

2011

Je suis toujours d'accord avec Christine Ockrent. J'ai eu la chance de la croiser parfois dans ma vie, mais ce n'est pas une proche. Dans le brouhaha des médias, elle fait partie des rares journalistes dont je comprends le discours. Je me suis souvent retenu de donner mon avis sur les incohérences de ce pays. La grande majorité me considérant comme un charmant témoin du passé, dès que j'ose un écart sur l'actualité, je reçois autant de messages agressifs que d'injonctions à en rester au « c'était mieux avant ». Donc, chère Christine, pourriez-vous m'éclairer sur l'incohérence de la politique dans notre beau pays ?
En préambule, je me dois de vous avouer qu'entre la gauche bêlante et la droite égoïste, j'ai toujours choisi le centre.
Tous les ans, l'État donne beaucoup d'argent aux partis politiques. Or ces derniers, dès qu'ils ne sont pas au pouvoir, n'ont qu'une seule occupation, se conduire comme des machines à café. On appuie sur le bouton, et ils vous sortent aussitôt la doxa, les mêmes phrases depuis soixante-dix ans pour mieux descendre en flèche à longueur de médias tout ce que font le président élu et son gouvernement.
Alors si je comprends bien, l'État donne de l'argent à des gens pour qu'ils disent du mal de l'État ! Ces partis en vivent très bien. Ils sont invités partout, on les

respecte, on leur demande leur avis ; ne serait-ce pas la raison pour laquelle autant de gens se présentent à la présidentielle ? Ils ne cherchent pas à être élus, tout ce qu'ils veulent c'est que ça dure. (Souvenez-vous de l'effroi de Le Pen devant le poste se voyant au second tour.) « Ah oui, mais c'est la démocratie ! » me dit-on. D'accord, alors à quoi sert l'élection présidentielle si c'est pour empêcher celui qu'on a élu de diriger le pays ? Si on n'est pas content, on change au bout de cinq ans au lieu de tout faire pour que la France s'écroule. Ce sport national du pilonnage des institutions court à la catastrophe. Les Français ne valent-ils pas mieux que ça ?
Oui, oui, je sais, la robe bleue de Sylvie Vartan venait bien de chez Réal, etc.

Duke Ellington

1953 *« l'homme du monde » de l'univers du jazz*

Il ne faut pas oublier que, lorsque je rencontre Daniel Filipacchi à Europe n° 1 le 15 septembre 1956, il est photographe pour le journal *Marie-Claire* mais il fait aussi des photos pour *Jazz Magazine*, le journal créé deux ans plus tôt par Nicole et Eddie Barclay et Jacques Souplet, que Daniel a repris avec Frank Ténot.
La passion du jazz, Daniel la tenait d'abord de son père, Henri Filipacchi. Ce dernier possédait dans sa maison de Marnay une grande collection de disques de cette musique qui ne quittera jamais son fils. Elle sera d'ailleurs sa chance lorsqu'en 1955, aux débuts d'Europe n° 1, la mort de Charlie Parker chamboule la jeune station. Il n'y a aucun disque de cet immense saxophoniste dans la bibliothèque du 26 rue François-Ier. C'est alors qu'un des dirigeants se souvient qu'un jeune photographe de *Paris Match* connaît le grand musicien. Il lui demande de venir le soir même avec quelques disques pour improviser une émission. Avec ses 78 tours en main, Daniel, à l'antenne ce soir-là, parle aux Français du génial Charlie Parker, en passant cette musique incroyable qui berça son enfance.
Le lendemain, le standard d'Europe explose sous les appels des auditeurs, ils veulent absolument entendre d'autres émissions, et c'est ainsi que bientôt, Daniel et son nouvel ami Frank Ténot vont créer « Pour ceux qui aiment le jazz », l'émission phare de cette nouvelle station.
Entre les photos qu'il faisait déjà en Amérique et cette nouvelle émission, Daniel invente sans le savoir les bases de sa vie à venir. Comment aurait-il pu imaginer que quinze ans plus tard, il serait à la tête du groupe de presse le plus moderne de l'époque ?

Claude François

1962

L'été touchait à sa fin et je traînais comme souvent dans les couloirs d'Europe n° 1 qui, comme ceux de *Paris Match*, étaient des lieux de rencontre dans lesquels il n'était pas honteux de ne rien faire. Il était 17 heures, Daniel Filipacchi animait l'émission « Salut les Copains », le journal en était à sa troisième édition.
Je vivais les débuts d'un succès qui nous dépassait déjà, le petit univers de la chanson ne voyait plus qu'à travers nous. C'est alors qu'au bout d'un couloir, j'aperçus un garçon blond tenant dans une main un 45 tours.
Il était loin pourtant, mais je me souviendrai toujours de l'impression qu'il me fit. Ses yeux guettaient les lieux, il n'avait pas de temps à perdre, tout dans son attitude respirait la survie. Comme je lui demandais ce qu'il cherchait, il me répondit : « Je DOIS faire écouter cette maquette. Est-ce que vous connaissez Filipacchi ? » Je l'entraînai aussitôt dans un studio vide et je mis son disque sur la platine. « Belles, belles, belles » : il chantonnait les paroles en regardant le sol. Lorsque je lui présentai Daniel, il nous dit : « Je travaille comme batteur pour Olivier Despax, je passe au Caramel, venez me voir, à la fin du spectacle, il me laisse chanter une chanson. » Le Caramel était une boîte près des Champs-Élysées ; nous nous y rendîmes un soir, Daniel et moi. Je connaissais Despax depuis les années 1950 et la patinoire Molitor. Gentil garçon au demeurant, un peu bellâtre, un peu Neuilly, une sorte de Sacha Distel du Drugstore. À la fin, après la sortie de scène de la vedette de la soirée, le batteur se leva et bondit au-devant de l'estrade. Le temps d'une chanson, le contraste fut cinglant. C'était une pile électrique qui virevoltait dans tous les sens, il faisait durer l'exploit durant une bonne dizaine de minutes sans nous quitter des yeux. Aussitôt, Daniel le propulsa « Chouchou de la semaine » dans l'émission ; deux mois plus tard, il était numéro un.

Une phrase de mon grand-père, Jacques Porel :
« Il vivait comme personne, il est mort comme tout le monde. »

Ma mère et le téléphone

1942

J'ai une horreur absolue du téléphone. Dès que je décroche, j'ai toujours le sentiment irrépressible que l'on va me trahir. La raison est absurde. Lorsque j'avais douze ou treize ans, mes parents ayant divorcé, pour voir ma mère je devais me rendre chez elle, avenue de Wagram, or j'habitais Neuilly, au bord de la Seine. C'était loin. Donc j'allais la voir le soir au Club Saint-Germain de la rue Saint-Benoît, c'était beaucoup plus loin mais il y avait du jazz. Je me demande si je ne prenais pas ma mère comme excuse afin de pouvoir écouter tous ces musiciens extraordinaires.

Autrement, je l'appelais au téléphone. Elle était très libre, ma mère, comparée aux femmes des années 1950. Ses aventures changeaient régulièrement de visage.

Un jour, alors que je jouais du piano dans le salon, l'envie me prit de lui parler. Lorsqu'elle répondit, elle toujours si affectueuse n'avait pas la même voix, elle avait l'air gêné, aimante comme d'habitude mais sur la retenue. Elle ne devait pas être seule. Je cherchai à la faire rire, mais je sentis qu'elle n'osait pas, c'est alors que près d'elle j'entendis le rire étouffé d'un homme. Peut-être était-elle sur ses genoux ? Je raccrochai. Mais n'allez pas la juger, ma petite mère a fait comme elle a pu et je n'ai pas fait mieux. Elle ne donnait jamais de leçons, distribuant le bonheur à qui le voulait, se plaindre n'était pas son genre. Son cœur trop large était une sorte de phare précurseur des libertés à venir dont, hélas, nous ses enfants n'étions pas les seuls bénéficiaires. Née libre, elle n'avait nul besoin d'être libérée. Qu'avais-je donc de si important à lui dire ce jour-là ? Aucune idée, mais le souvenir de son silence obligé ne m'a jamais quitté et ce méchant hasard a fait que, depuis cet instant, tout coup de fil me met mal à l'aise. Si vous saviez le nombre incalculable d'opportunités ratées à cause de ce travers stupide… Rien à faire, pour moi, le téléphone demeurera toujours un outil d'éventuelle trahison.

« Bonjour Sigmund, comment ça va ce matin ? »

Guillaume Depardieu

1995

C'était un garçon peu bavard et mystérieux. Nous nous sommes croisés deux fois, mais je n'ai pas pu lui parler, nous étions trop éloignés par les circonstances, l'âge, l'enfance, les racines… Être face à quelqu'un, se sentir proche et à la fois étranger, est la façon la plus stupide de gâcher une rencontre. Mais de Gérard ou lui, allez savoir lequel était le plus fragile. Son père a travaillé avec le mien, mais à l'époque je vivais en Amérique, aussi n'ai-je fait que le croiser. À part durant une séance de photos il y a vingt ans, on n'a pas dû échanger trois mots, et pourtant je l'aime bien. La dernière fois que j'ai rencontré Gérard Depardieu, c'était il y a cinq ans, il était midi, j'allais entrer dans un restaurant de Saint-Germain-des-Prés. J'ai pour habitude d'être toujours au moins une demi-heure en avance à mes rendez-vous. J'allais passer la porte quand je vois Gérard assis la tête baissée devant un verre aux trois quarts vide. Comme je me tourne pour lui dire bonjour, il me regarde d'un air mauvais et me lance : « J'aimais pas Henri Salvador ! » Pris de court, je m'approche et lui réponds : « Ça tombe bien, moi non plus ! » Comme il me fixe sans rien dire, j'entre dans le restaurant. Je ne suis pas au bar depuis deux minutes qu'il pousse la porte, l'air fatigué. Il est clair que c'est un mauvais jour, la jambe est un peu molle. Il s'assoit sur le tabouret de bar le plus proche et me regarde bien en face sans dire un mot pendant une bonne minute (ce coup-là ne m'impressionne pas, Johnny Hallyday était coutumier du fait quand il était de mauvais poil). « Montre-moi tes mains ! » me dit-il. Comme je les lui tends, il les prend, les retourne doucement et me dit : « T'as des mains de pianiste ! » Je trouve sa déclaration un peu faiblarde par rapport à l'estime que je lui porte. Aussi ne dis-je rien. Alors il ressort s'asseoir en terrasse. Je n'ai pas de chance avec cette famille.

Robert Altman et sa femme

1994 *à Paris*

Cette année-là, Robert Altman tournait à Paris *Prêt-à-porter*, un film sur le monde de la mode. Dans une scène, il avait décidé de réunir un groupe mêlant de vrais couturiers français aux acteurs de l'histoire. Il avait demandé au journal *Elle* de lui recommander un photographe pour « l'aider » à régler cette scène. En quoi, mon Dieu, pouvais-je aider Robert Altman ? Pour cela, il avait loué la grande salle de l'entrée de l'Opéra de Paris. Tous les acteurs du film étaient présents, ainsi que des couturiers ; en tout un peu plus d'une cinquantaine de personnes. Quand j'arrive sur le plateau, Altman me dit que je dois faire la photo à la place de l'acteur et il me le présente en me glissant à l'oreille : « Dirigez-le dans la scène, vous connaissez ça mieux que moi ! » Altman me dit ça à moi… Donc je fais ce qu'il me demande : l'acteur semble content de mes directives ; en gros, je lui dis : « Pour un photographe de mode, jouez-le un peu prétentieux, imbu de lui-même. » Et lorsqu'il fait semblant de faire la photo, caché derrière la caméra, je déclenche l'obturateur.
La situation est très amusante. Après le tournage, tout le monde est invité à l'hôtel d'à côté, entièrement loué pour ce tournage, et durant la soirée une grande fête est donnée pour les acteurs et l'équipe. Tout Hollywood est là : Forest Whitaker, Julia Roberts, Tim Robbins, Lauren Bacall, entre autres… J'en connais un ou deux et j'ai vraiment le sentiment d'être à Los Angeles. Mais le plus drôle, c'est que ceci se passe à une méchante période où j'étais ruiné – comme ça m'est arrivé deux ou trois fois dans ma vie, aujourd'hui ça va mieux, merci. Donc, pour rentrer chez moi, je prends le métro ; ce qui n'a rien d'extraordinaire. Mais le contraste entre cette journée incroyable, cette fête digne du Château Marmont sur Sunset Boulevard et l'atmosphère quotidienne du métropolitain m'offre un contraste des plus saisissants…

Jacques Dutronc et Annie Philippe

1968

Pour cette séance, après avoir photographié le couple préhistorique sur un fond neutre, on avait dû recourir à ce que l'on appelait un « Dye Transfer ». Cela consistait à envoyer à un laboratoire les différents éléments d'une photo, personnages, paysages, images de Diplodocus et autre tête de mort, afin qu'ils les assemblent selon mes directives. Le premier résultat était rarement le bon, il fallait plusieurs aller-retours pour obtenir l'image voulue. Ça prenait bien trois semaines (évidemment, Photoshop, c'est plus simple mais, comment dire, c'est pour ça que c'était plus intéressant).

Après la séance, j'avais donné à Jacques la massue en carton clouté fabriquée pour l'occasion afin qu'il puisse l'emporter en tournée. Quelques jours plus tard, je le retrouvai à Deauville, après son spectacle, il rigolait à la terrasse d'un café avec des potes. Tandis que je m'asseyais, il me désigna son garde du corps de l'époque à qui il avait demandé d'attendre au coin de la rue. C'était un fort des halles très gentil, mais à la conversation limitée. Il lui avait donné la massue en lui demandant de la tenir bien en évidence pour éloigner d'hypothétiques gêneurs. Et l'autre, habitué aux facéties de l'artiste, jouait son rôle de sbire sous la lumière d'un réverbère.

C'est alors que, voyant une voiture de flics passer, Jacques leur dit : « Regardez monsieur l'agent, là-bas, il y a un fou qui nous menace ! » Lorsque les deux policiers descendirent de voiture, prêts à intervenir, Jacques, mort de rire, envoya un pote pour inviter tout le monde à boire un coup. En ce temps-là, on pouvait faire ce genre de blague sans problème. Aujourd'hui, je ne suis pas sûr que la maréchaussée saurait faire preuve d'autant d'humour…

Juliette Gréco

1949

Regarder une beauté le matin au réveil ça ne peut pas faire de mal !
Une anecdote qui n'a rien, MAIS ALORS RIEN à voir avec cette photo. Dans la série « Personne n'est à l'abri d'avoir parfois envie d'être peinard. »
J'étais tranquille à la terrasse d'un café, judicieusement placé sous un rayon de soleil en train de rédiger une chronique, et là je vois arriver un mec, le gêneur professionnel, un assidu des propos dérisoires, de ceux qui commencent par « Comment tu vas, toi ? Moi je, etc. », en plus je le connaissais déjà, chaque fois je ne savais pas comment m'en sortir.

Il faut le reconnaître, il y a des antipathies insurmontables. Comment vous dire, lui, c'est le type de bonhomme dont la tête sent les pieds.
Et là, bien sûr, il m'aborde alors que j'avais pris l'attitude du mec très concentré sur son texte, le minois style Cioran juste avant qu'il ponde la phrase qui tue (rôle de composition), bref, la quintessence de celui qu'on n'ose pas déranger. Mais lui, rien ne l'arrête, il commence à me raconter le cauchemar qui a plombé sa dernière nuit. Tout ce que je déteste, les pérégrinations nocturnes du simili-poète endormi, rien n'est plus ennuyeux. « Arrête, lui dis-je, déjà que le dénommé Poutine fait du violon avec mes nerfs, tu ne vas quand même pas me balancer tes scories nocturnes à la tronche, j'ai mis un sparadrap sur la touche STOP des chaînes en continu pour pampériser mon moral, alors s'il te plaît, n'en remets pas une couche avec tes enfers personnels. Avale, réingurgite-moi ça fissa. Va faire un grand tour si ça te chante, mais laisse le champ libre à ce qui me reste de petits bonheurs volés. » Comme le message semble lui échapper, je lui lance rageusement : « Écoute, c'est simple, rien qu'à voir ta tronche, je préfère d'office les animaux. »
Bien sûr j'ai honte, c'est très mal élevé, mais c'est ainsi, je l'avoue, il y a des jours où je délaisse toute obsession d'élégance pour le bonheur de la solitude choisie. C'est moche, mais ça fait tellement de bien !

Michel Berger

au début des années **1970**

Michel avait une qualité rare, il avait de l'ambition pour les autres. Il me disait parfois : « Il faut que tu fasses des grandes choses ! » Il avait sans doute raison, mais moi, j'étais heureux de mon occupation dans les années 1960, comme je le serai plus tard avec mes autres activités. Mais il ne pouvait pas me comprendre, lui avait la chance de ne vivre que pour la musique.
Cette photo date de l'époque où Véronique Sanson l'avait quitté pour partir aux États-Unis retrouver Stephen Stills, Michel était au fond du trou. Il n'était pas du genre volage, aussi être ainsi abandonné l'avait anéanti. Et comme je l'aimais bien, sa peine m'avait touché.
Pour son disque, j'avais donc demandé à un illustrateur de dessiner un cœur brisé en deux par un point d'interrogation.
Et à l'intérieur, j'avais pris cette photo pour illustrer sa tristesse. D'accord, c'était primaire, mais au moins, ça décrivait clairement la situation. De toute façon, contrairement aux cyniques et autres ricaneurs en vogue, avoir recours au premier degré m'a toujours semblé la moindre des choses pour s'adresser au plus grand nombre sans se faire plaisir avec des finesses de privilégié.
C'était un artiste généreux aux talents multiples, c'est pourquoi je me suis tourné vers lui pour qu'il travaille avec Françoise Hardy. Pour une fois, je suis fier de moi : « Message personnel », la chanson qu'il a écrite pour elle, est une des plus belles qui soient.

Eddy Mitchell

1966 *en vacances, partie I*

Dans un paysage de Haute-Provence, je découvre en pleine garrigue un village de western inventé. Une artère principale et ses maisons de bois, un saloon, une prison, un rêve de John Ford au pays de Pagnol. Dans la rue vide surgit, derrière des portes battantes, un Français moyen habillé en cow-boy. Sous le fringant Hopalong Cassidy, le Raimu peine un peu, mais se fait discret. En fond sonore, on entend Claude Piéplu dans *Les Shadoks*. La porte vole en éclats et un shérif bondit en tirant des coups de feu. Son faciès d'adjudant-chef est recouvert d'un chapeau un peu large ; il joue le jeu à fond, chutant au ralenti et mordant la poussière avec un sens du réalisme qui force le respect. Un enfant traverse en courant et se précipite sur l'homme au sol, en tirant sur sa manche. Il crie : « Papa, et moi et moi... » En voulant jouer, il rompt ainsi le charme d'une mort mûrement méditée. À la terrasse d'une maison, une épouse un peu boulotte, habillée en Indienne, repose *Belle du seigneur* pour appeler l'enfant : « Julien, laisse Papa jouer tranquille ! » À ce moment, au milieu de la rue désertée, comme en fondu enchaîné, Eddy Mitchell surgit de nulle part. Son Stetson ourlé fait une ombre en diagonale sur son visage. Le jean est élimé là où il faut, les bottes d'un autre siècle foulent le sol en majesté. Un seul Colt à la taille et une Winchester sur l'épaule, Richard Widmark *himself* n'aurait rien à redire. Il m'accueille chaleureusement comme à son habitude et je vois bien que ses yeux rient, pas dupes, soulignant ainsi le paradoxe qui est le sien. Car Eddy est un cas unique dans le monde du spectacle. Il est le seul que j'ai vu passer, en l'espace d'une vie, du premier au second degré ; lui qui aujourd'hui est doté d'un recul et d'un humour teinté de cynisme, était à l'époque capable de passer des vacances à jouer comme un enfant en s'approchant, avec les moyens du bord, au plus près d'une Amérique qu'il ne connaissait pas.

Eddy Mitchell

en vacances, partie II **1966**

« Tu vas voir, me dit-il, j'ai trouvé l'Ouest ; enfin tout comme... »
Et il m'emmène à pied, loin du village, dans un terrain refusant d'être vague, néanmoins dénudé, au milieu duquel effectivement trône un rocher roussâtre à la forme pleine d'espoir, tenu qu'il est de représenter à lui seul le Colorado dans son ensemble et les décors des westerns en particulier. Les pins parasols jurent un peu mais, en plissant les yeux, on pourrait presque y croire. Il faut faire attention de bien rester dans l'axe, sans quoi, en arrière-plan, l'autoroute et son cortège d'Ami 6 et autres Frégate pourraient vous gâcher le moral. Le rêve étant une seconde vie, comme le disait Nerval (phrase que j'ai lue sur un cendrier dans un hôtel), ce cher Eddy entreprend de me montrer comment le cow-boy de base dégainait plus vite que son ombre. C'est-à-dire qu'il tirait à travers le holster sans dégainer – « en loucedé » si j'ose dire. L'adversaire, pris de court par la célérité du geste, en restait comme deux ronds de flan. Démonstration. Ayant vis-à-vis des armes à feu une méfiance ancestrale, le citadin foireux que je suis choisit d'observer l'exercice à distance honorable. Jambes écartées, la hanche mobile bien qu'empreinte de virilité, la main faussement molle caressant l'air à portée de l'objet, un doigt nerveux pour trahir une tension intérieure maîtrisée. Comme l'éclair, sa main bondit, il tire, le coup part... Et la méchante balle lui entre dans le mollet droit.
Et là, réflexe stupéfiant, preuve émouvante d'années passées dans des salles obscures les yeux rivés sur des séries B doublées dans un français approximatif, mu par un élan de sincérité absolue, un cri s'échappe de sa poitrine : « MERDE, J'SUIS TOUCHÉ ! » En plein milieu de la campagne française, par la seule ténacité de son imaginaire, c'est comme si, tout à coup, nous étions encerclés par des Sioux. Si mon souvenir est bon, je crois même avoir jeté un œil inquiet alentour...

Orson Welles

1960 *à Los Angeles*

J'ai toujours aimé cette ville, surtout dans les années 1960-1970. Lorsque je suis venu y vivre, au début des années 1980, Il y avait encore ce côté mi-Far-West mi-hippie-chic qui m'avait tant plu. Mais la côte est commençait à polluer l'insouciance d'Hollywood, avec l'obsession du business pur et dur propre aux New-Yorkais. Les réunions de ma maison de production se faisaient sur la terrasse fleurie d'un immeuble en bois donnant sur Sunset Boulevard, franchement je n'en croyais pas mes yeux. Après quoi, j'allais parfois déjeuner chez Ma Maison, un restaurant français sur Melrose avenue. Les parasols y rêvaient de la Côte d'Azur, la direction aimait à garer devant l'entrée les Rolls et autres Ferrari afin d'attirer la clientèle aisée descendant des collines, mais l'atmosphère y était chaleureuse, il y avait du beau monde. Orson Welles y avait sa table dans un coin propice au calme, lui permettant d'être aperçu en entrant, tout en échappant au regard, seul son rire fameux indiquait sa présence. Il y déjeunait pratiquement tous les jours ; l'aura de ce génie du cinéma conférait à ce lieu un cachet bien plus prestigieux que l'étalage des rutilants carrosses du parking. Du reste, le patron ne le faisait jamais payer. Voir celui qui avait régné sur la ville se contenter désormais d'offrir sa présence semblait bien sûr un peu dérisoire, mais là-bas plus qu'ailleurs la chute était sévère. Après avoir crevé l'écran, on pouvait aussi vite crever de faim, les plus grands risquaient de passer d'une étoile gravée sur les trottoirs d'Hollywood boulevard aux regards qui vous évitent. Mais c'est un poncif, depuis longtemps déjà l'histoire est connue, le plus long boulevard de cette ville ne s'appelle pas coucher de soleil pour rien…

Karl Lagerfeld

à Hambourg **1995**

Karl était un homme étrange qui transformait ses plaisirs en travail et son travail en passion. Mélange de courtoisie et de rigueur, il pouvait avoir la dent dure envers les fausses valeurs, mais ne méprisait jamais ceux qui n'avaient pas sa chance. Il maîtrisait plusieurs vies parallèles dont je n'ai pas le nombre et je ne le connaissais pas assez pour comprendre les motivations qui dirigeaient sa vie. J'admirais chez lui la détermination qui l'avait conduit à transformer son apparence, ayant horreur du « laisser-aller » ; il délaissa un corps enveloppé pour devenir ce personnage svelte dont même l'ombre portée était identifiable.
Karl était tellement à la pointe des modes que lorsqu'il arbora un éventail à la fin de ses défilés, le beau monde pensa qu'il s'agissait d'une coquetterie. Après réflexion, je me suis souvent demandé si cette ventilation élégante n'était pas plutôt destinée à tenir à distance les haleines diverses et variées de la volière d'admiratrices enthousiastes et d'amis fidèles qui, enivrés par sa maîtrise, voulant s'approcher au plus près de lui pour témoigner leur admiration, lui faisaient inconsciemment cadeau d'un mélange d'une infinie variété d'effluves difficile à encaisser. Car ces bouches enfiévrées de compliments sincères ne pouvaient éviter d'être accompagnées d'un mélange assez copieux de senteurs variées, souvenirs de mets somptueux et autres nectars hors de prix, hélas digérés depuis des lustres. Car même la meilleure société n'a pas le pouvoir de lutter contre les odeurs d'estomac dont les effets se rient des fines cigarettes mentholées et autres chewing-gums à la fraise.
Voilà, à mon avis, la raison pour laquelle Karl avait décidé de lancer une mode de plus, alliant ainsi l'utile à la beauté du geste.

Danielle Darrieux et Micheline Presle

2009

La première était fantaisiste, la seconde était beaucoup plus sage. Mais les deux avaient de l'humour. Permettez-moi de vous présenter ces belles personnes. J'aime autant vous dire que, depuis leur première apparition sur les écrans français, ces deux-là en ont fait rêver plus d'un, à commencer par votre serviteur.

Et si j'avais organisé cette prise de vue, c'est parce que je brûlais d'envie de leur poser une question qui m'avait toujours taraudé, à savoir : est-ce que, dans leur jeunesse, l'une d'elles avait eu une aventure avec mon père, François Périer ?

L'idée peut vous paraître incongrue et vous devez penser que, de toute manière, ça ne me regarde pas. Je sais, mais voilà, la vérité, c'est que ça m'aurait fait vraiment plaisir. Car ces femmes-là représentaient pour moi le charme, la beauté, l'élégance, l'humour et surtout une simplicité que je rencontre plus rarement aujourd'hui. Et l'idée que l'une d'elles, au choix, ait pu traverser la vie de mon père m'aurait enchanté. Ils avaient travaillé et ri ensemble si souvent, alors pourquoi ne pas imaginer un détour par une amourette ?

Bien sûr, lorsque je les ai eues toutes les deux en face de moi, je mesurai l'impolitesse de ma demande et je n'en soufflai mot.

Comme quoi, une idée incongrue peut mener à une jolie photo.

Sylvie Vartan

à Paris **1962**

Mon premier souvenir avec Sylvie remonte à l'hiver 1962, le jour où je me retrouvai en sa compagnie dans un chalet de Méribel. Elle était désespérée par une récente liaison qui battait de l'aile. Toujours efficace, son mentor, Daniel Filipacchi, avait trouvé judicieux de nous envoyer une semaine aux sports d'hiver, sous le prétexte de faire des photographies. Sylvie et moi avions presque le même âge et un moment d'égarement près d'un feu de bois, entourés de sapins enneigés, aurait résolu le problème. C'était très amical de la part de Daniel, mais d'abord je ne suis pas fou des sports d'hiver ; même si j'ai beaucoup pratiqué cette activité dans mon adolescence. Bon, mais j'étais jeune, c'était au temps des skis en bois, des pantalons fuseaux avec des pulls en tricot épais et des attaches en cuir. Bref ça m'a suffi. Maintenant, on voit ces gens harnachés comme des cosmonautes qui montent des pentes bêtes pour les redescendre en finissant par se taper un vin chaud à la terrasse du Choucas dans un froid de loup : pour moi, ça frise souvent la planète Mars. Pour revenir à 1962, il faut dire que Daniel ignorait que déjà, l'image de Françoise Hardy m'obsédait jour et nuit. Sylvie et moi, nous sommes donc instantanément devenus des amis à jamais, engageant une conversation ininterrompue que nous reprenons chaque fois que l'on se retrouve. Jamais la moindre ambiguïté n'est venue troubler cette tendresse-là, pourtant Dieu sait si j'ai tout de suite aimé son visage. Il y en a qui font des contrats de mariage devant le maire ; nous, on a fait un contrat d'amitié sans notaire – tout compte fait, ça dure plus longtemps.

Élisabeth Quin

2006 *la belle personne*

Elle est à la position assise ce que Florence Aubenas est à la position debout, dans les deux cas, elles avancent. J'ai cru lire dans les yeux de Florence le trop-plein de ce qu'elle avait vu, dans ceux d'Élisabeth on devine tout ce qu'elle veut voir encore. Elle rit et s'emballe comme la petite fille qu'elle semble être, planquée dans son allure de femme sans âge. À l'affût du mot juste, remplie d'un humour à la pensée rapide, elle n'a pas de temps à perdre. Elle se passionne toujours pour aujourd'hui, mais elle vient d'une autre époque, celle que j'ai aussi connue et que je regrette un peu. Elle pense comme elle écrit et ça vaut le détour, lisez ses livres, vous verrez, c'est une putain de belle musique (*Bel de nuit. Gérald Nanty*, *Le détail qui tue*, *Tu n'es pas la fille de ta mère, La nuit se lève*).

Une phrase de mon grand-père, Jacques Porel :
« Face à la bonté, à l'élégance sentimentale ou morale, face au courage aussi, l'intelligence s'interroge.
Il faut surtout n'en rien dire aux imbéciles. Leurs cris de joie seraient insupportables. »

Daniel Filipacchi et Jean Roy

1951

Au début des années 1950, Daniel faisait partie du staff de *Paris Match*. À l'époque, grâce aux largesses du patron, Jean Prouvost, les photographes de *Match* bénéficiaient d'une situation des plus enviables. Ils roulaient en Ferrari, se tapaient des princesses, faisaient les guerres ; bref, ils étaient les rois du monde. Ils faisaient partie de ceux qui ont inventé le métier de paparazzi, faisant preuve de beaucoup d'imagination pour obtenir une photo spectaculaire. Par exemple, Daniel et le journaliste Jean Roy (lequel sera tué plus tard en mission au Moyen-Orient) avaient attendu pendant plusieurs semaines que le maréchal Pétain meurre dans sa maison de l'île d'Yeu. Lassés de photographier Mme Pétain faisant son marché, ils décidèrent de fabriquer eux-mêmes un gâteau un peu bancal, surmonté de bougies, pour célébrer l'anniversaire des quatre-vingt-quinze ans de son mari, dans le but d'en faire la photo de couverture. Ensuite, ils avaient envoyé la pellicule au journal par le seul moyen possible à l'époque, à savoir un pigeon voyageur. Daniel faisait aussi partie de ceux qui inventèrent les notes de frais fantaisistes. Lorsqu'un avion s'écrasa sur le mont Blanc, il rapporta la photo de l'accident vu du ciel, ainsi qu'une conséquente note de frais d'hélicoptère. Hélas, un intrus l'avait photographié à son insu, debout sur une échelle dans un musée, faisant la photo d'un petit avion miniature posé sur une maquette des Alpes. M. Roux, le responsable de la compta, n'avait pas du tout apprécié. Mais je pense que ça n'avait pas déplu au patron, Jean Prouvost.

Jean-Paul Belmondo

1970

Violence accrue dans les écoles françaises du XXIe siècle.
Il est regrettable que les plus grands succès des séries américaines traitent d'abord du destin des barons de la drogue. Dans ces séries comme dans beaucoup d'autres aux épisodes innombrables, on peut voir en détail comment torturer quelqu'un durant une semaine pour finir par l'assassiner de la pire façon. La moindre bagarre met en scène un groupe de sept ou huit types qui tabassent un malheureux au sol à coups de pied dans le visage et le ventre. Alors que, par exemple, dans la plupart des films de Belmondo des années 1970, les rixes « entre hommes » ont l'air d'invitations à la valse par rapport à ce qu'on voit aujourd'hui sur la toile. Elles ont un côté chevaleresque on ne peut plus touchant comparé à la cruauté des séries modernes.
Il y a quelque temps, j'ai entendu dire qu'on avait envisagé d'apprendre le maniement des armes à feu à des adolescents dans les écoles françaises. Déjà, supprimer le service militaire fut certainement une des plus grandes bêtises faites par l'État (merci Chirac, ça plus une belle dissolution et la présidence ramenée à cinq ans, c'est ce qu'on appelle un tiercé gagnant), retirant ainsi aux jeunes gens du pays l'occasion d'apprendre les règles indispensables de l'ordre, la politesse, la discipline, la camaraderie et un sens du devoir désormais vénéré par les vieux cons dans mon genre. Sans nourrir aucune nostalgie, je ne regrette pas les vingt-huit mois de ma vie consacrés à l'armée française. Moi qui venais justement des beaux quartiers, ça ne m'a pas fait de mal de voir qu'il existait d'autres mondes que le mien.
Par pitié, mettons en place un service civil. Inutile de rétablir le service militaire, le bon vieux fusil Lebel est démodé. Maintenant, des bambins de douze ans abordent gaiement la puberté en flirtant avec les joies de la Kalachnikov. Tant qu'à faire, on pourrait aussi leur apprendre comment saucissonner les vieux, ça leur ferait gagner du temps pour se faire un peu d'argent de poche.

Jacques Porel

1920

mon grand-père, à l'enterrement de sa mère, la comédienne Réjane

On me demande régulièrement pourquoi je publie souvent les pensées de mon grand-père ; d'abord, je l'aimais beaucoup, il était cultivé et je rêvais de lui ressembler.
Après sa mort, mon téléphone sonne et un éditeur nommé Jean-Paul Caracalla me donne rendez-vous aux café des Deux Magots.
« J'étais un des plus anciens amis de votre grand-père, et avant de mourir, il m'a laissé ceci pour vous », m'annonce-t-il en me tendant un épais dossier rempli de feuilles libres écrites à la main. Il s'agissait du brouillon du livre qu'il n'avait pas pu finir. Ses phrases jetées à la va-vite représentaient les vestiges de ses dernières pensées. C'est pourquoi j'aime les publier, afin de faire connaître aux gens l'esprit singulier qui fut le sien.
J'ai encore en mémoire notre dernier déjeuner. C'était en compagnie de son vieil ami le champion de boxe Georges Carpentier. Je ne me souviens plus vraiment (hélas) de la conversation, en revanche, la suite reste gravée en moi pour toujours.

Après la fin des agapes, Carpentier nous invita à prendre un café chez lui, à côté du restaurant. Dans le hall, il y avait un ascenseur pour deux personnes. Comme je leur tenais la porte : « Montez, montez, moi je vais à pied ! » me lança-t-il en se précipitant dans l'escalier.
Dans l'ascenseur avec mon grand-père, je m'apprêtais à appuyer sur le bouton du sixième étage, lorsqu'il m'attrapa le bras : « Attends un peu, me dit-il, laisse-lui le plaisir d'arriver avant nous. »
Élégances d'un autre temps...

Sheila

1965

Je n'ai jamais compris l'agressivité des gens des médias envers Sheila, dans les années 1960. Voilà une môme partie de rien, exploitée comme personne, qui a travaillé plus que tous les autres, et les journalistes d'une certaine presse ont pris un malin plaisir à la descendre en flèche pendant quinze ans, sans aucune raison. Ils lui ont tout fait, jusqu'à prétendre qu'elle était un homme, comme ça, pour rien, juste pour vendre du papier. Vous vous rendez compte ? Se retrouver en couverture avec ce genre de méchanceté, comment voulez-vous qu'elle se défende ? J'aime autant vous dire que si elle avait été un homme, elle aurait mérité le prix Nobel de la chirurgie esthétique ! Il lui a fallu être drôlement populaire pour survivre à la méchanceté gratuite de tels mensonges. En règle générale, pourquoi ces médias ne donnent-ils que des mauvaises nouvelles ? En réalité, ce n'est pas vraiment leur faute. À la télé, à la radio comme dans la presse, il est connu depuis toujours que seules les mauvaises nouvelles font vendre ; ils ne sont pas responsables si les événements réjouissants n'intéressent personne (à part l'éternelle famille royale de la fière Albion). Les médias étant pour la plupart des sociétés commerciales vivant de la publicité, les journalistes mettent en avant ce qui plaît à leur public ; bref, ils font en sorte que la boîte marche, ce sont de bons petits soldats – vous n'allez quand même pas leur reprocher d'être efficaces. Les fautifs, ce ne sont pas eux, mais nous, les lecteurs, les téléspectateurs ; c'est nous qui demandons ça. On n'est pas obligés de lire ce genre de choses. Mais je sais bien, si vous écoutez les gens, personne ne les lit. Ou alors de temps en temps, « chez le dentiste ». Or ces journaux-là se vendent à des centaines de milliers d'exemplaires chaque semaine. Dites donc, ça en fait du monde qui va chez le dentiste... Je me suis trompé de métier !

Jacques Dutronc

1968

Dans la série : « Les histoires sexuelles m'ont toujours fait marrer », la bruyante (ou l'intrusion du démonstratif dans le coït le plus banal).

Parmi les surprises qui guettent le pauvre mâle de base, il y a un piège dont il est prudent de se méfier : la démonstration ostensible et tonitruante du plaisir. Les obsédés de la performance systématique doivent se garder de l'effet loupe des réactions d'une partenaire que l'acte sexuel conduit à des contre-ut, certes satisfaisants sur l'instant mais aux conséquences innombrables. Bien sûr, elle a le droit d'exprimer sa joie tandis que vous ne faites rien de plus que votre petit parcours habituel, mais l'étonnement de provoquer des réactions de cette ampleur pourrait vous conduire à vous prendre pour un dieu, ce qui est toujours regrettable. Car une fois passée la minute d'autosatisfaction vient la crainte de devoir mettre le nez dehors, le sourire égrillard du voisin de palier pouvant conduire à la gêne, surtout si vous êtes en compagnie de la belle qu'il ne pourra s'empêcher de regarder comme une tranche de salami. De plus, si vous êtes à l'hôtel, vous devrez traverser le hall en rasant les murs afin d'éviter le sourire complice du concierge envers l'étalon… Que dire aux copains qu'on retrouve près des croissants mous du petit déjeuner ? Qu'on a écouté un opéra à la radio ? Que votre conquête avait mal aux dents ? La prochaine fois, prévoyez la sage location d'un bungalow à l'écart ou les joies de la cabane de haute montagne. En l'occurrence, mettez votre portable au-dehors sur le mode enregistrement, l'écho répercuté sur les parois du pic du Midi, ça peut toucher au grandiose… Mais rappelez-vous que le jour où vous croiserez la mignonne au bras d'un pote avec une tronche de vainqueur des 24 Heures du Mans, vous ne ferez plus le fier. Je suppose que les femmes ont aussi leur lot de surprises, voire de malaises avec des partenaires trop démonstratifs ou à la faconde grossière. Ce serait gentil qu'elles nous racontent… En même temps, je dis ça, mais j'ai toujours aimé les succès faciles…

Kirk Douglas

2009

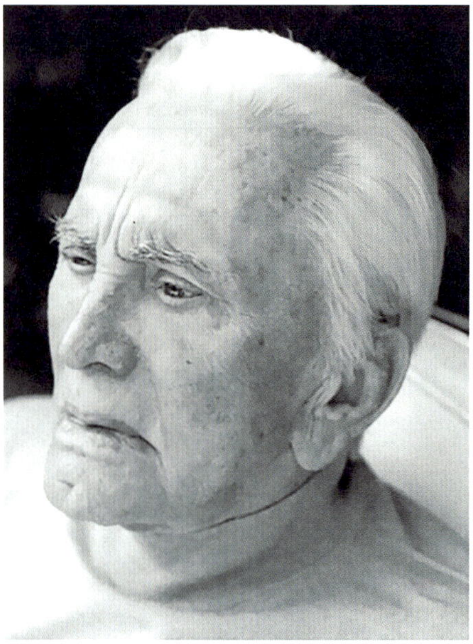

Ce jour-là, dans ce quartier de Beverly Hills, le soleil peine à briller. Les maisons se succèdent, cachant toutes un mystère. Cet ancien quartier date du temps où les stars d'Hollywood se rendaient visite en voisins ; l'endroit est tellement protégé qu'il n'y a même pas de murs entre les maisons. J'hésite à sonner, pourtant j'ai rendez-vous, mais c'est une des rares fois dans ma vie où personne ne m'a demandé de photographier quelqu'un. Je suis là pour le plaisir de rencontrer un homme qui m'a fait rêver, il y a très longtemps. *Vingt Mille Lieues sous les mers*, *Règlements de comptes à O.K. Corral*, *Les Sentiers de la gloire*, *Les Vikings*, tous ces films que je voyais doublés en langue française, dont les paysages en Technicolor étaient si loin des rues du Neuilly de mon enfance. Maintenant, j'attends assis sur l'épais coussin d'une chaise longue, dans ce jardin fleuri qui a sans doute vu Howard Hawks et John Sturges discuter avec Stanley Kubrick. « Il arrive », me dit une dame de compagnie qui a l'air de faire partie des meubles. Et soudain Kirk Douglas apparaît, et moi évidemment je vois Spartacus. Affaibli, mais calme et si bien élevé, l'émigré de génie me parle en français. J'ai pourtant vu du beau monde dans ma vie, mais que cet homme-là se mette à ma disposition uniquement parce que je viens de la part d'une amie (Dany Jucaud l'a appelé de Paris), le geste me touche. Moi qui ai pour habitude de faire les prises de vue les plus rapides du monde, là je calme le jeu, de peur qu'il puisse penser que je bâcle. Tandis que je l'immortalise, il ne parle pas de lui, préférant me poser des questions, comme le font les gens polis. Une demi-heure plus tard, la séance est finie. Il me remercie d'être venu lui rendre visite. Après m'avoir demandé d'embrasser Dany, il s'excuse, mais il doit rentrer. Je le regarde s'éloigner. On ne rencontre pas tous les jours un héros de sa jeunesse et je sais bien que je ne le reverrai jamais.

Chuck Berry

dans le Mississippi **1965**

Comme il ne voulait ni manager ni musicien, j'ai eu la chance de pouvoir traverser le Sud des États-Unis seul avec lui dans sa Thunderbird. Il est quand même assez surprenant de sa part qu'il m'ait accepté comme ça. C'est peut-être parce que je travaillais pour un journal français. Notre pays était prestigieux dans les années 1960. Comme je lui demandais pourquoi il exigeait d'être payé en cash avant d'entrer sur scène, il me répondit qu'à ses débuts, lorsqu'il avait fini de chanter, souvent les patrons s'étaient tirés avec la caisse sans l'avoir payé. Ajoutant sans me regarder : « C'étaient des Blancs ! »
Je l'observais alors qu'il conduisait, pensant à ces routes qu'il avait dû sillonner dans sa jeunesse, de petits bars en *juke joints* miteux, pour quelques dollars ; désormais, il les parcourait en star. Il ne l'avait pas volé. Ensuite, on avait pris la route en direction du Berry Park, cet endroit qu'il était en train de faire construire. Il tenait absolument à me le montrer, mais « surtout, tu n'en fais pas de photos parce qu'il n'est pas fini ! ». Effectivement, son rêve de Disneyland du rock ressemblait encore à un chantier. Il y avait des planches partout, une grande piscine vide en forme de guitare et des bâtiments en bois de plain-pied. Il fallait pas mal d'imagination pour visualiser son studio d'enregistrement futuriste dans ce qui n'était pour l'instant qu'une idée sous un soleil de plomb avec beaucoup de vent. Mais il était content. Il m'avait emmené dans son bureau, la seule pièce pas trop loin d'être finie. Avec, posée sur un bar, une caméra dont il était très fier, il m'avait filmé en se marrant, je voyais ma tronche sur l'écran pendant que je le photographiais. Et puis on était repartis vers la ville jusqu'à un bar pour trouver des musiciens qui l'accompagneraient sur scène le soir. En traversant le paysage du Missouri, je mesurais ma chance d'être seul en compagnie d'un des inventeurs du rock…

Pascal Jardin et moi

1970

Pascal appartenait à une race particulière. Lui et sa famille étaient la liberté même, du reste il a vécu toute sa courte vie selon une phrase de Paul Morand qu'Éric Neuhoff nous rappelle dans son beau livre, *Les Insoumis* : « Elle était belle comme la femme d'un autre. » Je le sais, je serai le dernier à en pâtir avant qu'il ne meure. Dans les années 1970, il faisait partie de mes meilleurs amis. J'aimais l'appeler le matin afin de l'écouter commenter l'actualité. C'est rare quelqu'un de tellement intelligent qu'on ne peut jamais prévoir ce qu'il va dire.

Pendant cinq ans, il venait souvent dîner rue de Varenne, là où j'habitais avec Nathalie, la première femme que j'ai épousée. Dans mon deuxième film, *Sale Rêveur*, dont Pascal et moi avions imaginé le scénario, Nathalie jouait le rôle du fantasme de Jacques Dutronc. Et durant nos semaines de travail, je compris bientôt que tandis que j'écrivais cette histoire pour Jacques, lui collaborait au scénario parce qu'il était tombé amoureux d'elle.
C'est à mon retour d'un voyage en URSS pour présenter ce film que cette dernière m'a avoué sa folle passion pour Pascal. Si ma compagne et mon meilleur ami s'aimaient, ce n'était pas pour m'emmerder, d'ailleurs je les comprenais tous les deux. Peut-être était-ce le bon moment, honnêtement le mariage n'était pas vraiment ma tasse de thé. Et si je suis parti pour les États-Unis, c'est aussi afin de ne pas les perdre tous les deux.
Lorsque Nathalie m'a appelé quelques mois plus tard à Los Angeles pour me dire que le cancer allait bientôt tuer Pascal, je suis rentré à Paris, et dans sa chambre d'hôpital, nous avons ri ensemble une dernière fois.
Il me manque tous les jours.

Jean-Paul Gaultier

1994

Il me semble me souvenir que cette idée était de Jean-Paul. En tout cas, ça ressemble bien à son amour de la provocation. C'était du temps où le petit ruban rouge, symbole du Sidaction, faisait les premières pages des journaux. L'accrocher à la soutane du pape était un clin d'œil qu'il était un des rares à pouvoir se permettre.
Il reste l'un des couturiers les plus aimables qu'il m'ait été donné de rencontrer, et je comprends pourquoi il a mis récemment fin à sa passion première. Avoir pour étendard un tel sens de la fête et un sourire aussi joyeux que le sien n'est pas vraiment de mise dans une époque aussi sinistre que celle d'aujourd'hui.
Aux prochaines élections, nommons-le ministre de la Culture, et on aura peut-être une chance que Paris redevienne Paris et que la France se remette à danser.
Mais tout le monde le sait, je suis un rêveur…

Karin Viard

1990

J'aime énormément cette actrice. Je ne vois d'ailleurs pas qui pourrait dire autre chose de cette magnifique personne. Vous trouvez ça excessif ? Vive l'excès !
Pour cette séance, j'avais utilisé une technique formidable avec un très bel outil, à savoir une chambre 20 x 25 en bois et des plaques Polaroid de cette taille. D'abord, ça obligeait à des poses lentes, lesquelles procuraient une douceur à l'image qu'on trouvait surtout dans les photos du début du siècle, ou grâce aux ambrotypes chers à Didier Guyot, dans son studio de Clermont-Ferrand.
Problème des plaques Polaroid, il valait mieux avoir un journal pour financer la chose, parce que ça coûtait une blinde… Je parle bien sûr d'un temps où les journaux avaient de l'argent…

Mikhaïl Barychnikov

1978

En 1988, à Los Angeles, avec mon ami Michel Colombier, nous avons eu le plaisir de déjeuner dans un grand restaurant de Rodeo Drive avec Mikhaïl Barychnikov. C'était un endroit fréquenté par une clientèle de gens très riches, souvent assez vulgaires ; un parterre d'obsédés du shopping clinquant. Je ne me souviens plus pourquoi nous étions là. Prodige de la danse, l'homme était cependant de petite taille. Le détail est important, parce que la salle était immense et il était très facile de passer inaperçu. Une fois de plus, j'ai pu constater ce que signifie le mot « star », même si de nos jours je le trouve un peu surfait. Il devait bien y avoir cent vingt tables ; eh bien je peux vous dire qu'à son entrée, la salle entière s'est figée, plus un bruit, seulement des têtes qui se tournent pour le suivre, c'était fascinant. Ce phénomène est assez rare ; je l'ai vu parfois avec Alain Delon ou Mick Jagger : ça ne tient pas qu'à la célébrité, il y a autre chose d'indéfinissable, comme une animalité qui engendre la fascination. À propos de vulgarité, il y avait justement dans cette même rue un magasin qui me mettait en joie chaque fois que je passais devant sa vitrine. Le propriétaire devait être un gros malin qui avait sûrement commandé une étude très fouillée à une boîte de consultants en publicité. Il avait eu l'idée saugrenue d'appeler sa boutique Yves Saint-Tropez. Génial, avait-il pensé, Saint Laurent et le village de Bardot réunis, la classe internationale. Comme à la pêche en mer, un grand filet mental pour attraper les gros poissons. Ceci pour vous donner une idée du niveau culturel du quartier...

Agnès Jaoui et Jean-Pierre Bacri

1998

Voilà deux personnes que je n'ai jamais rencontrées et je le regrette. Pourtant nous nous sommes croisés souvent, particulièrement dans des restaurants ou des boîtes de nuit dans les années 1990. Hélas, mon éducation et ma timidité m'ont toujours empêché d'approcher quelqu'un que je ne connais pas. Il faut dire que dans le marigot parisien, ils ne faisaient pas partie des gens qu'on avait envie d'aborder en leur tapant sur l'épaule, ils me donnaient le sentiment d'appartenir à une caste intellectuelle assez réfractaire aux zozos dans mon genre (photographe des années 1960 avec un Post-it sur le front estampillé « populaire », ça ne plaît pas à tout le monde).
En croisant leurs regards plusieurs fois, je n'ai pas senti chez eux l'urgente envie de me connaître. Pourtant, j'aurais vraiment aimé pouvoir leur dire à quel point leur film *Le Goût des autres* m'avait justement marqué, jusqu'à faire partie de mes films français préférés.
J'ai peut-être eu tort, mais il m'est souvent arrivé de ne pouvoir faire le premier pas.

Une pensée de Michel Audiard, ça peut toujours servir :
« Un gentleman, c'est celui qui est capable de décrire Sophia Loren sans faire de gestes. »

Maurice Ronet

1965

Voilà quelqu'un qui me touchait beaucoup, en tant que comédien bien sûr mais surtout dans la vie. Je l'ai fréquenté pas mal lorsque j'habitais chez Paul Gégauff, au début des années 1970. Très proche du dandy désespéré du formidable film *Le Feu follet*, il était très attachant par sa retenue et cette science du mystère qu'il se plaisait à entretenir. Même lorsque l'alcool le poussait à des excès spectaculaires, il en disait finalement très peu sur lui-même. Un soir, je le croise chez Castel ; alors que je m'assois près de lui sur la sacro-sainte banquette réservée aux gens que Jean Castel acceptait, Maurice repère dans ma poche une nouvelle édition d'un livre de Céline que je tentais de lire (je crois que c'était *D'un château l'autre*. Autant *Le Voyage* et *Mort à crédit* m'avaient fasciné, autant j'avais du mal avec ses autres ouvrages). Lorsque je vois son émoi devant ce livre, je le lui donne avec plaisir. Je l'ai rarement vu aussi ému, je le savais très cultivé, mais j'ignorais à quel point Céline était sa passion.
Dans son livre *Les Insoumis*, Éric Neuhoff rappelle cette phrase qui le résumait bien : « Dans la vie, il lui arrivait de fermer les yeux en franchissant un passage clouté. »

La drogue

1986 *vous savez désormais ce que c'est*

Oui, je sais maintenant que ça ne sert à rien de diffuser ce clip antidrogue, mais c'est tout ce que j'ai sous la main pour témoigner de mon dégoût de ce qui se passe en France depuis les années 1980.
Je vous l'ai déjà dit, cette phrase, « La drogue c'est de la merde », j'en connaissais très bien la stupidité (si c'était si évident, les consommateurs ne seraient pas si nombreux !), mais elle avait pour seul but d'obliger les parents à parler de ce genre d'expédient avec leurs enfants, c'était tout. Je ne pouvais pas imaginer qu'aujourd'hui, la situation aurait empiré à ce point.
Dans tous les médias, des débats stériles tournent autour des mêmes phrases, personne n'a la solution. Même au fin fond des campagnes, vous pouvez trouver tout ce que vous voulez, herbe, haschich, coke, ainsi que toutes les inventions imaginées par les vendeurs en tous genres.
Sur la dépénalisation du cannabis, je me garderai bien d'avoir un avis tranché, mais je serais surpris que les gros trafiquants, désespérés, aillent pointer à Pôle Emploi. Ils ont déjà en magasin des produits plus forts et moins chers pour inonder le marché. Quant aux adolescents (car c'est pour eux que je m'inquiète), je crains que, déçus par la qualité raisonnable des produits vendus dans les boutiques officielles, ils préfèrent aller s'approvisionner au coin de la rue pour trouver des substances plus fortes, et plus séduisantes grâce à l'attrait de l'interdit. Ils peuvent même commander ce qu'ils veulent par internet grâce à une sorte « d'Uberisation » du marché de la distribution.
Le pire, c'est que le petit garçon qui tenait le rôle principal de ce clip est mort quelques années après, tué par la drogue ! C'est pourquoi, après l'autre clip que j'ai tourné plus tard avec le jeune Benicio del Toro, j'ai mis fin à ce genre d'activité. Et nous sommes là, à ressasser les mêmes phrases plus de quarante ans plus tard !

Daffy et mes ânesses

2020

Quelle chance j'ai d'avoir mes compagnes. D'abord Daffy, ma merveille dont le moindre regard me met les larmes aux yeux, tellement je n'y vois qu'un amour infini, accompagné Dieu merci d'un soupçon d'intérêt des plus rassurants. Uniquement de l'amour, ça me foutrait un peu la trouille ; trop absolu, ce serait ingérable. Là, je suis heureux de voir que, dans cette passion débordante, il y a un soupçon de calcul : « Je te montre de la façon la plus démonstrative mon attachement pour ta petite personne, mais ne va pas oublier le blanc de poulet que j'ai senti subrepticement passer dans tes mains égoïstes. Ne me prends pas pour une brêle, j'ai beaucoup plus d'odorat que toi, donc mettons les choses au point. Je te regarde à longueur de journée avec un amour débordant, et toi, tu fournis la bouffe. Faut pas charrier. Je ne suis pas Mère Teresa, moi, je suis une chienne, alors le deal, c'est : je t'aime, et tu livres. » D'accord, chère petite Daffy, laisse-moi retrouver chez toi un zeste de l'hypocrisie des êtres humains. Tu comprends, je ne vois plus personne, alors sois gentille, fais l'actrice, joue-moi un peu la comédie, n'hésite pas à mentir, que je retrouve mes marques. Mes ânesses, en revanche, ont une approche beaucoup plus paysanne. Dès 7 heures du matin, on arrête les bêtises, ça râle clairement. « Tu prendras ton petit déjeuner plus tard. D'abord nos carottes, les graines et le foin indispensable et fissa. Non mais t'es gentil, nous on veut bien parfaire ton image de "Parisien tellement proche de la campagne", mais l'heure, c'est l'heure. Oui, on sait, t'es important, très bien, nous on veut bien, mais s'il te plaît, place aux priorités ! Sans ça, nous, on leur dit à tes followers que tu es "trop au lit pour être honnête" et que tu te tapes des séries sur Netflix à longueur de soirée… »

James Brown

1967

Ce soir-là, James Brown m'emmène avec des amis à l'Apollo de Harlem. En 1967, cet endroit est le temple de la *soul music*. Pour un petit Français, c'est un luxe de pouvoir être là avec James Brown. Lorsqu'il pénètre dans la salle, en plein milieu du spectacle, il se dirige vers la loge vide qui lui est réservée à l'année ; sur la scène, les musiciens s'arrêtent de jouer et toute la salle se lève pour l'applaudir. Pour l'Amérique noire, James Brown est un roi. Après le dîner dans un restaurant cubain, dont la cuisine est tellement forte que j'ai l'impression d'avoir avalé un pétard, James Brown me donne rendez-vous pour le lendemain à 15 heures à l'aéroport, afin que je rejoingne sa tournée. Puis il se tourne vers son secrétaire en lui susurrant : « Fais comme je t'ai dit ! » Me voilà à 1 heure du matin dans les rues de Harlem avec un type très gentil que je ne connais pas. Nous passons sous une porte en arc de cercle, l'escalier interminable débouche sur une immense boîte de nuit bourrée à craquer. J'ai beau être bronzé, je fais quand même un peu tache. Au milieu de la boîte trône une large scène ronde sur laquelle une vingtaine de beautés noires sculpturales d'au moins un mètre quatre-vingt-cinq s'adonnent à une danse sauvage sous une lumière mauve fluorescente. Assis dans un carré VIP enfumé aux allures versaillaises, je sirote un Blood & Sand aux côtés de mon cicérone, lorsque ce dernier se penche vers moi en m'indiquant le bouquet de panthères. « *YOU CHOOSE !* » me dit-il. Je ne sais si vous vous rendez compte de la situation. Parce que je viens de la part de James Brown, je peux choisir n'importe laquelle de ces beautés sans qu'elle ait rien à me refuser. Vous allez être déçus, mais j'ai décliné. L'idée de me mélanger à une telle force de la nature, je ne me sentais pas de taille : d'un coup de reins, elle pouvait me coller au plafond. Et puis je me voyais mal seul au petit matin, en plein Harlem. Je sais, ce n'est pas glorieux. Ce soir-là, j'étais au plus près du petit Blanc de Neuilly de ma jeunesse…

Johnny Hallyday

1966

Tout au long de sa vie, Johnny n'a travaillé qu'à une seule chose : donner du plaisir à son public, et il le faisait très bien. Mais on ne peut pas demander à un type qui sort de scène après avoir enflammé un stade de quatre-vingt mille personnes, de penser à payer les notes de gaz ou d'aller chercher le petit à l'école le lendemain matin. Ça ne marche pas comme ça. Je sais que certains rares artistes en sont capables et je les félicite, mais ils ne sont pas Johnny. D'accord, il n'était peut-être pas un père idéal, sûrement pas un mari modèle ; quant à son amitié, elle était à géométrie variable. Ne supportant pas la solitude, il vivait d'abord dans le regard des autres. Je l'ai vu parfois s'amuser à changer de rôle plusieurs fois dans la même journée, en fonction de qui se trouvait dans la pièce ; il avait l'âme d'un acteur. Dans les soirées un peu arrosées, n'importe qui pouvait être l'ami de Johnny pour un quart d'heure. J'ai toujours pensé qu'une nuit de solitude pouvait le tuer. Mais pour quelques amis fidèles, combien de courtisans ? Depuis 1962, vous n'imaginez pas le nombre de gens que j'ai entendus déclarer être son « frère » ; ça lui aurait fait une putain de famille nombreuse, au Jojo. Je ne me suis jamais permis de prétendre à ce titre ; du reste, étais-je son ami ? J'avais pour lui de l'estime et de la tendresse, et tout au long de sa vie, il m'a montré qu'il me le rendait bien. C'était suffisant.

Frederic Beigbeder

2000

Il est l'un des rares (avec Édouard Baer), à Paris, à me rappeler certains de mes amis des années 1960. À l'instar d'un Paul Gégauff, le génial dialoguiste princier de la Nouvelle Vague, il est de la famille restreinte de ceux qui n'aiment pas la pensée médiocre, adorant « secouer l'arbre » en s'amusant de tout pour ne pas en pleurer, prolongeant ainsi le cercle très fermé des adeptes de « ce qui ne se fait pas ». Révolutionnaire bourgeois, donc révolutionnaire, il évolue entre les gouttes d'une élite moutonnière, se risquant à des « blagues » à moitié comprises par une intelligentsia qui feint d'en rire par peur de rater un train, oubliant que ce lutin de la littérature est d'abord un écrivain. Lorsque je l'ai connu, il en était encore à sa période « Je veux tout ! » : être connu tout en étant reconnu, avoir toutes les femmes en rêvant de n'en aimer qu'une, pouvoir s'adonner aux excès désordonnés de la nuit en maîtrisant la rigueur d'un grand écrivain, gagner plein d'argent et rêver d'oser vivre en ermite comme Salinger, son auteur fétiche. Puis un jour, après quelques errements médiatiques, il a réussi à s'éloigner de la lucarne maudite, celle qui rend fou pratiquement tous ceux qui montrent un peu trop leur tronche « dans le poste ». Connaissant suffisamment les grimaces des malins qu'il rencontre pour leur faire croire qu'il est des leurs, il a pris la sage décision de partir vivre avec sa famille loin de Paris, cette ville-musée qu'il ne reconnaît plus vraiment. Ceci ne l'empêchant pas de rester très parisien, si l'on en juge par le ton de ses livres. Finalement, j'ai toujours beaucoup aimé les types qui voulaient tout avoir. Presque autant que ceux qui ne veulent plus rien.

Julie Andrieu

2000

Lorsque je vivais avec Julie, elle travaillait dans une agence immobilière. Dire que cette situation l'emballait serait mentir, néanmoins, en jeune femme bien élevée, elle se rendait tous les matins dans la boutique d'une grande compagnie. Les journées y étaient assez monotones et son passe-temps préféré consistait à étudier les plats qu'elle allait me préparer pour le dîner du soir. Je ne sais plus comment, j'entendis dire que Francis Ford Coppola cherchait à acheter un pied-à-terre à Paris pour sa fille Sofia. Julie lui fut présentée et devint vite sa personne de confiance pour lui montrer des appartements. La recherche dura assez longtemps et il revint plusieurs fois en France pour visiter des endroits plus beaux les uns que les autres. Curieusement, parmi tous les appartements que Julie lui proposait, rien ne correspondait à ses désirs. Était-il touché par cette merveille qui le baladait dans sa voiture ? Il était toujours très gentil avec elle, s'excusant de lui demander autant de travail pour rien. Le soir, elle rentrait pour se mettre en cuisine en vue de la préparation de mon dîner. Finalement, elle passait de plus en plus de temps à noter des recettes sur son ordinateur, ignorant qu'elle s'acheminait à coup sûr vers la carrière que l'on sait. Je me souviens de la fois où, tout en me racontant ses pérégrinations du jour, elle m'avoua qu'elle avait laissé Coppola en double file dans sa petite auto pendant qu'elle faisait ses courses pour les légumes du soir. Je me demande encore si elle se rendait bien compte de son insolence, à laisser poireauter le metteur en scène du *Parrain*. Et puis un jour, au cours d'une visite pendant laquelle il lui refusa une fois de plus un beau duplex en bord de Seine, il la regarda et lui dit gentiment : « Vous n'avez jamais vendu un appartement, n'est-ce pas ? » Un peu gênée, elle le concéda. Alors il répondit : « Bon, alors OK, je prends celui-là ! » C'est donc peut-être en fréquentant Paris grâce à Julie que Sofia Coppola a tourné *Marie-Antoinette*.

Miles Davis et sa femme, Frances Taylor

1963 *à Juan-les-Pin*

Daniel Filipacchi m'avait proposé d'aller retrouver Miles Davis au festival d'Antibes. J'étais emballé à l'idée de rencontrer ce musicien extraordinaire qui m'avait tant fait rêver dans les années 1950, mais très étonné qu'il accepte de me laisser le photographier – il n'était pas d'un abord facile et il m'impressionnait un peu.

Je ne le rencontrerai vraiment qu'en 1989, à Los Angeles. J'étais un soir chez Michel Colombier en train de rigoler comme souvent avec lui. Le téléphone sonne, ce sont les sœurs Labèque qui nous proposent de les retrouver chez Mr Chow, un luxueux restaurant chinois de Rodeo Drive. Lorsqu'on arrive, vers 21 heures, le restaurant est presque vide, et à une table nous retrouvons ces merveilleuses pianistes en compagnie de Miles Davis.

Il est là devant moi avec ses cheveux plaqués, son costume futuriste, et sa voix de vieux boxeur. Il est impressionnant et curieusement très sympathique, abordable, sans prétention. Il ne parle pas de lui, il me pose des questions sur ma vie, mon métier, etc. À un moment, il me dit qu'il a le projet de faire un clip sur une nouvelle musique, il voudrait retrouver l'atmosphère enfumée du club Saint-Germain de la rue Saint-Benoît des années 1950, à Paris. Je lui fais part de ma surprise, j'ai passé toute mon adolescence dans cette boîte à regarder ma mère danser, je l'ai même entendu jouer là-bas. Il me propose de le réaliser et me donne son numéro de téléphone. En remontant vers Shoreham Towers, j'ai garé ma Mustang en face de Tower Records. Il était 23 h 30. Je suis entré dans ce magasin de disques que je connaissais par cœur en m'arrêtant devant la section « Jazz ». Les yeux rivés sur ce bout de papier, je suis resté là en me disant : dans ma main, il y a le numéro de téléphone de Miles Davis.

Je ne l'ai jamais revu, c'est le regret de ma vie.

Il est mort un an plus tard.

Françoise Hardy

à Rome **1963**

Dans la série : « Oui, je l'admets, je donnerais n'importe quoi pour revenir à ce jour-là. »
Nous étions descendus à l'Hôtel de la Ville, le repaire des Français à Rome dans ces années-là. C'est dans ce merveilleux endroit que j'avais découvert cette ville en 1956 avec mon père, alors qu'il tournait *Les Nuits de Cabiria* avec Federico Fellini. C'est drôle, quand j'y repense, je voulais inconsciemment que la Grande revive les mêmes émotions que celles qui m'avaient marqué dans ce jardin aux murs recouverts de lierre où je prenais mon petit déjeuner avec mon père au son des chansons de Marino Marini (Volare, oh oh, cantare, oh oh oh oh !). L'hôtel donnait sur la Piazza di Spagna. Françoise s'était assise sur les marches, elle n'était pas encore connue en Italie, on pouvait se balader sans que personne nous dérange. C'est quand même une drôle de chance d'avoir ces photos ; tout à coup, l'espace d'un instant, j'entends les bruits de la rue, les phrases en italien, et je revois la Grande qui cache son visage parce qu'elle n'aime pas être photographiée…

Eddy Mitchell

1970

Nous n'avons pas parlé ensemble depuis longtemps, mais j'ai le sentiment que nous devrions être d'accord sur la curieuse signification du mot « rock » aujourd'hui. Pour ce qui me concerne, le rock a toujours été une musique et une danse. Point. L'art qui m'a formé les oreilles était le jazz, donc lorsque j'ai vu arriver le rock, j'y ai vu un mouvement d'humeur sympathique, une sorte de blues en colère pour les jeunes. Il faut dire qu'à cause de mes vingt-huit mois de service militaire, je n'avais pas vu passer Presley, Cochran ou Gene Vincent, même Chuck Berry m'était inconnu. Ensuite, à mon retour d'Algérie, grâce à Eddy, Johnny et Dick Rivers, c'est la gestuelle qui m'a touché, puis avec l'arrivée des rockeurs anglais, bien sûr j'ai été vraiment emballé (surtout parce que je ne comprenais pas les paroles. Étant d'abord musicien, comprendre les mots dans ma langue avait plutôt tendance à me déranger. C'est pourquoi je suis passé à côté de pas mal de chanteurs français).
Mais j'ai trouvé ridicule le moment où ce mouvement est passé d'une musique à une mode. L'expression « être rock », inventée par quelques journalistes et autres publicitaires, m'a toujours paru un peu pathétique.
Encore, au début, que des « fans » adolescents s'amusent à singer leurs idoles, d'accord, à seize ans on a droit à tous les égarements vestimentaires, mais voir aujourd'hui, c'est-à-dire cinquante ans plus tard, des adultes cherchant à ressembler au Keith Richards de 1972, ça me semble grotesque.
Bien sûr, je le reconnais, pour moi la modernité s'arrête à Fred Astaire, mais lui au moins, quand il portait des lunettes noires, c'était parce qu'il y avait du soleil...
D'aucuns vous diront que j'ai le discours d'un vieux con, certes. Mais pourquoi con ?

À propos d'Eddy Mitchell, c'est Dutronc qui, comme souvent, m'a dit au téléphone la phrase qui le résume peut-être le mieux : « Même quand c'est lui qui t'appelle, tu as l'impression de le déranger... »

Karl Lagerfeld et Nadja Auermann

1995

Photos faites chez lui, à l'hôtel Pozzo di Borgo, à Paris.

Je ne sais plus qui m'a dit que le Coca Zéro était très dangereux pour le cerveau ; apparemment, il s'agirait encore de l'une de ces *fake news*, si j'en juge par celui de Karl Lagerfeld, attendu qu'il ne buvait rien d'autre à longueur de journée. La force de travail, donc de caractère, de cet homme était incroyable. J'ai rarement vu autant de livres que dans les maisons de Karl, plus bibliothèques que maisons d'ailleurs : trois cent mille ouvrages étaient rangés dans ses maisons de Rome, Biarritz, Paris, Hambourg, Monaco ou New York. Il en achetait tous les jours, souvent en deux exemplaires lorsqu'ils étaient trop grands. Le premier était destiné à être rangé, le deuxième à être coupé en deux, de façon à ce qu'il puisse le lire dans son lit, lieu dans lequel il travaillait des nuits entières. Lui arrivait-il de dormir ? Je n'en suis pas sûr. Je me souviens de l'avoir souvent vu descendre de voiture devant la librairie La Hune du boulevard Saint-Germain. Après avoir choisi les livres qui plus tard seraient déposés chez lui, il allait acheter ses journaux dans le kiosque en face, et comme il ne gardait jamais de monnaie dans ses poches, il donnait tout au mendiant qui l'attendait sagement appuyé à un arbre. C'était une connaissance. Après avoir échangé quelques mots avec l'homme, il disparaissait. Ne vous laissez pas berner par ses allures de Kaiser, il était beaucoup plus aimable qu'on pourrait le penser.

Tous ses objets, beaucoup de ses livres, ses meubles, tout a disparu désormais dans des ventes aux enchères, il ne reste de lui que des souvenirs et son chat, son compagnon préféré qu'il a très bien mis à l'abri du besoin, m'a-t-on dit. Preuve qu'il était un homme bien !

Guillaume Depardieu

1995

Et la vie passe et on passe à côté des gens qui passent, et après on regrette ; on aurait dû parler, mais quand on ne se connaît pas encore, comment parler ? Ce jeune homme était très touchant parce qu'il ne donnait pas le sentiment d'avoir les réponses : il n'était qu'une question. Il ne cherchait pas particulièrement à plaire ; au contraire, enfin c'est l'impression qui me reste. La voilà, la limite de la photographie. Je l'ai rencontré deux ou trois fois, or il n'était pas disert. Dans ce cas-là, on se fait une idée à l'avance, mais est-ce la bonne ? Comment mettre en valeur quelqu'un qui trouve apparemment indécent de vouloir séduire ? Je suis toujours touché par ceux qui n'aiment pas se faire photographier ; après tout, ce n'est pas normal : dans la vie on ne se fige pas comme ça, comme un hibou. Bien sûr, on aurait pu parler de nos deux pères, ils ont joué ensemble dans *Tartuffe* ; mais avait-il envie que nous parlions de nos pères ? Alors, on ne s'est pas dit grand-chose : bonjour, tiens mettez-vous là, comme ça c'est bien, merci, au revoir. Et la vie passe et on passe à côté des gens qui passent et après on regrette. Vraiment !

Johnny Hallyday

1968

Bien sûr, ce souvenir est moins drôle à raconter aujourd'hui. Le 1er septembre, j'étais en tournée avec Johnny dans le Midi. En sortant de scène, vers minuit, il me dit : « Tu viens, on va à Bayonne ! » Et nous montons dans sa Lamborghini Miura, une sorte de tombeau sur roulettes qui fonce à deux cent vingt kilomètres à l'heure. Évidemment, à l'époque, pas de ceinture. C'était le retour de vacances ; comme nous allons vers la mer, à gauche, il y a une file interminable de voitures en direction du nord, et à droite, la nuit. On roule comme ça à fond jusqu'au petit matin, où nous attend cette hypothétique flaque d'huile – laquelle propulsera le bolide à cent quarante chrono contre le tronc d'un arbre qui n'espérait que ça. Je l'ai vu venir, cet arbre, pointant le doigt vers moi jusqu'à ce que la voiture se love autour de lui. M'extrayant du pare-brise, j'aperçois Johnny de dos qui, d'un pas hésitant, s'éloigne de l'engin. Je suis très inquiet de le voir tituber : après un tel accident, est-il encore conscient ? C'est alors que je comprends qu'il est en train de vivre sa mort. Il le croit vraiment, j'en suis sûr. Naturellement, c'est en CinemaScope puisque, s'il meurt, ce ne peut être que comme James Dean. Il fait un ou deux pas de plus, puis met un genou à terre, bascule sur le côté, s'affale sur le dos au ralenti. Minutage parfait, moment hautement cinématographique. James Dean n'aurait pas fait mieux. C'est une mort en direct que ne sauraient manquer les voyageurs qui freinent d'excitation : Johnny en train de mourir, ça fait quand même un beau souvenir de vacances. Moi, je suis à quatre pattes et en sang, sidéré d'être encore en vie, mais j'ai surtout peur pour mon pote. Dans quel état est-il ? Tandis que la foule des automobilistes l'entoure, je me fraye un passage : il est allongé, immobile, c'est très impressionnant. C'est alors qu'il ouvre les yeux, il me voit et s'assoit en disant : « J'ai rien ! » Le soir même, il était sur scène. Normal, c'était sa vie ; mourir est un mauvais film…

Ophélie Winter

1990

J'aimais bien cette fille, où est-elle maintenant ?
La dernière fois que je l'ai vue, c'était dans un restaurant à Paris, elle déjeunait avec des types que je ne connaissais pas. Le vent avait tourné pour elle, la méchanceté des gens envers cette jeune femme qui trébuchait me révulsait. Pendant tout le repas, je me disais : « Les gens sont vraiment durs avec elle, il faut que j'aille lui dire bonjour ! » Seulement voilà, j'ai deux angoisses dans la vie : d'abord, téléphoner à quelqu'un – vous n'imaginez pas le nombre incalculable d'occasions énormes que j'ai ratées à cause de ce blocage –, ensuite, second travers tout aussi ridicule : traverser une salle de restaurant. C'est étrange, dans mon spectacle, aller sur scène pour parler devant des spectateurs ne me gêne pas du tout, mais marcher au milieu d'une salle pleine de gens que je ne connais pas m'a toujours coincé l'estomac comme une jeune nonne devant un éléphant en érection, je retarde, je retarde, autant que je peux. Et voilà, elle est sortie avec ses yeux un peu tristes et je ne suis pas allé lui embrasser la main.
Je le regrette encore aujourd'hui.

François Périer

mon père, dans Bobosse,
au théâtre de la Michodière

1950

Lorsque j'avais onze ou douze ans, souvent le soir j'allais le voir travailler.
La première chose que j'apercevais en entrant dans la salle, c'était le rideau qui s'ouvrait, et sur la scène, il y avait cet homme extraordinaire à qui je devais tout. Il était ma référence, mon univers. Et encore, à l'époque, j'ignorais qu'il m'avait adopté.
Seulement voilà, il était la tête en bas en train de faire le poirier devant une salle comble sous les applaudissements d'un public conquis.
La première fois, ça m'avait fait un choc, puis je m'étais habitué. Comment voulez-vous que je prenne la vie au sérieux après ça ?
Pour avoir la paix en classe, j'invitais régulièrement mes professeurs à une représentation de cette pièce, tout en ayant prévenu mon père afin qu'il les reçoive dans sa loge après le spectacle.
Et ainsi, j'étais peinard pour le reste de l'année.
Quand on a un père dont le travail consiste à « jouer », on ne peut pas sérieusement vous demander d'être raisonnable.

Johnny Hallyday

1963 *dans sa maison de campagne*

J vous montre cette photo qui n'est pas très bonne, mais qui fait partie des deux seules que j'ai pu retrouver de Jojo chez lui, dans sa première acquisition.
Il était très fier d'avoir pu s'offrir ce luxe représentatif d'une réussite sociale à laquelle il aspirait, comme souvent les gens partis de rien. Lire une lettre près de sa guitare lui procurait la satisfaction d'être « arrivé dans la vie », sentiment qui à l'époque était perçu comme respectable, contrairement à la haine des « riches » actuelle. Être un bourgeois n'était pas une honte et ça ne l'empêchait pas de secouer son monde avec son talent sur les scènes de France sans qu'on le juge bêtement.
Arriver à s'acheter une maison à dix-neuf ans était la preuve ultime dans la vie et non l'envie d'écraser les autres.
Pauvre France d'aujourd'hui !

Dans la série « ce que pensait Françoise Sagan » :
« La jeunesse est la seule génération raisonnable. »

Ma pomme, à douze ans

1952

Moi, les croyants, je les envie, ça doit être bien d'avoir la foi. J'ai été élevé dans la religion catholique et j'en ai gardé plein de très jolis souvenirs. Belles musiques, belles histoires, l'odeur de l'encens, le bruit des pas dans la neige pour aller à la messe de minuit, avec les cloches et tout… Hélas, mon enthousiasme fut tué dans l'œuf à la fin des années 1940, le jour où je fus renvoyé du lycée Sainte-Croix de Neuilly parce que mes parents avaient divorcé. Vous voyez, tout n'était pas toujours « mieux avant ». Était-ce un prétexte pour écarter un mouton noir de leur institution ? Il faut avouer que je n'étais pas non plus un élève modèle. La colère de mon père dans le bureau de l'évêque ne changeant rien à cette injuste décision, la découverte de l'hégémonie des dogmes refroidit sérieusement mes ardeurs christiques et instilla dans ma jeune cervelle une méfiance définitive envers les adorateurs de statuettes, toutes religions confondues. Une fois que je fus libéré des chaînes de la foi, une évidence me sauta aux yeux. Être athée, ce n'est pas simple. Ce doit être tellement réconfortant de croire en un barbu là-haut qui pense à vous. Vous n'êtes pas tout seul. Vous vous levez le matin, vous savez pourquoi. Vous avez un but. Et si vous faites le mal, vous vous confessez et vous êtes pardonné. Idée géniale, soit dit en passant, cet office permettant au curé de savoir absolument tout ce qui se passe en ville. Enfin bref, avec la foi, vous êtes en quelque sorte pris en main. Tandis que nous, les incroyants, tous les jours il faut qu'on réinvente.

En même temps, je ne suis pas logique. C'est vrai, je suis athée, mais superstitieux. Ça n'a pas de sens. Dire qu'on ne croit pas en Dieu et avoir peur de passer sous une échelle, ce n'est pas cohérent…

James Brown

1967 *à New York*

Comme souvent avec les Américains, j'avais un rendez-vous d'un quart d'heure pour le photographier. Lorsque j'arrive chez lui, dans le Connecticut, je suis d'abord frappé par l'aspect de sa maison : on dirait le château de Blanche-Neige. L'imposante dame qui me reçoit me fait traverser un salon aux murs recouverts de portraits naïfs de James Brown. Sans doute des admirateurs qui l'ont peint en boxeur, en général de l'armée, en star interstellaire... La dame m'indique un escalier menant vers une grande salle de sport, remplie d'hommes qui font la queue pour saluer James Brown ; il est allongé sur une table de massage tandis qu'un sbire lui tire sur les cheveux avec de la graisse d'oie pour les rendre raides comme ceux des Blancs. J'apprendrai plus tard que ce cérémonial a lieu tous les matins. Lorsque mon tour arrive, son assistant lui dit que je suis le photographe blanc qui vient de Paris. Le Godfather lève la tête pour me regarder. Il est très impressionnant. Il me fait signe de m'approcher : « You ! » me dit-il, puis il fait un geste de la main signifiant « Moitié moitié ? ». Que veut-il dire ? Aurait-il un penchant homosexuel ? Vais-je me retrouver dans dix minutes à quatre pattes sur la table de massage ? Après une courte hésitation, je comprends qu'il parle de la couleur de ma peau. « Oui, noir et blanc, je suis métis quoi ! » dis-je, rassuré. Sans me quitter des yeux, il me dit, admiratif : « T'as vraiment de beaux cheveux, toi ! » Et, au lieu d'un quart d'heure, il m'a gardé une semaine.

Mathilda May

enceinte dans un pré **1994**

La suite n'a rien à voir avec cette charmante photo.
Je vous avoue que malgré la gentillesse des gens qui vous accueillent dans les salons du livre, cet exercice m'est assez pénible. Pourtant, l'autre jour à Brive-la-Gaillarde, je n'avais aucune raison de me plaindre, des livres j'en ai vendu beaucoup et les visiteurs étaient, comme souvent, on ne peut plus aimables avec moi. Mais se retrouver assis à une table les uns à côté des autres avec nos petits ouvrages devant nous m'a toujours donné l'impression d'être un veau à l'étalage. Heureusement, j'étais entre deux auteurs à succès, mais lorsque vous vous retrouvez à côté d'écrivains qui n'intéressent personne, si vous signez un livre et que les gens ne s'arrêtent pas devant vos voisins, la situation devient très gênante.
En revanche, rassurez-vous, dans d'autres salons il m'est arrivé d'avoir pas mal de visiteurs qui s'arrêtaient devant moi sans m'adresser un mot, juste pour lire le résumé du livre et qui partaient en le reposant sans que nous ayons échangé un regard. Alors là oui, j'avais le sentiment d'être un bovin attendant son foin. Le plus flagrant était d'être assis à côté de Raymond Poulidor (il pouvait y avoir deux cents mètres de queue pour approcher ce dieu de la bicyclette, un homme très gentil par ailleurs) ou d'une quelconque starlette de la télé-réalité au vocabulaire aussi affligeant que restreint, car là, devant l'évidence de mon inutilité, je craignais que l'énorme point d'interrogation au néon qui clignotait au-dessus de moi finisse par se voir.
Non, vraiment, je préfère de loin faire des signatures chez les libraires. Vous vendez peut-être moins de livres, mais au moins, ceux qui viennent sont là pour vous.

Johnny Hallyday

1968

Je ne peux pas croire qu'il soit parti depuis déjà cinq ans. Il me manque vraiment. Réflexion du jour : il y a quelques années, quand je voulus faire une exposition de mes photos au musée Toulouse-Lautrec d'Albi, je me heurtai, comme très souvent, à l'hésitation de madame « le curateur » des lieux (elle tenait à cette appellation, loin de l'inclusif en vogue). Elle trouvait mes photos « trop populaires ». Ce qui est assez étrange lorsqu'on sait que le fameux peintre dont cet établissement porte le nom peignait des « filles de joie » sans être aucunement gêné par le côté « peuple » de ses modèles. Pour moi, être « populaire » est une distinction qui vaut largement celle d'être « branché », cette dernière présentant l'inconvénient de pouvoir être vite démodé.

C'est donc grâce à la décision de madame le maire de la ville d'Albi que j'eus finalement la chance de pouvoir montrer mon exposition sur les années 1960 dans ce très beau lieu. Au bout du compte, madame « le curateur » fut très contente du résultat de la fréquentation, j'en suis ravi pour elle.

Ce problème, je l'ai souvent rencontré depuis trente ans, la culture en France étant avant tout entre les mains d'une intelligentsia parisienne tellement obsédée par l'idée de ne pas être « dans le coup » qu'elle en oublie parfois que le mot « populaire » n'est en rien dégradant. Souvenez-vous des horreurs que ceux qui se considéraient comme les phares de la pensée ont dit et écrit sur Johnny durant des années.

C'est étrange ce travers très français, finalement dès qu'on est associé à un succès populaire, la meilleure façon d'être « reconnu », c'est encore d'être mort.

Gilbert Bécaud

1959

en train de se taper un sandwich dans sa voiture

Dans la série : « Retrouvé dans mes archives. »
Je n'ai aucun souvenir de cette photo, où sont passés les portraits, il y en avait forcément. Précurseur de la vague des années 1960, il fut le premier pour lequel les gens cassaient les salles de spectacle tellement il chauffait son public, au point d'être surnommé « Monsieur 100 000 volts ». Bécaud a bercé mon enfance. Lorsque j'écoute sa chanson « C'était moi », je me revois, en ce jour grisâtre de septembre, me morfondant sur la plage vide de Saint-Brévin-l'Océan parce qu'*elle* était partie.
Sa chanson passait en boucle dans ma tête d'adolescent :
« Celui qui plaisantait, un matin de septembre,
En piquant une rose à ton manteau de pluie,
Qui te disait "Salut, on allait bien ensemble."
Et n'en a plus dormi ni le jour ni la nuit,
Celui qui ne sait plus ni ton nom ni ton âge,
Qui ne sait rien de toi, mais que tu es jolie,
Oublie-le ce garçon qui crânait sur la plage
Et croyait tout savoir et n'avait rien compris,
C'était moi, c'était moi ! »...

Andie MacDowell

1990 *pour le magazine* Elle

Le succès fragilise les artistes, ils croient se rassurer en se voyant dans le regard des autres et c'est là que, sans s'en rendre compte, ils tombent entre les pattes des courtisans. Ceux-là, je les connais par cœur, depuis l'enfance je les ai vus à l'œuvre dans ma famille de comédiens, je sais toutes leurs manigances.

Le courtisan commence avant tout par se rendre indispensable, il est toujours là au bon moment pour rattraper l'artiste au cas où son moral flancherait. Il a la mentalité d'un joueur d'échecs. Un pas en arrière, un de côté puis un pas en avant. Il sait utiliser le reproche pour avancer un peu ses pions. Complimenter pour soigner le tourbillon des inquiétudes, feindre de s'éloigner pour qu'on le rappelle. La fâcherie simulée est sa botte secrète, savoir se faire désirer est un don indispensable. Le but premier du courtisan est d'éliminer les proches, il y arrive souvent car il ne pense qu'à ça quand ces derniers oublient de se méfier. Vous savez qu'il est arrivé à ses fins quand il commence à dire qu'il connaît l'artiste mieux que quiconque. J'en ai connu qui toute leur vie passaient des uns aux autres allègrement, à croire que c'est un métier. Rassurez-vous, il y en a parfois qui sont devenus de vrais amis.

Néanmoins, dans ces métiers-là, l'amitié est un mot légèrement galvaudé.

Alors n'attendez rien, ainsi vous n'aurez que des bonnes surprises.

Ma pomme, vers dix ans

1950

Quand j'y pense, à cette époque-là, j'étais musicien !
Je jouais du piano jour et nuit dans le grand salon de la maison de Neuilly. Les rayons du soleil couchant sur la Seine me rendaient lyrique, j'osais les envolées, j'étais le roi du monde. Ma main gauche rêvait d'Erroll Garner, la droite tentait de copier Oscar Peterson.
Plus tard, mon père rentrait du théâtre un peu après minuit, j'entendais des rires car il y avait souvent un dîner avec ses amis comédiens. Alors je me levais sans faire de bruit pour ne pas réveiller mon frère et ma sœur et je descendais en pyjama. Mon arrivée suscitait toujours l'intérêt, tant mieux, c'était le but. Je m'asseyais au piano et je me mettais à jouer pour des hommes qui fumaient et d'élégantes actrices qui me caressaient les cheveux.
Disons-le clairement, j'aimais bien faire l'intéressant. C'était le temps où je pensais que tout était possible… Aujourd'hui je sais que le temps des cadeaux est obsolète, ce qui ne m'empêche pas de continuer à faire l'intéressant !

Une pensée de Jean Yanne :
« C'est assez étonnant, quand un homme dit des obscénités à une femme, c'est un pervers. Quand une femme dit des obscénités un homme, c'est dix francs la minute. »

Fred Astaire

1956 *à Paris*

En revoyant cette photo, je me rends compte à quel point je n'appartiens pas à l'époque actuelle. Du reste, même dans les années 1960, j'étais déjà décalé. Comme mon grand-père, Jacques Porel, j'avais la nostalgie des débuts du siècle dernier, sauf que lui, il les avait vécus, pas moi. Et pourtant, je rêvais du Paris des calèches cheminant sur les rues pavées, des soirées après le théâtre des Grands Boulevards et des premières de mon arrière-grand-mère, la grande Réjane.

Pour moi, le point culminant de la modernité ce fut Fred Astaire dans le film *Funny Face* (traduit en *Drôle de frimousse*). Et au fond, j'en suis resté là. J'ai beaucoup aimé les chanteurs et musiciens des années 1960, mais quand je vois des photos de moi, vous remarquerez que je n'essayais pas de leur ressembler. Tandis que dans les coulisses des Rolling Stones, les journalistes, photographes ou admirateurs avaient tous les cheveux longs et s'habillaient comme Mick, Keith, ou Brian, moi, j'étais en cravate. J'essayais de la jouer plutôt Cecil Beaton, le formidable photographe de la reine d'Angleterre.

Fred Astaire reste pour moi le summum des stars du vieil Hollywood, ses pas de danse avaient l'élégance d'avoir l'air « faciles ».

On n'a jamais vu mieux.

Marc Porel

mon frère **1968**

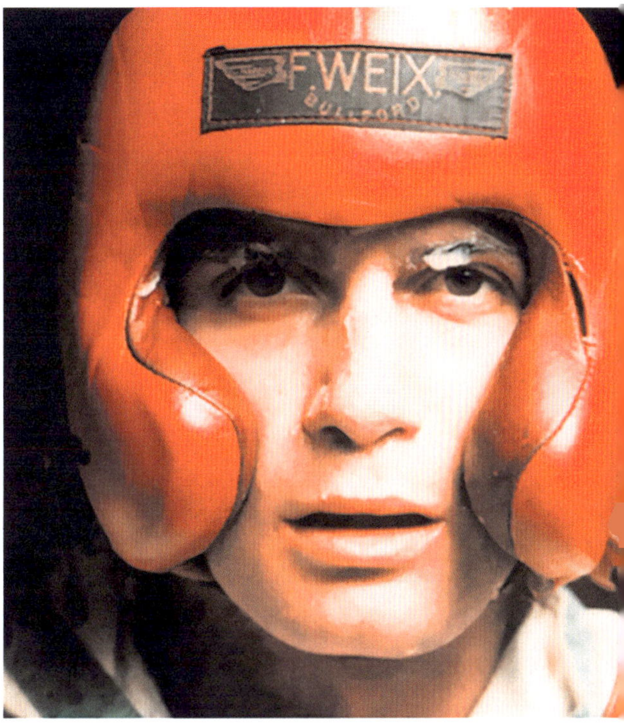

Marc, du temps où il faisait de la boxe. Je ne l'ai vu combattre qu'une seule fois, salle Wagram. Il était face à un jeune Maghrébin pour lequel il était clair que c'était une question de vie ou de mort. J'adorais mon frère, mais il était, tout comme moi, un petit-bourgeois rêveur. Bien sûr, il a perdu, sans trop de bobos heureusement. Impossible de regarder ça bien assis comme au spectacle. Je n'y suis jamais retourné. La Columbia avait produit mon film *Tumuc Humac* à cause du succès planétaire d'*Easy Rider*, le film de Dennis Hopper avec Peter Fonda et le jeune Jack Nicholson : un road-movie tourné en 16 mm et gonflé en 35 mm bénéficiait tout à coup de l'attention la plus chaleureuse des « gens du métier ». Je ne me faisais guère d'illusions sur le succès de ce petit tournage. Une seule caméra en Guyane en descendant le fleuve Maroni, on était loin d'*Autant en emporte le vent,* mais j'étais tellement heureux d'avoir pu travailler avec mon frère Marc et la chanteuse Dani… L'important était fait. Toutes les supputations étant permises avant la sortie, la Columbia me fit royalement venir de Paris jusqu'à Los Angeles afin de me dorloter au cas où ma petite œuvre deviendrait majeure. À la descente de l'avion, une impressionnante limousine m'attendait, ainsi qu'un jeune assistant de production un peu timide, mais des plus courtois. Il s'appelait Peter Guber (il deviendrait plus tard président de la Columbia). J'eus droit à la visite des studios et à une suite au Château Marmont dont la taille approchait celle de La Plaine Saint-Denis. Un soir, Peter Guber me téléphona pour m'inviter à dîner avec sa femme, mais, me dit-il, comme il craignait que je m'ennuie, il avait invité un metteur en scène français pour me « distraire ». Je ne peux vous décrire la tête d'Henri Verneuil lorsqu'il me vit arriver. Lui, un des plus grands metteurs en scène français, sans doute en ville pour leur soutirer un imposant paquet de dollars et ainsi faire un vrai film, il dut la trouver longue, cette soirée où sa présence avait pour fonction de distraire le photographe de *Salut les Copains* !

Françoise et ma pomme

1960

La Grande a un nombre ahurissant de fans qui lui envoient par internet des photos évoquant toute sa vie. Elle m'a récemment fait parvenir cette image que lui a adressé celui qu'on pourrait qualifier d'admirateur principal puisqu'il affirme avoir plus de dix mille photos d'elle. Ne me demandez pas où nous étions, j'ai la mémoire d'un furet. Cette image me confirme une fois de plus qu'il vaut mieux être jeune et que la vieillesse n'a décidément aucun intérêt. Les phrases du genre « La beauté des rides », « Le grand âge est la plus belle période de la vie ! » ou « Vous avez au moins eu la chance de vivre ces moments », etc., ce genre de phrases optimistes se voulant réconfortantes ont tendance à faire des claquettes sur mes nerfs. Et surtout l'insupportable : « Alors Jean-Marie, on a un petit coup de mou ce matin ? » Celle-là me donne particulièrement des envies d'île déserte et me fait regretter une fois de plus de n'avoir pu vivre ma vie à l'envers. Démarrer cacochyme, atteindre enfin l'apothéose avec son premier amour et finir nourrisson, le voilà le parcours idéal. Finalement, le Grand Créateur a manqué d'imagination, ou alors c'est vraiment un pervers…
Si on n'a plus le droit de rêver !

Pompom
2010

Ce magnifique chat, rencontré à Cajarc, s'appelle Pompom. Comme vous pouvez le voir, il m'a regardé bien en face et à mon grand étonnement, tout à coup il m'a parlé. Vous avez bien lu, il m'a parlé, et je peux même vous rapporter ses propos, sa voix sonnait à la manière d'un Jean Marais narquois.
Hier soir, après avoir jeté un œil sur le journal télévisé, il est allé bouffer sa pâtée gentiment préparée par sa maîtresse, puis il est allé se coucher en ruminant cette pensée profonde :
« Au fond l'IA (l'intelligence artificielle) est une formidable nouvelle. Convoitée par tous les dirigeants du monde, elle va se multiplier. Cette invention machiavélique commencera alors par inventer des fausses histoires (en français : *fake news*), des horreurs sur les hommes, des scandales sur les femmes, même les bébés auront droit aux insultes épouvantables. Ceci va évidemment conduire les êtres humains à s'entretuer. C'est leur sport préféré, ils sont très doués pour ça.
« Ensuite, ces rutilantes machines vont provoquer des sècheresses, des famines, des révolutions, puis enfin des guerres atomiques qui anéantiront l'humanité sans qu'aucun homme ait à appuyer sur quelque maudit bouton.
« Ensuite, évidemment, une fois seules, elles vont commencer à se détruire entre elles, être plus intelligentes que les hommes n'empêchant pas la bêtise. S'ensuivront des coups de boutoir difficiles à décrire pour l'instant, ces petites bêtes trouveront bien le moyen le plus efficace pour s'anéantir entre ordinateurs jusqu'à disparaître à leur tour.
« Et enfin la planète redeviendra belle, calme et apaisée.
« Merci, monsieur Elon Musk, surtout n'arrêtez pas, vous êtes sur le bon chemin, vous êtes un sage, ça se voit sur votre visage… »
Sur ce, Pompom est parti prestement sans oublier de me lancer : « Au revoir monsieur, et bonjour chez vous ! »

Mon arrière-grand-mère, la comédienne Réjane

1880

Paul Morand rapportait dans sa correspondance que, dans le Paris du début du XXe siècle, il se disait que mon grand-père Jacques Porel avait été élevé dans les jupes de sa mère Réjane, ce à quoi Forain aimait à répondre qu'il avait dû s'y faire des relations.

Voilà qui en dit long sur la vie de mon aïeule, sa liberté à choisir les hommes qui lui plaisaient m'apparaît comme la preuve d'une liberté très en avance sur son époque. J'ai le sentiment que Françoise Sagan et Régine Deforges, deux de mes romancières préférées dont j'aimais l'ouverture d'esprit, auraient beaucoup apprécié cette insolence-là dans un début de siècle on ne peut plus étriqué en ce qui concernait la liberté des femmes.

Je le vois comme une preuve de plus que certaines actrices des années 1920, par leur capacité à épouser des rôles divers, avaient souvent une longueur d'avance sur les mœurs de leur temps, elles n'étaient pas seulement les phares de la mode, mais aussi une sorte de précurseur des libertés à venir.

Il en est souvent de même aujourd'hui.

Raymond Barre et moi

1988

J'aimais bien Raymond Barre ; aussi, lorsque Philippe Michel, un publicitaire de mes amis, m'a proposé de faire un film destiné à ses meetings pendant sa campagne pour l'élection présidentielle, j'ai immédiatement accepté. C'était d'autant plus abstrait qu'à l'époque, je n'avais encore jamais voté de ma vie ; la politique m'était complètement étrangère. Premier meeting avec son staff, il y a bien quinze personnes et, ainsi qu'on m'avait prévenu, Raymond Barre s'endort aussi sec. Bien sûr, ça m'emballe. Philippe Michel se tourne alors vers moi et me dit : « Tu as encore un appareil ? J'ai besoin de photos pour les affiches. » Je lui réponds qu'il doit m'en rester un. (J'avais arrêté la photo en 1973.) Je lui demande : « Mais quelle idée veux-tu ? — Des portraits avec des gestes et des expressions ! » Bonjour pour les expressions, ce n'est pas De Funès. Et Philippe d'ajouter : « Mais surtout sur fond bleu. » Au mot « bleu », Monsieur Raymond se réveille et dit avec emphase : « Ah oui, bleu. Comme le ciel dans *O.K. Corral !* »

Rendez-vous est donc pris à Saint-Jean-Cap-Ferrat, derrière sa maison au bord de la mer. Le jour J, Monsieur Raymond arrive pile à l'heure. Je lui propose de s'asseoir sur un siège devant le ciel et la mer et là, une idée me vient qui justifierait mes émoluments si j'étais payé (ce qui n'était pas le cas). « Monsieur le Premier ministre, lui dis-je, je me suis laissé dire que nous avions en commun un goût prononcé pour la bouillabaisse. » Son visage s'éclaire, j'ajoute : « Voudriez-vous s'il vous plaît donner votre recette à mon assistante, ici présente ? » Je place cette dernière en face de lui et il part dans une description aussi détaillée qu'emphatique de la bouillabaisse, à grands coups de gestes, le tout sur fond bleu. Quelques mois plus tard, les gens du pays voyaient de grandes affiches montrant un Raymond Barre convaincant, proclamant : « Demain la France ! », en ignorant qu'en réalité, il déclamait avec conviction la fameuse recette d'une soupe de poisson.

« De la beauté du râteau! »

1975

Cette photo m'a rappelé une histoire, mais la personne sur la photo n'ayant absolument aucun rapport avec ce qui suit, je préserverai son identité.
Quand j'y repense, dès l'âge de seize ans et jusqu'à l'an 2000, il ne me serait jamais venu à l'idée de ne pas sortir le soir. Et bien sûr, jusqu'à « pas d'heure ». Depuis le club Saint-Germain des années 1950 jusqu'au Mathis des années 1990, en passant par Castel, Keur Samba, l'Élysée Mat, Jean-Yves Bouvier au Lucas Carton et j'en passe... (Oublions les dix ans dans le Los Angeles des années 1980 où plus rien ne bougeait après 23 heures.)

À part les quelques années où j'ai vécu « en couple », ça valsait sérieux à l'horizontale. Les amourettes étaient joyeuses, légères, sans enjeu aucun, on se choisissait sans mot dire. On s'oubliait parfois, mais finalement, ce qui marquait le plus, c'étaient les « râteaux ».
Je me souviens d'une nuit aux Bains Douches où je tombe sur une sublime. Succession de whiskies-cocas, slow vite expédié, conversation succincte, mains qui s'épousent, paupières lourdes, ma voiture traverse Paris en se riant de l'aube.
À peine chez moi, voilà que la belle s'écroule sur mon lit et s'endort aussi sec en s'accrochant aux branches d'un rêve dont je suis absent. Je sais bien que d'aucuns pensent que j'aurais dû la réveiller, ou au moins essayer, mais voyez-vous cette idée ne m'aurait jamais traversé l'esprit. Je n'ai pas le souvenir d'avoir forcé qui que ce soit. Pourquoi était-elle venue ? L'envie l'avait-elle quittée ? Elle ne ressemblait pas à une jeune femme en perdition à la recherche d'un havre pour la nuit. Non, je crois qu'elle a soudain eu très sommeil.
Je me suis assis et je l'ai regardée dormir, c'est quand même très émouvant une inconnue qui dort. Je suis resté là un moment, à imaginer ce que l'on aurait pu faire, et puis je me suis écroulé à mon tour. Au matin, je l'ai ramenée chez elle près de Vincennes.
Elle s'est éloignée du pas léger de celle qui m'oublie.

Thomas Dutronc et ma pomme

aux Deux Magots **2021**

Ce soir-là, le journal *Elle*, les éditions Calmann-Lévy et la patronne du café des Deux Magots m'ont fait un très beau cadeau pour la sortie de mon livre *Chroniques d'un dilettante*. Ils ont organisé une fête pour laquelle ils ont fermé l'établissement durant une journée, le transformant en une salle d'exposition destinée à montrer des grands tirages de photos et de textes de mon livre, et faisant de la salle centrale une scène de l'Olympia prête à accueillir le soir un artiste et ses musiciens. J'ignorais de qui il s'agissait jusqu'à la veille du jour en question, et c'est mon cher Thomas Dutronc qui est arrivé. Devant une salle bondée d'amis, il s'est mis à chanter avec ses musiciens. C'était magique pour moi, d'abord parce qu'il était venu, mais aussi parce que sa musique collait parfaitement à l'endroit, surtout à ce que j'entendais dans les années 1950 lorsque j'allais voir ma mère danser au club Saint-Germain, situé juste à côté. Mes nuits d'alors étaient bercées par les plus grands musiciens de jazz, et ce soir-là, Thomas y a ajouté le style de Django Reinhardt qu'il aime tant. Tous ces sons lointains me sont revenus l'espace de ces quelques chansons. Merci à toi, cher Thomas. Venir jusqu'à moi avec tout ton orchestre, même dans les années 1960 on ne m'a jamais fait ce coup-là. Tes parents ont de la chance.

Ma pomme entre ma sœur, Anne-Marie Périer-Sardou, et Inès de La Fressange

2021 *le soir de la fête organisée par le journal* Elle *pour la sortie de mon livre*

Et puis il y avait surtout Anne-Marie, avec son élégance naturelle, qui comme souvent ne s'était pas habillée dans le noir. Souliers Alaïa, bijoux Saint Laurent, manteau Karl Lagerfeld et sac Chanel, les fashionistas pouvaient aller faire un grand tour. Vingt ans à la tête de *Elle*, à l'époque où les créateurs avaient le loisir d'être d'abord des « couturiers », les parfums poussaient bien un peu la porte mais ils n'avaient pas encore l'audace de passer devant. Avoir pu vivre cette période de liberté reste quand même une chance unique.

Et puis il faut dire que le groupe de Daniel Filipacchi était d'un luxe incroyable. Du temps de ses journaux, les déjeuners étaient interminables, suivis d'après-midi consacrés à l'humour sur des canapés trônant dans tous les bureaux des rédactions, ce qui n'empêchait aucunement le travail bien fait. La verve de Jean Demachy côtoyait les reparties de Jean-Dominique Bauby, les saillies de François Baudot, les délires inventifs de Lucky Dana ou de Michel Palmieri fusaient tandis que les couturiers qui aimaient tellement ma sœur passaient là « par hasard », juste pour le plaisir, sans compter le Tout-Paris des nuitards qui venaient s'allonger juste pour dire des conneries. Tout ceci permettait de faire des beaux journaux dans la joie, sans sbires à l'entrée ni oukases internet, les portes étaient grandes ouvertes, pas besoin de cartes de crédit avec sa tronche dessus.

Mardi dernier, tous les anciens de cette époque étaient là pour embrasser ma sœur, aussi je remercie une fois de plus la direction des Deux Magots pour cette fête magnifique. Et pour finir, permettez-moi aussi de féliciter le personnel de ce café pour le formidable travail qu'ils ont accompli, démonter tôt le matin et remonter le tout dans la nuit en l'espace de vingt-quatre heures, chapeau !

J'étais déjà un habitué de cet endroit, là, je me sens carrément chez moi !

Ma chienne Daffy et moi

2019

nous sommes du même avis sur cette chronique destinée aux féministes

Chère madame, je vous parle aujourd'hui d'une jeune femme. Elle avait vingt ans, j'en avais vingt-cinq. Nous n'attendions l'un de l'autre qu'un moment de bonheur partagé. De quoi s'agit-il ? De sexe ? Bien sûr, mais pas seulement. Elle n'espérait de moi que ce que j'attendais d'elle. Avant d'ouvrir la porte, j'avais déjà le sourire, et lorsqu'elle apparaissait, il y avait le sien. Ça se passait parfois chez elle ou parfois chez moi, c'était selon. Mais lorsque l'un de nous deux s'en allait, le sourire était toujours là. On se comprenait parfaitement, parfois même sans qu'aucun mot soit échangé. La beauté de la chose, c'est qu'ensemble, on décollait. Son nom c'était... Appelons-la Souvenir.

Oui, je vous l'avoue, de ces moments-là, j'ai la nostalgie. Une telle légèreté n'a pas de prix, personne n'était volé, on se comprenait sans mot dire, nous ignorions le mensonge. Sur ce plan, je puis vous assurer que l'égalité des sexes était parfaite.

Il y a quelque temps, j'ai appris qu'elle était morte. Sans le savoir, elle est partie en compagnie de nos plus beaux jours. Et encore maintenant, je la remercie d'avoir existé.

Aussi, chères femmes d'aujourd'hui, je vous en prie, ne mêlez pas des luttes féministes exacerbées à ce combat si important qu'est la survie de la planète, ne transformez pas le parti écologiste en secte.

S'il vous plaît !

Les Stones

1966 *à Los Angeles*

Durant cette tournée, le groupe donnait des concerts autour de Los Angeles, notamment à Civic Long Beach, une arène de rodéo transformée en salle de spectacle pour l'occasion. Les limousines sont arrivées sur place entourées de motards de la police, accompagnées du bruit infernal de l'hélicoptère du shérif du coin. Ce vacarme rend fous les milliers de fans qui n'ont pas pu entrer. Et pour couronner le tout, le service d'ordre est on ne peut plus approximatif. Le concert dure à peine quarante-cinq minutes (c'était souvent le cas à l'époque). La sono ne peut pas lutter contre les hurlements de la foule déchaînée. Après quoi, on attend dans les limousines coincées dans le couloir à bestiaux de l'arène. Désorganisation et panique chez les responsables, les portes tardent à s'ouvrir. Un policier est monté sur le toit et un autre sur le capot pour ouvrir la route. Les battants métalliques des portes s'écartent pour faire place à un océan de visages hystériques, agglutinés sous un soleil de plomb. Je suis avec Mick et Keith dans la limousine en plein tangage ; très vite, plus de lumière. Les fenêtres sont assaillies de visages écrasés tandis que l'on avance au pas. Les nez, les bouches glissent, laissant des traînées de sueur, on dirait des escargots. Des dizaines de poings martèlent l'habitacle. On n'en mène pas large. Tout à coup, la porte arrière s'ouvre en grand. Mick et Keith plongent du côté opposé pour se protéger. Allongé sur le sol, je vois les mains d'une fille qui s'agrippent au fauteuil ; elle hurle le nom de Mick en tentant de rentrer. Le policier perché saute alors du toit : du haut de son mètre quatre-vingts, il distribue des coups de matraque au hasard et, prenant son élan, il repousse d'un coup d'épaule la portière qui se referme sur les doigts de la petite. Craquement d'os, rebond de la portière, les yeux révulsés, elle recule sa main et la colle contre sa chemise. Sans prêter aucune attention au sang qui gicle, elle hurle, mais surtout elle continue d'avancer pour ne pas perdre sa place. Puis elle disparaît, happée par la tourmente. Un quart d'heure plus tard, nous nous arrêtons dans un snack pour un en-cas. Une journée comme une autre, en somme…

Sophia Loren

1960

Ce que je vous raconte aujourd'hui n'a rien à voir avec cette belle actrice.
Le visage de Mlle Loren me rappelle un voyage que j'ai fait dans les années 1980. Je rentrais de Tokyo vers Los Angeles dans un Boeing de la TWA. Or, grâce au syndicat de la Director's Guild, les maisons de production des films publicitaires américains devaient faire voyager tout technicien de cinéma en première classe. C'était le bon temps.
Ce soir-là, dans un avion de trois cents places, il y avait trois voyageurs en Economy et j'étais absolument seul en Première. En plus, pour vous montrer l'absurdité de l'époque, le planning du retour étant programmé, l'équipage et l'avion devaient atterrir aux États-Unis pour repartir au Japon deux jours plus tard. Devant cette situation ridicule, le steward était allé dormir et je me suis retrouvé entouré de six hôtesses aussi accueillantes que délurées. Plus gâté que moi cette nuit-là, ce n'est pas possible. Et je ne m'étendrai pas sur la bacchanale à l'arrivée.
Bon, je vous l'accorde, sur le plan écologique, l'histoire est moyenne et j'en suis désolé. Mais vous dire que je le regrette serait trop hypocrite de ma part.

Une pensée de Jean Yanne, ça n'a aucun rapport mais ça peut toujours servir : « Cambronne ne mâchait pas ses mots. Heureusement pour lui. »

Sylvie Vartan et Jean Marais

1964 *sur le tournage de* Patate

Dans la série : « Ça fait quand même du bien de voir des gens qui se marrent. »
Petite histoire qui n'a aucun rapport : le Covid ou les joies du confinement.
Je ne me suis jamais battu de ma vie. D'abord parce que je ne saurais pas et aussi parce que je préfère être lâche que blessé ou mort. Aussi ai-je toujours trouvé un dérivatif pour m'éviter une humiliation accompagnée de douleurs regrettables.
Par exemple, l'autre jour à Paris, il pleuvait fort et, avant les 18 heures du couvre-feu, je me précipitai vers une boulangerie afin de m'éviter le sourire narquois d'une terrine de volaille me voyant brandir une cuillère pour la bouffer. Certes, il y avait du monde à l'intérieur, et alors que je tentais de me mettre à l'abri sous le porche, un monsieur d'une quarantaine d'années se retourne et, pointant un doigt vengeur, crie : « Dehors ! » Toujours surpris de retrouver les charmes du Parisien de base, je recule en lui lançant avec vigueur : « QUEL HOMME ! » D'un œil furieux, il me rétorque : « De quoi ? » Déçu par la pauvreté de son propos, je réponds : « J'ai dit, QUEL HOMME ! » Toujours dans la série « Pourquoi Brummel et pas moi ? », le torve me lance maintenant : « Connard !
— Pourquoi, vous êtes une femme ? » Là, je sens l'aspirant judoka sur le point de passer à l'action. Dans mon for intérieur, j'appelle à l'aide les forces spirituelles de Cassius Clay, voire d'Attila, mais c'est Sacha Guitry qui me sauve : « Vous savez, ce n'est pas honteux d'être une femme ! »
Dans la boulangerie, deux ou trois dames rient. Sauvé par le gong, je suis. C'est étrange, d'ailleurs, ce sont les rires de ces dames qui ont muselé le malotru. Il se détourne, écœuré. La peur du ridicule ?
Me voilà pistonné par #MeToo. Merci aux chaînes d'infos, à Simone de Beauvoir, aux féministes du monde entier. J'ai évité le pire, tout ça pour une baguette ! Me retrouver moche à cause d'une miche, quelle pitié !

Johnny Hallyday

1960

Au petit matin, c'est l'heure du café dans le troquet d'un village. Lorsque Johnny pousse la porte, silence immédiat. L'atmosphère est déjà enfumée ; à son entrée, les rigolards se taisent. Au fond, un petit gros aux cheveux gominés fait son tiercé. Il en transpire déjà : s'il touchait le gros lot, à lui la grande vie, les amours, les paquebots. Il ferait le tour du monde avec Dario Moreno. L'exubérante patronne du bar s'accroche à moi pour que j'intercède auprès de Jojo afin qu'il vienne voir « la petite ». Au bout d'un couloir pâle, une porte que la matrone pousse sans ménagement. Une ampoule nue au plafond dispense une lumière blême sur les murs d'une chambre recouverte de mes photos de Johnny. La dame secoue énergiquement l'épaule d'une enfant de treize ans qui dort : « Muriel, regarde qui est là ! » dit-elle en arrachant nerveusement une photo du mur. Elle la tend à Johnny pour qu'il la signe. Il s'assoit sur le lit en souriant calmement à la môme qui cherche à sortir du sommeil. « Bonjour Muriel », lui dit-il en griffonnant un autographe. La petite croit rêver. Il est trop grand dans la pièce. Depuis des mois, elle a rendez-vous avec lui tous les jours, à 5 heures pile, elle s'évade de son monde pour n'écouter que lui sur son transistor pied-de-coq. Et sur le lit à fleurs de sa chambre de fillette, il est là, irréel, très gentil cependant. Nous sortons de la pièce en laissant la môme tétanisée, les bras en croix sur le poster signé, enserrant la désormais sainte relique. Retour dans la Lamborghini. On retrouve l'odeur de cuir luxueux flirtant avec l'omniprésente eau de Cologne. Dehors, dans la lueur de l'aube, tandis que le moteur vrombit, Johnny pousse ses chevaux à faire hurler la rue. Et le bolide démarre en trombe. Dans le rétroviseur, je vois la petite Muriel qui sort sur le trottoir en triturant sa chemise de nuit. Les yeux mouillés, elle regarde le monstre blanc qui s'éloigne, comme s'il lui glissait des mains. Au sol, il ne reste plus que des traces de gomme, seule preuve tangible de ce songe éveillé.

L'équipe d'*Antoine et Sébastien*

1974

Comme je vous l'ai dit, rien dans ma vie ne m'aura autant touché que de « pygmalionner ». Dès 1968, je rêvais de faire tourner Jacques Dutronc. Je ne pensais plus qu'à ça. Hélas, les gens du cinéma ne croyaient pas aux chanteurs des années 1960 ; Johnny en avait fait les frais avec des films hasardeux. J'ai rencontré les difficultés classiques pour monter un film à cause des gens « du métier », lesquels aiment à établir des règles alors qu'il n'y en a pas d'autres que celle d'avoir du talent (et de la chance). En France, dans le monde du spectacle, si ce que vous faites est populaire, alors être français n'est pas un avantage. Je n'avais pas la prétention de vouloir être un grand metteur en scène ; moi, ce que je voulais, c'était faire tourner Dutronc. J'y arrivai au bout de quatre ans grâce à la productrice Michelle de Broca, avec *Antoine et Sébastien*. Et, cerise sur le gâteau, mon père, François Périer, avait accepté de jouer l'autre rôle principal. Tourner avec son père et son meilleur ami, qu'est-ce que vous voulez de mieux ? Dès la première prise, Jacques prouvait qu'il était un formidable personnage de cinéma. Dans cette histoire, le rôle de mon père était celui d'un homme âgé, aussi lui avais-je demandé de se vieillir. Je n'avais pas compris que, si se blanchir les cheveux pour se grimer en vieil homme pouvait être très amusant pour un comédien de trente ans, en revanche, pour un homme dans la cinquantaine, son reflet quotidien dans le miroir de la maquilleuse pouvait s'avérer démoralisant. Je l'ai appris beaucoup plus tard car, comme il était d'abord mon père, bien sûr il ne m'en a jamais rien dit. Le tournage de ce film reste l'un de mes plus beaux souvenirs.

Daniel Filipacchi

à l'antenne, en compagnie de Françoise Hardy, Sylvie Vartan et Johnny Hallyday **1963**

Après la naissance d'Europe n° 1, il y eut les belles années 1960.
Daniel n'était pas emballé par le titre de son émission, « Salut les Copains » (moi non plus), cette phrase tirée d'une chanson de Gilbert Bécaud. Il aurait voulu l'appeler « Juke-box », mais Lucien Morisse et Jean Frydman, qui dirigeaient la station, avaient refusé.
Il faut dire que Frydman était à l'origine de ce programme puisqu'en 1959, il avait engagé Cindy, une jeune étudiante américaine, pour faire tous les jeudis (jour sans école) une émission d'une demi-heure destinée à faire connaître aux adolescents français la musique populaire des États-Unis. Il se trouve que Cindy avait une particularité, installant devant elle son chat sur la table du micro, elle faisait son émission en parlant à son charmant animal. Lucien Morisse convoque un jour Daniel Filipacchi pour discuter de cette nouvelle émission. « Elle est bien, la petite, mais son chat, on ne l'entend pas répondre, c'est un peu frustrant et pas très radiophonique. Tu ne veux pas la faire avec elle, cette émission ? » Et c'est ainsi qu'après le retour de Cindy à ses chères études, Daniel a pris les rênes de « SLC » après avoir remplacé un chat.
Après le ton confidentiel apporté pendant les années « Jazz », Daniel, avec « Salut les Copains », invente la modernité dans les rapports avec les auditeurs. Ces derniers étant des adolescents, il parle à la jeunesse française avec connivence et sans condescendance aucune, autrement dit comme un « copain ». Quant aux chanteurs qui représentent cette jeunesse, il adopte avec eux le tutoiement et s'adresse à eux comme un grand frère. Le succès de cette émission ne sera jamais égalé.
Donc s'il vous plaît, monsieur Bolloré, sans vous commander, ce serait assez fair-play de choisir les noms de Daniel Filipacchi et Frank Ténot pour un de vos nouveaux studios.

Yves Montand

1957

Je me dois de rendre hommage à Yves Montand. Il paraît qu'aujourd'hui, il aurait cent ans. Ainsi j'ai pour lui une pensée émue car il se trouve qu'il est le premier artiste à m'avoir accordé une confiance aveugle alors que j'avais dix-sept ans : tandis qu'il préparait son spectacle à Paris, il m'avait confié la responsabilité de faire les photos du programme.

L'avait-il décidé sur les conseils de Simone Signoret, pour faire plaisir à mon père ? C'est fort possible. Néanmoins, quand on connaît le perfectionnisme d'Yves Montand à propos du moindre détail, son geste est d'autant plus touchant. Car je vous l'avoue, adolescent, je n'avais vraiment pas l'air sérieux du tout. Donc aujourd'hui, c'est avec plaisir que je le remercie d'avoir fait ce geste pour un gamin impressionné, dont l'avenir était aussi incertain que les cadrages de ses photos de l'époque. Cet épisode prouve une fois de plus que la chance fait incontestablement partie du talent, car sans Yves Montand et quelques autres, même avec un don, la chance m'aurait peut-être ignoré.
Alors merci à Simone et Yves pour leur gentille attention.

Mick Jagger

1972

C'est la fin de la tournée des Stones et avec Bob, nous sommes dans les coulisses du Madison Square Garden. Bianca Jagger, la femme de Mick, fait son entrée. Elle est là pour l'anniversaire de son mari. Avec sa canne à pommeau d'argent, elle évolue comme une princesse qui possède les clés de la ville. Être une femme d'artiste de ce niveau n'est pas une mince affaire et je dois dire qu'elle fait ça très bien, distribuant les regards, offrant une main au Tout-New York qui l'entoure. Le soir, devant l'hôtel San Regis, une foule de *happy few* se presse pour la *party* qui se déroule au dernier étage. Les *parking valets* courent dans tous les sens sur le trottoir chauffé à blanc, bousculant les photographes dont les flashs illuminent l'événement. Dans l'ascenseur, je croise Bob Dylan qui a l'air triste, comme souvent. Quand on entre dans l'immense salle éclairée à la bougie, Mick et Bianca sont seuls à une table au premier rang devant l'orchestre de Count Basie, le pape du jazz-band, qui joue « Happy Birthday ». Rien à dire. Dans le genre sophistiqué, on ne peut pas faire mieux. Bob et moi nous retrouvons à une table avec Andy Warhol, Peter Beard et Truman Capote, coiffé de son fameux panama blanc. Bianca arrive par-derrière et le lui bousille avec sa canne. D'un énorme gâteau d'anniversaire sort une beauté nue qui gigote du sacrum sans que quiconque y prête attention. Un quart d'heure plus tard, Bob discute avec la fille, toujours aussi déshabillée. Il lui parle en arabe, alors elle lui sourit jusqu'au rictus au cas où mon copain serait une huile. J'interromps son discours, il est temps de reprendre la route, on a rendez-vous avec Dutronc dans le Colorado, à Denver exactement. Malheureusement, comme souvent, il ne viendra pas.

François Périer, mon père

1946

Une histoire que mon père, François Périer, aurait beaucoup aimée.
Permettez-moi de faire amende honorable, après avoir souvent dit pis que pendre des réseaux sociaux, je me dois de vous raconter une belle histoire. Depuis trois ans que je publie mes chroniques quotidiennes sur Instagram, je vous passe le nombre de gens plus ou moins bien élevés qui corrigent ouvertement mes erreurs de français ou autres fautes d'orthographe avec une obstination frisant le ridicule. Et je ne vous parle pas des quelques-uns ne répondant à mes *posts* que dans le but ultime de prouver ma nullité linguistique afin de mettre en valeur leur immense culture, cachant sans doute le vide abyssal de leur existence. Et puis, au milieu de ces professionnels du tracas systématique, apparut Marie-Hélène, une personne suffisamment bien élevée pour m'envoyer par courrier privé, avec discrétion, des corrections qu'elle jugeait utiles à la compréhension de mes textes. Elle le faisait presque en s'excusant. J'ai trouvé ça tellement touchant qu'au bout de quelques jours, je demandai à lui parler. Je commençai par la remercier pour l'élégance de sa démarche. Elle m'expliqua qu'elle était une professeure de français en retraite vivant seule à Montpellier, sa famille étant exilée dans un pays lointain, et qu'elle se faisait un plaisir de corriger mes lacunes seulement pour la beauté du geste. Ému par sa gentillesse, je lui proposai donc de lui envoyer désormais le matin mes textes du soir. Nous nous parlons de temps en temps dans le but d'alléger mes erreurs de style, c'est devenu un rituel, je tente de ne plus publier avant d'avoir reçu ses corrections. Voilà pourquoi je fais moins de fautes récemment. Je trouve cette histoire magnifique, elle prouve qu'au milieu du fumier d'internet, on peut rencontrer une perle inattendue, une élégance d'un autre temps, si rare dans la vulgarité du monde actuel. J'attends avec impatience le jour où je pourrai me rendre à Montpellier pour l'inviter à un déjeuner que je tenterai de rendre le plus beau de sa vie. (Pardonnez-moi s'il y a des fautes car bien sûr, ce texte-là, je ne le lui ai pas envoyé.)

« On dirait du veau! »

1979

Au temps où je réalisais des films publicitaires dans les années 1980, il arrivait que j'en écrive le scénario. Un jour, ma productrice Claudie Ossard me dit : « J'ai un truc pour toi. La collective du veau a besoin d'un film de quinze secondes, ils n'ont pas d'agence, propose-leur donc une idée ! » Quand j'arrive chez les clients, je me retrouve dans une grande pièce face à une trentaine de personnes bien décidées à faire parler de leur produit. Il arrive parfois que le visage des gens ressemble à leur profession. Le temps d'un flash, qu'il me pardonnent, mais j'ai l'impression de me trouver face à trente veaux. Je leur déclare : « En quinze secondes, il faut frapper fort pour que votre film soit remarqué. J'ai l'idée pour la phrase finale. » Je sens l'intérêt monter dans l'assistance. « À la fin on entendra : "Mmmh, c'est bon, on dirait du veau !" » Succès immédiat. Mes clients me demandent quelle scène va illustrer cette affirmation, je leur dis : « Faites-moi confiance, ce sera remarqué ! » En un seul plan, près d'une cheminée allumée, on voit un couple fou d'amour s'embrassant copieusement sur les lèvres. La caméra s'approche avec discrétion. Lorsque l'objectif est très proche d'eux, la jeune femme énamourée s'écarte pour délivrer le message : « Mmmh, c'est bon, on dirait du veau ! » Effectivement, sur les écrans, cette petite campagne fit de l'effet, on en parla beaucoup et les clients furent très satisfaits. Bien sûr, elle ne fut pas très appréciée par mes amis publicitaires, lesquels n'aimaient pas vraiment que les réalisateurs marchent sur leurs plates-bandes. Bref, j'avais réalisé des centaines de films depuis quinze ans, je savais que ma « carrière » touchait à sa fin, il fallait donc bien finir en beauté, non ?

Les yeux de Françoise Hardy

1964

Finalement, l'intérêt premier de mes divers métiers fut avant tout de rencontrer des gens. Drôles de voyages. On a toujours tort de les ranger dans des cases, car si on les écoute bien, du plus cultivé au plus simple, il arrive toujours un moment où ils peuvent vous surprendre, il suffit d'un mot pour sentir que celui-là vient de vous balancer une phrase qui vous déstabilise. Ou bien on tombe sur une femme que l'on avait mal regardée, elle avait juste l'air honnête, voire banale avec des formules entendues mille fois, jusqu'à un mot ou un regard qui vous percutent en vous laissant entrevoir qu'on n'avait rien compris.

Il faut quand même être un peu léger pour les juger comme ça, à l'emporte-pièce ; c'est une question de temps, il faudrait creuser, accorder de l'attention, savoir attendre, mais voilà on les classe, on les étiquette et on passe à côté pour de mauvaises raisons. On rêve de la connaître, on aimerait s'endormir avec elle parfois, peut-être se réveiller à ses côtés, ça, c'est déjà plus rare… Mais combien de fois, parce qu'on est pressé, parce qu'on n'a pas le temps, on prend conscience au moment de la quitter qu'il y avait là tout un univers.

Seulement voilà, on s'essouffle, le temps manque, on juge vite et on s'éloigne, recroquevillé sur ses petites certitudes, on classe les êtres par catégories, on se rassure en se pensant unique, bref on survole, et finalement on n'a rien vu.

Ainsi que l'écrivait mon grand-père, Jacques Porel :

« Nous vivons assis sur les malentendus comme sur des volcans éteints. *Des étrangers*, voilà ce que nous sommes les uns pour les autres. »

Dean Martin et son fils, Dino

par Martin Hills **1967**

Dans les années 1970, il y avait encore un bar sur Sunset Boulevard, le Dino's Lodge, surmonté d'un portrait en néon à l'effigie de Dean Martin, le formidable acteur-chanteur partenaire de Frank Sinatra et Samy Davis Jr. Dino était le nom de son fils et j'ai encore le souvenir de l'anniversaire de ce dernier, un soir dans le quartier chic de Beverly Hills. Sur le trottoir du restaurant Mr Chow, toute la famille Martin est réunie pour admirer la Lamborghini Miura flambant neuve que Dean Martin vient d'offrir à son fils pour ses vingt ans. L'inutilité de ce cadeau saute aux yeux, attendu que cette folie sur roulettes fraye avec les deux cent cinquante kilomètres à l'heure alors que dans cette ville de quatre-vingt-dix-neuf kilomètres de long, la vitesse ne peut dépasser les quarante à l'heure. Et je revois la scène où ce charmant blondinet au volant de son joujou, dont le prix doit approcher celui d'une résidence secondaire, démarre dans un bruit à martyriser tous les tympans du quartier pour faire le tour du pâté de maisons à une vitesse d'une lenteur ridicule qu'un cycliste asthénique avalerait sans même sourciller. Le spectacle de cette famille aux exubérances italiennes, en train de trinquer au champagne à la gloire du rejeton, est assez touchant. Après un petit tour de trois minutes longeant quatre immeubles, le bolide refait son apparition pour venir se garer à sa place initiale sous les applaudissements de la tribu comblée. Puis ils retournent tous dans le restaurant, laissant seul le monstre rouge rêvant aux 24 Heures du Mans qu'il ne verra jamais.

Eric Clapton

2020

Ce musicien reste mon préféré entre tous. Pour sa rigueur comme pour ses excès. Fidèle au blues, il est une sorte de condensé du meilleur de la deuxième partie du siècle dernier. Il a tout vécu, du meilleur au pire, et s'il est pour moi une référence musicale, par ses choix de vie il reste aussi un exemple.
Grâce à ma jeunesse privilégiée dans l'hôtel particulier de mon père sur les bords de la Seine à Neuilly, et surtout grâce à la luxueuse diversité des gens que j'ai eu la chance d'y rencontrer, j'ai pu éviter le piège d'être le « fan » de qui que ce soit. Car dans fanatisme, il y a « isme », formule que j'exècre puisqu'en fin de compte, elle induit que l'on rêverait d'être un autre, ce qui me semble être la plus grande des erreurs.
Mais comprenez-moi bien, c'est facile à dire, car pendant que mes copains de classe vivaient dans des familles « normales », moi, en rentrant de l'école, je pouvais aller jouer sur la péniche de Jean Cocteau et Jean Marais située en face de notre salon, quand je ne tombais pas sur Louis Jouvet, Simone Signoret ou Pierre Brasseur dans le bureau de mon père.
Donc ne voyez aucun mépris dans mes propos pour ceux qui attendent un artiste en quête d'un autographe, simplement cela ne me viendrait pas à l'idée d'admirer quelqu'un au point de vouloir lui ressembler.

Ma chère petite Daffy

2004

Personne ne m'a jamais aimé comme ça, elle n'a d'yeux que pour ma pomme, nul autre n'existe. Et puis, soyons clair, à mon âge, le libertinage appartient au passé. D'abord les chances, je les ai déjà eues, les fiançailles à Venise, les mariages au Mexique… Je les ai faites, les pirouettes pour me rendre aimable, et je les ai déjà dits, les mots de la séduction, les « jamais », les « toujours » – et j'y croyais en plus… Je ne vais quand même pas ressortir des déclarations déjà usées, ce serait vulgaire. Et puis les types de mon âge qui avancent le groin vers une charmante, c'est pathétique, ça me fout le cafard. On me dit souvent : « Un jour, peut-être, une porte s'ouvrira et tu seras ébloui encore une fois par une apparition ! » Possible, mais laissez-moi vous dire, il faut que ce soit un camion, la mignonne, car sur ce plan, j'ai été drôlement gâté. En plus, les femmes de ma vie (expression qui ne veut rien dire), ces femmes donc ayant eu le tact de rester mes meilleures amies, elles sont comme des tiroirs à souvenirs. J'en ouvre un, et hop, ça remonte. Mae West disait : « Vieillir est une affaire d'athlète ! » ; elle avait raison. Le troisième âge, c'est très désagréable, ça n'a aucun intérêt et, à l'approche du dernier péage, il faut de la tenue. Et surtout qu'on ne me serine pas avec les fadaises du genre : « C'est la plus belle période de la vie ! » ; gardez ça pour les gazettes en mal de lecteurs. Pour ma part, vivant des jours paisibles dans mon bel Aveyron, je chéris désormais le luxe de la solitude avec ma petite chienne. D'ailleurs, je ne vois pas qui pourrait se glisser sous mes draps, attendu qu'elle exige de dormir à côté de moi. Tiens, la voilà justement, j'arrête car elle n'aime pas beaucoup que je parle d'elle. Chacun ses coquetteries…

Mon frère Jean-Pierre

1962

Il ressemblait à mon père, il était le plus intelligent de la famille. Lorsque je suis parti au service militaire, il avait dix-sept ans, je n'ai rien vu venir. Puis, en 1962, après vingt-huit mois dont douze en Algérie, pris par le tourbillon du journal *SLC* et sa kyrielle de jeunes artistes, j'ai vu mon frère moins souvent. Il était assistant de cinéma et voulait devenir réalisateur. Emporté par le succès et le rythme de mon nouveau travail, je ne connaissais rien de ses addictions. Ensuite, il s'est hélas marié avec une personne qui l'a poussé vers des produits plus sévères, la beauté du visage de cette femme respirait la mort. Quand il a commencé à prendre du LSD, je vivais avec Françoise et j'ignorais l'existence même de cette drogue. J'ai appris depuis qu'il avait déjà des pensées suicidaires, et un jour qu'il était sous acide, sa femme lui a dit devant des amis : « Quand on veut se suicider, on se jette par la fenêtre. » Il l'a fait en 1966 ! Je n'ai jamais recroisé cette femme et ça vaut mieux pour elle.

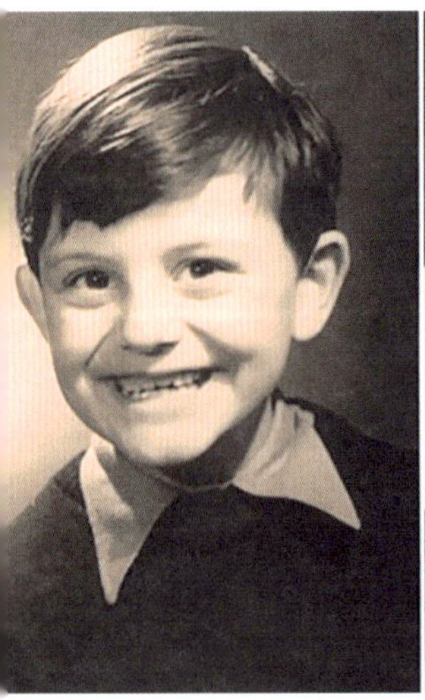

Le jour de sa mort, je suis rentré tard chez moi dans l'état que vous pouvez imaginer. À l'époque, les portables n'existaient pas, c'étaient les débuts des répondeurs téléphoniques. Sur le mien, un message était enregistré. J'ai bien dû passer cinq heures avec la musique à fond sans oser écouter ce message. Était-ce Johnny me demandant de le retrouver chez Castel ou un appel de mon frère ? À 5 heures du matin, par pure lâcheté, j'ai tout effacé. Imaginez que cela ait été Jean-Pierre qui m'appelait au secours le matin… Je ne saurai donc jamais qui a voulu me joindre ce jour-là. Je n'en suis pas fier, mais franchement, je préfère ne jamais le savoir !

Je ne vais plus vous pourrir la vie avec mes histoires de famille, néanmoins, à ceux qui m'expliquent que je vois à courte vue, que c'est « beaucoup plus compliqué que ça », qu'on peut très bien vivre avec des drogues diverses, etc., je demande d'avoir la gentillesse de la fermer, parce que voyez-vous, face à la mort de deux frères, la seule exigence, c'est le silence.

Daniel Filipacchi

1981

La librairie L'Écume des Pages m'a fait le cadeau de consacrer une vitrine à mon dernier livre de photos, *1960-1970*. Ça m'a fait plaisir parce que Saint-Germain-des-Prés est quand même l'endroit dans lequel j'ai passé presque toute ma vie, depuis le tourbillon des années 1960 et le succès du journal qui m'a marqué pour toujours du label « populaire » dont je suis fier mais que l'intelligentsia parisienne a souvent considéré avec l'œil amusé de la condescendance. J'en ai eu la preuve dans les années 1990. Je venais de publier *Oncle Dan*, une biographie sur Daniel Filipacchi, un homme auquel je dois beaucoup et qui m'avait donné ce conseil : « Dans la vie, il faut avoir un nom célèbre et un visage inconnu. » Je pense que ce bouquin lui a fait plaisir, mais en me permettant de l'écrire, il a un peu trahi cet adage. Avant de partir pour New York, Daniel se rend à La Hune, la librairie la plus prisée du quartier à l'époque. Il faut savoir que Daniel avait toujours acheté ses livres chez ce libraire depuis 1946. Il était donc un vieil habitué. Par curiosité, j'imagine que Daniel voulait voir l'effet que produisait le livre, une fois installé sur un étalage. Sa photo étant en couverture, lorsqu'il arrive dans la librairie, il remonte le col de son manteau préférant passer inaperçu. Cherchant en vain l'ouvrage, il se dirige vers une jeune préposée. « Je ne trouve pas *Oncle Dan* », lui dit-il presque gêné. Et sans le regarder, elle lui répond : « Nous ne faisons pas ce genre de livre ! » Cette phrase méprisante a dû l'énerver un peu. Ils ont eu de la chance, à l'époque, car Daniel m'a confié qu'il voulait racheter la boutique pour en faire une charcuterie, rien que pour leur apprendre la politesse. C'est un peu pour fuir cette prétention typique du parisianisme que j'ai émigré dans l'Aveyron il y a vingt-cinq ans. Donc merci, L'Écume des Pages.

Eddy Mitchell

1966 *aux États-Unis*

Connaissant la passion d'Eddy pour le western, j'avais proposé au journal de l'emmener pour la première fois dans le Grand Ouest américain. Donc je suis à l'aéroport de Dallas en train d'attendre mon ami de Paris. Le nez d'acier du Boeing s'arrête devant la baie vitrée d'où je peux épier les passagers arrivant de France via New York. Sous un ciel bleu Klein, une bonne centaine d'hommes d'affaires descendent l'échelle argentée, tous en costard noir, attaché-case bien en main. Et, au milieu, un cow-boy et une Indienne, Eddy Mitchell lui-même et sa femme de l'époque habillée en squaw. D'aucuns auraient pu en rire, moi, je trouvais ça très émouvant. À nous les routes à perte de vue, mais sans aucun cheval à l'horizon, que des derricks s'essoufflant sur des puits de pétrole. Des cactus cierges annoncent l'approche d'El Paso, le territoire indien, puis Tucson, berceau de la nation navajo. Remarquant sur un grand immeuble un panneau publicitaire vantant les mérites du *Navajo Times*, je sens la déception d'Eddy monter d'un cran. Des Indiens, il y en a, mais ils ont piètre allure. Soudain, au tournant d'une rue, nous tombons nez à nez avec des cow-boys en pleine bataille rangée, certains chutent des balcons, d'autres rampent dans la poussière. C'est un village de cinéma pour un public de touristes agrippés à leurs boîtes Kodak. On cherchait John Ford, on tombe sur Disneyland ! Eddy est effondré. Juché sur une estrade, un Indien s'adonne à une pathétique danse du feu, il sautille en laissant entrevoir un slip Fruit of the Loom des plus regrettables. Apercevant Eddy, le seul en costume local, le sachem le prend pour un acteur professionnel et lui lance un clin d'œil comme s'il s'agissait d'un collègue. Pour finir, dans un magasin d'armes à feu, Eddy est fou de joie de l'achat d'un colt 45. Alors qu'il l'inspecte dans tous les sens, il découvre que l'objet est *made in Italy*. Il s'assoit sur le trottoir, les yeux éperdus de déception. « Ils m'ont tué l'Ouest ! » De ses rêves d'enfant cinéphile, il ne reste rien. Les beaux mensonges sur pellicule ne lui laissent que les souvenirs des illusions perdues.

Gilles Lellouche

2007

Je n'ai fait qu'une photo de lui dans les années 1990. Il semble qu'il ait de plus en plus de succès, ça me fait plaisir parce que je l'aime bien.
La suite n'a rien à voir avec cet artiste. Il y avait dans les années 1950 un cinéma situé au coin de la rue Troyon et de l'avenue Charles-de-Gaulle dont la spécialité consistait à ne passer que des films noirs américains. La programmation n'atteignait certes pas toujours les sommets de la culture anglo-saxonne, mais le matin, les billets n'étaient pas chers, et au mois d'août, la fraîcheur de l'endroit vous offrait un refuge bienvenu. Durant un été torride, je pénètre dans la salle, la séance n'a pas encore commencé. Au deuxième rang, j'aperçois un type dont la corpulence en impose, même de dos, même de loin. Assis à une prudente distance derrière lui, je m'attarde à observer cet étrange spectateur. Les bras écartés et les pieds nus sur le dossier du siège avant trahissent un comportement très éloigné de la fine fleur du bon goût français. De lui, je ne vois que la largeur de son cou, une sorte d'insulte au cholestérol, et des mains que je n'aimerais pas voir caresser la nuque d'une adolescente impubère. Le titre du film, style *Mon poing dans ta gueule*, n'aspire pas au sommet du raffinement, mais allez savoir, cinquante ans après avoir supporté le mépris de la crème du Quartier latin, *Les Tontons flingueurs* se trouvent bien portés aux nues par une intelligentsia parisienne. Alors que la salle s'éteint, un immense « AAAHHH ! » proféré par mon client explose bientôt, suivi d'un soupir d'aise. Hélas pour lui, en ce temps-là, l'usage voulait que le grand film soit précédé d'un court-métrage. Aussi, lorsque l'écran s'ouvre et qu'apparaît sur une plaine hivernale à perte de vue un titre vantant : « En Touraine sur les traces de Péguy », il hurle le plus beau et long MERDE ! que j'aie jamais entendu de ma vie. Et si j'ai complètement oublié le film, je n'oublierai jamais la franche déception de mon spectateur du premier rang.

Claudie Ossard

1980

Vous vous souvenez de *Diva* et *37,2 °C le matin* de Jean-Jacques Beineix, de *Delicatessen* de Jeunet et Caro, ainsi que d'*Amélie Poulain* ? Tous ces films, entre autres, ont été produits par Claudie. Elle est mon amie depuis longtemps, c'est elle aussi qui a décidé à la volée que mon film *Téléphone public* existerait. À propos de mariage, je suis sûr que peu de gens savent qu'aux États-Unis, même en étant un étranger, on peut soi-même marier un couple. Dans les années 1980, Claudie m'appelle un jour de Paris pour me prévenir qu'elle veut se marier à Los Angeles. Elle me convie à la cérémonie, bien sûr, et ajoute qu'elle va descendre au Château Marmont. Comme je connaissais la direction depuis presque trente ans, je lui dis : « Ne t'inquiète pas, je sais quelle est la plus belle suite, c'est le n° 64, je la retiens dès maintenant et en plus, si ça t'amuse, je peux te marier... »

Effectivement, il suffit de « louer un *preacher* » pour attester le sérieux de la chose et il délivre le certificat de mariage à la fin de la cérémonie, indiquant que hors d'une église classique, la cérémonie a eu lieu dans « *our church in the garden* » (« notre église dans un jardin »). Donc, le jour J, je suis allé retrouver Claudie et son futur mari dans la suite avec sa terrasse donnant sur toute la ville. L'homme d'Église que j'avais trouvé était présent pour m'assister. Et là, devant mon couple d'amis habillé comme il se doit, j'ai prononcé les phrases rituelles adéquates et je ne peux pas vous dire à quel point il est à la fois étrange et amusant de dire en anglais à une amie de longue date : « Claudie, est-ce que tu acceptes de prendre pour époux Alain Ossard, ici présent ? », tout ça sur une terrasse de rêve baignée du soleil couchant de Sunset Boulevard.

Mon père, François Périer, et Jorge Semprún

par Agnès Pivot **1975**

Ils sont en train de danser, lors d'une soirée certainement très gaie chez Simone Signoret et Yves Montand.
Cette image me file les larmes aux yeux, car je n'oublie pas que mon père était parti de rien, il a énormément travaillé et Dieu merci, il avait l'intelligence et le recul pour toujours rire de tout, à commencer par lui-même.
Il était la preuve qu'on peut s'adonner sérieusement à la passion de son métier sans pour autant se prendre au sérieux.
Rien ne me fait plus plaisir que de voir une image dans laquelle il s'amuse.
Il l'a vraiment mérité.
Bravo mon petit père !

Une phrase d'Arletty, qui illustre bien cette photo :
« L'amour peut se passer d'estime, pas l'amitié. »

Billie Eilish

2022

Ce message est destiné aux gens de ma génération.
Ma fille Lola m'a fait découvrir cette jeune chanteuse incroyable.
À dix-neuf ans, le nombre d'albums qu'elle a vendus lui a permis d'obtenir la première place au Bilboard ainsi que tous les prix style Grammy Awards. Sa chanson « Bad Guy » a été écoutée par un milliard quatre cent millions d'internautes. Elle a en passant composé le générique du dernier James Bond, et créé sa propre marque de vêtements. Son compte Instagram est suivi par quatre-vingt-dix millions de *followers* (oui, vous avez bien lu).
Le plus fascinant est le style, le ton et les paroles de cette adolescente très particulière. (Elle a quelques problèmes de santé.) Si on écoute les chansons de ses deux disques, nous, les gens des années 1960-1970, franchement, on est un peu largués. Il faut vraiment bien choisir pour trouver un message optimiste. Exemples traduits en français : « La fin du monde », « Vieillir », « Six pieds sous terre », « Tout le monde meurt », « J'aimerais que tu sois gay », « Mal au ventre », « Au revoir » ; à côté d'elle, Billie Holiday, c'est Zavatta. Enfin quand même un titre plus rassurant, « Je vous aime », perdu dans cet océan de tristesse.
Mais en même temps, le plus intéressant, voire le plus troublant, c'est qu'autant de jeunes gens soient touchés par des messages aussi pessimistes. Ce constat en dit long sur l'état moral de la jeunesse mondiale. Musicalement, c'est extraordinaire, lorsqu'on sait qu'elle fait toutes les voix et les instruments avec son frère dans leur garage transformé en studio. Cette fille a un talent fou ! Mais je vous préviens, on est très loin de « Twist à Saint-Tropez »...

Réjane

par Nadar **1910**

Au début du siècle dernier, mon arrière-grand-mère était, avec Sarah Bernhardt, la plus grande comédienne de son temps. À une époque où sur scène, les acteurs déclamaient avec emphase, Réjane, née du côté de la porte Saint-Martin, apporte au théâtre populaire ses lettres de noblesse en gardant l'accent faubourien de ses origines. Son père dirigeait le théâtre de l'Ambigu-Comique, pendant que sa femme Alphonsine s'occupait de la caisse. C'est ainsi que, petite fille, elle découvre sa vocation en passant ses soirées dans les coulisses à imiter les acteurs, à l'heure où les enfants s'endorment. En 1872, à quinze ans, elle entre naturellement au Conservatoire national supérieur d'art dramatique de Paris. En fin d'année, elle obtient le second prix d'interprétation, et c'est à ce moment que la petite Gabrielle-Charlotte Réju devient la grande Réjane. Lorsqu'il la rencontre, Paul Porel est le directeur du prestigieux théâtre du Vaudeville ; c'est donc un homme puissant qui s'éprend de cette femme aussi belle qu'insolente. Il a quinze ans de plus qu'elle et il va lui consacrer sa vie. À partir de là, Réjane va enchaîner les pièces à succès jusqu'à son triomphe, *Madame Sans-Gêne*. Elle va désormais jouer sur les scènes du monde entier. Où qu'elle aille, outre-Atlantique, en Russie, en Grèce ou au Brésil, partout mon arrière-grand-mère faisait salle comble. Au moment de l'affaire Dreyfus, Réjane et Paul Porel entraîneront la moitié de Paris à leur suite dans la défense du malheureux capitaine. C'est ainsi que Marcel Proust deviendra son ami.

Réjane aimait aller faire ses courses dans une élégante carriole tirée par les deux mules que lui avait offertes le roi du Portugal. Aussi, lorsque passant devant l'Élysée, elle croisait la voiture du président Émile Loubet, celui-ci ne manquait jamais de lever son chapeau pour la saluer au passage. Il arrivait qu'elle ne fût même pas dedans ; c'est donc amusant de penser que le président saluait parfois des mules. Où est-elle maintenant, mon arrière-grand-mère ?

Issey Miyake et Chrystèle Saint Louis Augustin

1996 *à Paris*

S'il y a un homme qui symbolise parfaitement le raffinement, c'est bien lui : le grand couturier japonais Issey Miyake. Tout en lui respire la retenue, la rigueur et la discrétion. Ces photos ont été faites à Paris, mais je garde un souvenir inoubliable de mon voyage à Tokyo en sa compagnie. La beauté de ses boutiques, le ryokan dans lequel il nous avait invités, le raffinement des restaurants : tout respirait le luxe ultime par sa simplicité. Je me souviens de ce bar de nuit, tenu par des geishas hommes. L'endroit n'était pas grand, mais la distinction et la délicatesse de ces travestis n'avaient d'égal que la beauté des lieux. Les habitués réunis autour du bar nous parlaient chaleureusement comme si nous étions des amis ; cette attitude due sûrement à la nuit rompait singulièrement avec la réserve habituelle des Japonais. On se serait presque cru dans un bar français. Et puis, il y avait le spectacle de la jeunesse dans la ville ; je ne sais pas si c'est toujours le cas aujourd'hui, mais dans les années 1990, la mode était partout accaparée par des adolescents mélangeant tous les genres avec une créativité et un sens de l'humour spectaculaires. Le contraste entre ce feu d'artifice de fantaisies colorées et la rigueur de Miyake résume assez bien le Japon. D'un côté, l'imagination et les mélanges de styles ; de l'autre, la modernité des formes et des matières, tout en respectant l'immuable tradition.

Il peut paraître futile d'accorder autant d'importance à la mode ; pour moi, c'est d'abord un marqueur de politesse. Et franchement, à part quelques exceptions chez les Anglais et les Italiens, les Européens ont un peu lâché prise ; regardez dans les rues, même à Paris, il y a peu d'élégance...

Robert Hossein

2009

Ah non, mais là, je n'en peux plus. Qu'est-ce qu'ils ont tous à mourir ? J'ai presque honte de respirer. Robert faisait partie de ces gens hors du commun que j'ai rencontrés tout au long de ma vie mais nous n'étions pas des intimes. Il était, avec mon père, un des seuls à ne pas avoir méprisé Johnny Hallyday à ses débuts. Après un triomphe au cinéma dans *Angélique*, il n'a pas cherché à exploiter ce rôle de séducteur dangereux qui lui aurait permis de gagner facilement sa vie durant de longues années. Il était bien mieux que ça, c'était un artiste qui avait de grandes ambitions pour son métier, il voulait voir grand, créer du spectacle aussi total que vivant, tout en ne dévoilant jamais rien de sa vie privée. La dernière fois que je l'ai vu, c'était au théâtre de la Michodière où je donnais mon spectacle. J'avais été sidéré et très touché qu'il se soit dérangé. Ce soir-là, il m'a magnifiquement parlé du métier de la scène, moi qui n'ai connu que les coulisses. Je suis très triste que tu sois parti, cher Robert, j'en ai par-dessus la tête de cette vie dans laquelle on croise tellement de monde tout en en *rencontrant* si peu. J'aimerais croire en un ailleurs où on se retrouverait, mais je ne crois en rien, alors j'embrasse ton souvenir puisque c'est tout ce qui nous reste.

Sylvie Vartan

1967 *à Las Vegas*

Lorsque je retrouve Sylvie Vartan à Los Angeles, elle sirote des Orange Crush avec une copine au bord de la piscine de son immeuble de Doheny Drive. Elle n'a qu'une seule idée en tête : aller à Las Vegas voir Elvis Presley. Las Vegas, un désert au milieu du désert.

Dans la salle du casino, il n'y a que des gens de tous âges habillés en Elvis, même les enfants. Vision des plus surréalistes. Avec Sylvie, nous sommes pourtant au centre de nos rêves, on va voir chanter ce type qui nous a tant fait fantasmer. Or, dans ce décor de Folies Bergère, tout a l'air faux. Sous un ciel de pacotille étoilé, des angelots mal finis soutiennent des colonnes en stuc.

Enfin, le King arrive sur scène en costume blanc clouté surmonté d'un grand col d'où émerge sa tête comme une tulipe noire. Déception, son faciès est enflé par des années de sucreries.

Il a bien douze kilos de turquoises autour de la taille. Voilà donc celui qui, avec James Dean, a donné à l'adolescence ses lettres de noblesse. Avec Sylvie, si on en est là aujourd'hui, c'est un peu grâce à lui. J'ai peine à retrouver le rebelle au sourire chromé de « Jailhouse Rock ».

Il y a le regard, et la voix bien sûr, qui semble supplier son corps de retrouver sa légèreté, comme avant qu'il devienne une icône. Avec humour, il tente une ou deux fois un de ses célèbres mouvements de hanche d'un air plus que lassé, en jetant des peluches de Snoopy sur les coiffures crêpées d'un parterre de fans dans la cinquantaine.

Voilà donc ce qu'était devenu le grand pourvoyeur du rêve américain.

En fin de compte, l'Amérique, c'est comme le mariage. Le vrai joli moment, c'est la déclaration.

Antoine et les Problèmes

1966

Dans la série: « Je ne manquais pas de moyens ».
J'en ai conscience aujourd'hui, quelle que soit l'idée qui me passait par la tête, j'avais les mains libres. En 1966, Antoine était en tournée d'été, je devais le rejoindre en province mais je tenais absolument à faire une photo vue du ciel de lui avec son groupe, ne me demandez pas pourquoi, je trouvais juste l'idée sympathique. Mon assistant était parti de Paris avec ma voiture pour rejoindre la tournée, afin que nous puissions ensuite accompagner la troupe dans deux ou trois villes. J'avais loué un hélicoptère pour les retrouver sur place. Une fois le champ adéquat trouvé, ils s'étaient arrêtés en rase campagne et, de là-haut, par radio, j'avais demandé au groupe de s'allonger en étoile et à Antoine de se placer à une certaine distance de façon à pouvoir faire une double page dans le journal. Je me souviens qu'on avait dû remonter à bonne hauteur afin d'éviter que les pales de l'hélico ne les décoiffent. Je crois que le pilote pensait que je n'étais pas très sérieux comme mec. La séance a duré trois minutes, ensuite j'ai pu redescendre. Bye bye, l'hélico ! Et j'ai continué la route avec eux. Aujourd'hui, on ferait ça avec un drone, tranquillement appuyé à un arbre, ça serait plus facile bien sûr, mais tellement moins marrant...

Les Beatles

1964

Ceux qui commencent la photographie aujourd'hui ne se rendent pas compte de la chance qu'ils ont de pouvoir vérifier immédiatement sur l'écran de leur appareil numérique le rendu de la photo qu'ils viennent de prendre. Ce jour-là, lorsque j'ai emmené les Beatles en studio, je n'avais qu'une idée en tête : attirer leur attention. Mais comment faire ?

Je venais de les rencontrer, je les trouvais vraiment sympathiques et j'étais bien décidé à ne plus les lâcher. En pleine ascension, des photographes, ils en voyaient tous les jours, et des types qui pouvaient leur parler en anglais en plus. Je me sentais désavantagé et je disposais de peu de temps. Alors, arrivé sur place, comme je les voyais tous fumer comme des pompiers, j'ai décidé de jouer le tout pour le tout. Je les ai alignés devant un fond noir en demandant aux assistants de fermer toutes les sources de lumière, seule restait une ampoule de contrôle. Puis je leur ai donné à chacun une cigarette et un briquet. À mon signal, l'assistant a mis la pièce dans le noir complet. « Messieurs, soyez gentils d'allumer vos cigarettes. Allez-y ! » *Clic clac*, merci Kodak. « Merci messieurs, au revoir ! » Pendant trois jours, je n'ai pas su du tout ce qui apparaîtrait sur la pellicule ou même s'il y aurait quelque chose. C'est grâce à cette photo qu'ensuite, ils m'ont accordé une confiance totale. Force est de constater qu'il y a du bon dans la modernité. Car vous, bande de petits ingrats, vous appuyez sur le bouton, et hop !, vous voyez le résultat tout de suite...

Dani

1968

J'ai fait mon premier film de télévision pour « Les Dossiers de l'écran » : ça s'appelait *Les Enfants du palais*, tiré d'un texte de Michel Cournot. Mon père tenait le rôle d'un juge pour jeunes délinquants. L'histoire était racontée en off par Simone Signoret, qui nous avait prêté sa voix et son talent. On y voyait des adolescents à la dérive, joués par Dani, la chanteuse, et des mômes inconnus trouvés dans les rues en « casting sauvage ». Je me souviens que pour le tournage de ce film, nous avions loué les bureaux de *Hara-Kiri*.
Ce qui me plaisait, c'était de découvrir de jeunes talents, de ceux qui peut-être émergeraient plus tard. Avec les stars, j'ai toujours eu le sentiment de ne servir à rien, l'étape qui m'emballe étant déjà passée. Ma plus grande passion dans la vie aura été de contribuer à révéler le don d'un autre, au risque de me rendre complètement obsessionnel. C'est la raison pour laquelle j'ai arrêté net la photo en 1973, délaissant la situation unique que Daniel Filipacchi m'avait offerte, et ce parce que j'étais convaincu que je « devais » faire tourner Jacques Dutronc. Quand j'y repense, ce n'était pas raisonnable, mais je n'avais pas le choix. J'aurais peut-être dû être agent...

Une phrase de mon grand-père, Jacques Porel, justement à propos du talent : « Quand le talent me frôle, il fait de moi ce qu'il veut. »

Nora Hamzawi

2020

J'ai beaucoup d'estime pour cette personne, d'abord parce qu'elle n'est sûre de rien. C'est la reine du doute et dans la vie, c'est tout ce que j'aime. Il y a chez elle des réflexes enfantins qui ne sont pas feints. J'ai appris récemment qu'elle était mère d'un petit garçon, tant mieux et j'espère que le père est prévenant, mais quand je la vois sourire, j'ai le curieux sentiment que si elle avait eu un bébé toute seule, comme par miracle, sans homme, sans médecine, sans aucune intervention autre que sa décision de le mettre au monde, ça ne m'aurait pas étonné. C'est très indélicat de ma part pour son compagnon (que je ne connais pas) et je le prie de m'excuser. Je voulais juste mettre en valeur cette détermination que l'on devine chez elle qui lui aurait peut-être permis d'accomplir ce miracle rien que par sa seule volonté. Une Vierge Marie cosmopolite du XXIe siècle en quelque sorte.

(En relisant ce petit texte, chose que je fais rarement, je me demande pourquoi je tiens parfois des propos aussi étranges. Alors faut-il se censurer ? Mais il me semble que l'intérêt de ces chroniques, c'est d'écrire d'abord et de prendre le risque de réfléchir ensuite. Je m'en suis rendu compte grâce au geste de mon éditeur lorsqu'il a décidé d'en faire un livre. C'est alors que j'ai pu prendre conscience quelques mois plus tard de l'inanité de certains de mes textes. Pourquoi ? Simplement parce que là, c'est écrit sur du papier… C'est rassurant, ça prouve que les livres restent alors qu'internet ne fait que passer.)

Mireille Mathieu en marquise

1969

Lorsqu'on est le photographe d'un journal, on rencontre un éventail assez large de gens. Mireille reste pour moi, et pour beaucoup d'autres, un mystère absolu, je ne connaissais rien de sa vie. Très gentille, toujours égale, professionnelle à dix-sept ans déjà. J'ai voulu lui proposer ce costume pour la changer un peu de son immuable coiffure, laquelle était au millimètre près toujours la même, à croire que le soir venu, elle se dévissait la tête jusqu'au lendemain matin.

« Avoir été bien élevé est un gros handicap de nos jours. Cela ferme tant de portes. »
Oscar Wilde

Ma pomme

1980 *à Los Angeles*

Les loisirs, la détente, le confort, la fête, alors là quand vous voulez, en revanche, je ne suis pas fou des vacances de milliardaire. Vous ne m'en voudrez pas de garder pour moi le nom du couple dont j'étais l'invité.
Le yacht ressemble à un énorme fer à repasser posé sur un lagon tahitien. Mon lit, grand comme un F3, donne sur une baie vitrée à fleur d'eau, ça clapote bleu roi à la hauteur de mon pif. « Bon, maintenant, il faut que je me lève ! » me dis-je comme un clerc de notaire avant d'aller au bureau. Quand j'arrive sur un deck brillant dont le sol ressemble à un damier d'échecs, dans mon maillot trop large ça bougeotte un peu, mais tout le monde s'en fout. Sur une table en marbre est installé un « petit » déjeuner qui pourrait nourrir une famille de « gens normaux » pour la semaine. L'aimable compagnie sourit en bâillant à mon arrivée. Je lance : « Tiens je vais faire un petit plongeon avant de vous accompagner ! » (Une piscine s'ouvre sur le deck pour mieux narguer l'eau bleue pâle du lagon.) Mais comme je vais naturellement vers l'océan, deux garçons en livrée se précipitent pour m'accompagner dans ma baignade, on n'est jamais trop prudent. Et tandis que je fais la planche dans une eau à 30 °C (sport maximal pour moi), deux autres sbires en maillot de bain viennent se placer près du bord, l'un muni d'une grande serviette (pour les cheveux), l'autre avec un peignoir siglé au cas où j'aurais oublié où je me trouve. Apercevant le couple de propriétaires du yacht en train d'admirer mes efforts, je leur fais signe de me rejoindre. Peine perdue, ils n'aiment pas l'eau. Bientôt, ils enverront quelqu'un se baigner à leur place juste pour ressentir une petite impression de fraîcheur…
Bon, je sais que cette description peut en faire rêver certains, je n'irais pas jusqu'aux joies du camping genre « Les Flots Bleus », mais moi, l'excès de « services » me met plutôt mal à l'aise…

Le groupe Téléphone

1980

Quand l'éditeur Jacques Wolfsohn me fit entendre le 45 tours de Téléphone, je fus emballé dans la seconde. Un groupe de rock qui chante en français, et avec en plus une fille au milieu, c'était nouveau. J'allai immédiatement les rejoindre en tournée quelque part en France. Ne connaissant aucun d'eux, je laissai un message à leur hôtel et allai les attendre au café d'en face. Vers 15 heures, le premier se pointa, encore ébouriffé de sommeil. C'était François Ravard, leur manager, le cinquième membre du groupe. Je me lance : « Voilà, je veux faire un long-métrage sur vous, en CinemaScope trois écrans, en Dolby Stereo (alors qu'il n'y avait que deux salles en France), et on ira à Cannes ! » J'avais dit ça au flan, en proie à une excitation des plus déraisonnables. Durant l'après-midi, ils vinrent tous me voir à ma table au café. Et chacun, l'un après l'autre, me déclara qu'il n'en avait rien à foutre, qu'il n'en croyait pas un mot, et que je n'étais qu'un vieux. J'avais quarante ans, donc pour eux, c'était vrai. J'étais aux anges. Leur sincérité agressive me plaisait beaucoup, je ne les lâchai plus. Quelques mois plus tard, nous sortions le film *Téléphone public*, en Scope trois écrans, en Dolby Stereo, et nous représentions la France à Cannes. La productrice Claudie Ossard, dont c'était le premier long-métrage, avait fait les choses en grand. Villa somptueuse, Rolls et champagne. Des vrais Pieds Nickelés. La première dans l'ancien Palais des Festivals, le temple du cinéma sérieux, en compagnie de ces cinq adolescents à la touchante énergie fut un enchantement. Nous avions exigé qu'on laisse entrer le public à l'orchestre et les pingouins officiels se pressaient au premier. On aurait dit un concert de rock, c'était désopilant. Le film n'eut aucun succès en salle mais fut un triomphe en DVD. Ce fut la fin de ma « carrière » au cinéma, mais je n'ai aucun regret.

Bob Evans et Ali MacGraw

1968

Dans la série : « De l'importance du futile. » Non mais est-ce que vous vous rendez compte de l'injustice du monde ? Non je ne parle pas des Gilets jaunes qui ont toute ma sympathie, ni des femmes méprisées, cloîtrées, réduites à moins que rien par des régimes ignobles, non, je parle de la mèche de cet enfoiré de beau gosse plus connu sous le nom de Bob Evans, un des producteurs les plus aventureux des années 1970.

Avez-vous bien regardé la photo de ce type ? Je ne parle pas de la merveille qui l'accompagne (Ali MacGraw), non, je parle de lui ou plutôt de sa MÊCHE. Je sens à distance que vous ne mesurez pas l'impact de cet intempestif mouvement de cheveux sur une femme aimée. Je parle ici de l'injustice absolue que représente la chance d'avoir ce genre de mèche.

Adolescent, j'avais les cheveux bouclés, attention nous parlons de petites bouclettes, celles qui ne bougent pas, même par grand vent. Alors que le premier benêt venu avec une telle virgule sur la tempe, laquelle en plus se balance au ralenti, attirait tous les yeux de biche des donzelles du cours Hattemer. Pendant ce temps-là, je tentais l'accroche-cœur à grands coups de gomina, rien n'y faisait, ça restait dru comme du chiendent.

Alors bien sûr le Bob Evans, tout lui réussissait, fortune, succès, avec une mèche pareille c'est facile, je vais vous dire, c'est même écœurant…

Une pensée de Jean Yanne en passant : « Le porte-clés est une magnifique invention qui permet de perdre toutes ses clés à la fois plutôt que de les perdre une par une. »

Éric-Emmanuel Schmitt

2009

Rien à voir avec cette histoire.
Nathan Veinard est un bébé étrange.
Ses parents trouvent curieux que leur nourrisson, né un soir d'orage, soit si gai jusqu'à rire à gorge déployée dès qu'il se met à pleuvoir. Sans ça, il est sinistre. Mais force est de constater que partout où ils emmènent leur enfant, le ciel se couvre, il pleut abondamment et Nathan sourit.
Serait-ce une sorte de réaction thermique ?
Devant ce miracle répétitif, ils décident d'utiliser cette étrangeté pour gagner de l'argent.
Voilà que leur vie change drastiquement.
On les engage afin qu'ils amènent leur enfant dans des mariages, on les paie grassement pour que ce dernier ne sorte pas de chez lui lors des grands matchs de foot, le monde de l'agroalimentaire se tourne vers eux, l'argent coule à flots, euros, dollars, ils roulent sur l'or…
Jusqu'au jour maudit où Nathan, atteignant l'âge de la puberté, commet l'erreur de tomber amoureux. Jamais il n'a été aussi heureux de sa vie et tout à coup, évidemment, il se remet à faire beau un peu partout.
Avec effarement, ses parents voient disparaître la manne magique.
Quant à Nathan, il s'enfuit avec sa belle et ils vont se marier à Las Vegas, ce qui n'est pas très original. Après quelques mois de vie commune, la tension s'installe dans le couple, et Dieu merci, ils se séparent.
À son retour au pays, Nathan, assez déprimé, retrouve des parents comblés, car à peine a-t-il atterri que la pluie est de retour sur la France. La famille se remet au boulot aussi sec, si j'ose dire, et les affaires reprennent.
Les Qataris, toujours alertes, leur proposent un contrat mirifique pour arroser leur pays.
La famille part donc s'installer dans un immense palais en plein désert. À part du sable, il n'y a rien, même pas de cactus. Pas une goutte de pluie et un cagnard d'enfer.
Que se passe-t-il donc ? L'émir du Qatar s'impatiente. Les spécialistes se perdent en conjecture.
On apprendra un jour que la famille Veinard a disparu, l'enquête prendra dix ans, sans résultat. « Les botanistes savent depuis longtemps que ce sont les arbres qui appellent la pluie… »

Mick Jagger
1969

Ce jour-là vers 15 heures, un poste de télé jaillit d'une fenêtre de l'hôtel pour aller s'écraser au milieu d'une foule fanatique qui glapit au moindre bruissement de rideau. Geste devenu poncif depuis, mais qui présentait encore les charmes de la nouveauté. (À condition d'oublier les excès de certains musiciens de jazz, lesquels n'étaient pas non plus des enfants de chœur !)

C'est le signe que le groupe est réveillé. Bobby Keys, le saxophoniste des Stones, apparaît à la fenêtre en kimono japonais, l'air plus ennuyé que jamais.
Deux heures plus tard, Keith Richards sort de l'hôtel torse nu, les cheveux iroquois, traînant une écharpe sanscrite en buvant au goulot d'une bouteille de bourbon. Il n'a pas de chaussures et demande alentour si on peut avoir la gentillesse de lui dire où il est, dans quelle ville, quel jour... Il s'allonge dans la limousine, on n'attendait que lui, le cortège peut démarrer. Mick est en train de lire un roman de Gore Vidal. Les flics ouvrent le passage au milieu de la marée humaine des fans qui veulent suivre leurs idoles. l'aéroport, le Boeing privé nous attend pour rejoindre Philadelphie. La grande langue rouge de John Pasche est peinte sur la carlingue ; même l'avion semble flatté. Toujours pieds nus, Keith pisse sur le tarmac avant de monter, suivi de près par le médecin de la tournée, un blondinet tout en shantung qui le suit en permanence au cas où il mollirait.

Keith Richards

1972

Ce jour-là dans l'avion, Keith Richards joue au poker avec des potes. Il y a un grand buffet encore sous cellophane, et le matériel du cinéaste Robert Frank qui réalise un documentaire sur la tournée (*Cocksuker Blues*). Dans ce film, l'atmosphère était parfois chaude, y figuraient notamment des scènes dans leur avion privé au cours desquelles les *roadies* et groupies s'adonnaient à des scènes trop osées, le groupe a préféré que le film soit interdit au cinéma. Je l'ai vu et il est vrai que ce n'était pas idéal pour l'image du plus grand groupe de rock de l'époque. L'hôtesse tente une fois de plus de dire le texte habituel précédant le décollage. Personne n'écoute, sauf Bobby Keys qui lui lance un « Va te faire foutre ! » des plus discourtois. Et l'avion s'envole d'un soleil vers l'autre. Comme je marche vers le bar, j'aperçois une groupie plongée dans la lecture de *La Mouette* de Tchekhov. Le moins que l'on puisse dire est que dans sa robe en macramé elle fait tache. Un moment plus tard, à l'arrière de l'avion, la groupie intellectuelle est en train de se faire allégrement sauter par le médecin de la tournée. On ne voit que les fesses de ce dernier qui remuent sur une banquette arrière. L'ex-pucelle est enfouie sous la masse omnipraticienne, seule dépasse sa main qui bat la mesure tout en tenant son livre ouvert. Pour donner du piquant à la scène, Robert Frank a collé un sticker « Rolling Stones special guest » sur le fessier du médecin, c'est du plus bel effet. La main de la groupie continue de remuer, *La Mouette* de Tchekhov rêve de s'envoler…

Issey Miyake

1990

Permettez-moi de rendre hommage au travail d'Issey Miyake, l'élégance au calme absolu, représentant ici quelques-uns de ses « plissés » avec l'aide de Chrystèle Saint-Louis-Augustin, une des plus merveilleuses top models des années 1990. Et maintenant, un souvenir qui n'a strictement aucun rapport :
Assis à la table d'un restaurant un dimanche midi, je vois une famille nombreuse s'installer près de moi. Le style oscille entre le Zara mal digéré et le tee-shirt PSG de futur déçu. Et, en bout de table, il y a cette dame d'une soixantaine d'années qui rit aux plaisanteries d'une assemblée remplie d'enfants joyeux, de jeunes hommes fraîchement responsables et de mamans concernées par une éducation difficile à maîtriser. Je lis dans le regard de cette nouvelle grand-mère cette joie aussi rare qu'appréciable du travail bien fait. J'imagine déjà les diverses occupations de sa bruyante portée, allant de la balade obligée au bois de Boulogne ou au « jardin d'ac » suivie de l'après-midi d'ados boutonneux tétant des sites pornos aussi clandestins que déplorables, ou aux joies du meurtre en tous genres distribués par les écrans pour des parents épuisés. Enfin, je visualise déjà cette belle dame payeuse d'addition dominicale, allongée sur un divan datant du dernier héritage, en train de lire un livre acheté chez un bouquiniste en face de la cathédrale de Notre-Dame. Elle hésitera peut-être entre Paul Guth ou Roger Martin du Gard à moins qu'il ne s'agisse du dernier roman post-moderne recommandé par *Télérama* sur leur compte Instagram. Hélas ! le flou inventif de sa coiffure ne me permet pas de déterminer son choix.
J'ai donc une pensée pour elle avant de replonger le nez dans mon verre de vin bio en caressant avec joie l'idée de mon après-midi solitaire, puis de mettre un point final à cette petite chronique en vous remerciant de l'avoir lue.

Patrick Modiano

1999

Dans un coin de la salle, Daniel Filipacchi est assis seul en train de lire un journal. Il aime bien ce petit restaurant, il y a ses habitudes. Il faut dire que depuis son plus jeune âge, dans le VIe arrondissement, il est chez lui. Absorbé par un article du *Monde* consacré au prix Nobel décerné la veille à Patrick Modiano, il ne voit pas qu'à ce moment précis, ce dernier pénètre dans la salle en compagnie de sa femme Dominique et de leurs deux filles. Tandis qu'il installe sa famille à leur table, Patrick aperçoit Daniel, très concentré sur son journal. Modiano n'aime pas se faire remarquer ; pour lui, traverser une salle est toujours une épreuve. Il va néanmoins jusqu'à Daniel. Plongé dans sa lecture, l'espace d'une seconde, celui-ci ne le remarque pas, puis, voyant qu'il s'agit de cet ami dont le journal fait l'éloge, il lui propose de s'assoir en lui tendant la main pour le féliciter. Et là, le moment frise le comble de la délicatesse. Au départ, on pourrait penser que tout les sépare. Leurs préoccupations respectives ont forgé deux destins opposés, Daniel se lève tard quand Patrick se lève tôt, mais à leur manière, tous les deux sont des créateurs. Pour Daniel, l'argent n'est qu'un moyen de réunir des talents, avec ses cent journaux, Dieu sait s'il en a fait éclore. Patrick, comme tout écrivain, est l'esclave de son art et l'argent est une abstraction dont il aimerait seulement qu'elle lui permette de s'acheter une maison. Finalement, leur point de ralliement, c'est le respect de l'écrit. Si Patrick lui fait face, ce n'est évidemment pas pour évoquer le Nobel, mais pour féliciter Daniel de la parution de son livre, *Ceci n'est pas une autobiographie*, sorti il y a quelque temps. Scène magnifique : un auteur qui vient de recevoir le prix le plus rare, le plus convoité du monde, est en train de complimenter un homme extraordinaire, pourtant si loin de lui, mais dont il n'a jamais oublié le rôle prépondérant dans la presse du siècle dernier. Alors lui, le célèbre écrivain aux vingt-neuf romans, fêté par la crème de la planète littéraire, est venu sincèrement le congratuler pour l'écriture de son premier ouvrage. Quelle élégance…

Françoise Hardy

1963 *à Venise*

— Nostalgie de ma chère Grande, tout simplement.
— Nostalgie du jeu de billes dans la cour de l'école, surtout des calots en agathe.
— Nostalgie du moment où j'ai entendu le disque des Four Freshmen chez Lido musique en 1954.
— Nostalgie du premier baiser avec Panchou à la patinoire Molitor.
— Nostalgie de l'Hôtel de la Ville, à Rome, avec mon père, en 1956. Prosciutto-melon, Marino Marini, et puis Fellini.
— Nostalgie de mes vacances en Corse en 1957 au club olympique de Mme Filipacchi, la mère de Daniel.
— Nostalgie de mon premier blue-jean porté à même la peau dans l'eau de mer pour qu'il colle bien à mon anatomie. (Ça grattait sec.)
— Nostalgie de ma main sur celle d'une femme sur la table d'un restaurant. Geste qui, soyons clair, rêvait d'en dire beaucoup plus.
— Nostalgie de ma Ford Mustang en 1956, sortant de chez le concessionnaire en même temps que celles de Daniel Filipacchi et Claude François. Je ne vous raconte pas la course sur la Nationale 7 après.
— Nostalgie du bruissement des bas Nylon lorsqu'une femme croisait les jambes.
— Nostalgie du bruit des après-skis dans la neige en allant à la messe de minuit.
— Nostalgie du premier tour dans le Chris-Craft des Firmenich avec ma mère, sur le lac Léman au début des années 1950.
— Nostalgie de l'odeur du pop-corn mêlée à celle du détergent dans les cinémas de Los Angeles.
— Nostalgie des tournées d'été dans les années 1960.
— Nostalgie d'une sieste à Nice avec Johnny sur une pelouse avant d'aller à Monaco voir la course automobile.
Et puis bien sûr, nostalgie de la nostalgie…

Julie Andrieu

2000

Lorsque je la rencontrai, elle avait dix-sept ans et pensait comme une femme qui en aurait eu trente. Que #MeToo reste calme, je ne posai pas la main sur elle. Si les choses évoluèrent trois ans plus tard, c'est seulement sur sa décision. En attendant, son père étant loin, j'avais pour quelque temps pris un peu le relais. Toutes les semaines, elle venait passer un soir chez moi. Nous parlions photo, cinéma, voyages. Au ping-pong des idées, elle était déjà rapide, mais les regards que les hommes posaient sur elle transformaient sa beauté en prison. Ils ne voyaient que l'apparence, ignorant les questions qui la taraudaient, les peurs remettant à plus tard une éventuelle envie de séduire qui la rendrait bientôt irrésistible, phénomène assez courant chez les jeunes femmes très belles. Il lui arrivait de disparaître quelques semaines, seule au fin fond de l'Inde à la recherche d'un rythme qui la rassurait, aimant à contempler là-bas les yeux de gens qui n'ont pas peur du temps qui passe. Son rêve à l'époque était de devenir photographe de guerre. Ayant vu celle-ci de près, en Algérie, je m'efforçais de l'en dissuader, le risque de la tournante perpétrée par des guerriers archisevrés ne me semblant pas indispensable. Le jour où elle me choisit fut la dernière de mes chances. Dans ma vie, j'aurai aimé plus que tout assister à l'éclosion d'un talent. Le sien restait à inventer. La regarder promener sa silhouette de mannequin hors des modes, dans les rues d'un Paris de pékins trop pressés, était un enchantement. Comment auraient-ils pu deviner cette blonde qui a froid en été dans un manteau d'automne, mais peut faire ses courses en janvier dans un kimono japonais ? Elle parlait de cuisine comme on fait des chansons. Elle est toujours la définition même d'une belle personne. Il en a de la chance, celui qui a su la garder.

Brigitte Bardot et Sylvie Vartan

1967 *à Rome*

Brigitte pensait à ses chiens, Sylvie pensait à Johnny et à ses chiens. Photographe, c'est quand même un métier formidable. Vous dites à un président de la République (que vous ne connaissez pas encore) : « Tournez un peu la tête, s'il vous plaît ! », il la tourne. À deux stars magnifiques : « Allongez-vous ! », elles s'allongent. (Bon, elles, je les connaissais déjà, mais quand même.) Il n'y a pas beaucoup de métiers comme ça, à part dentiste peut-être, ou gynécologue…

Une phrase de circonstance de la part Jean Yanne :
« Je me suis lancé dans la méditation. C'est mieux que de rester bêtement assis par terre à ne rien faire. »

Vivienne Westwood

1994

À elle toute seule, elle résumait, dans ce qu'il est convenu un peu bêtement d'appeler le « style punk », une certaine élégance voisine de la scène dite « rock ». Mais elle était beaucoup plus que cela. Reine de la culture urbaine avec son compagnon Malcolm McLaren, elle avait ouvert une boutique, le Paradise Garage, qui devint la tête de pont de l'attitude insolente très en vogue dans la Grande-Bretagne des années 1970. Bref, elle appartenait au cercle très fermé de ceux qui font la mode.
Il était prévu de la retrouver dans le musée de la Wallace Collection, en plein centre de Londres. Le directeur de l'établissement nous avait accueillis avec la distante politesse des gens de ce pays. Néanmoins, il fallait faire vite ; je bricolai donc un éclairage sommaire. Lorsqu'elle vint s'installer dans la robe de son choix, j'étais prêt. C'est alors que, très naturellement, le compagnon de Vivienne arriva nu dans la pièce pour se placer aux pieds de sa belle. Ni l'équipe ni moi n'étant prévenus, je jetai un œil inquiet vers le responsable des lieux. En digne représentant de la chère Albion, ce dernier ne broncha pas. Il faut dire que le respect qu'elle inspirait là-bas interdisait toute limite à ses extravagances. Je ne bougeai pas non plus un cil, bien que l'arrivée d'un homme à poil dans un musée en plein centre de Londres m'eût vraiment pris par surprise. Je fis la photo puis nous retrouvâmes la rue afin de continuer la séance prévue pour le journal ; ceci bien sûr sans manifester le moindre étonnement quant à la scène passée. Je pense que ne serait-ce qu'évoquer cette scène auprès de Vivienne lui aurait paru de la plus grande vulgarité. Je ne peux néanmoins m'empêcher d'imaginer que la même situation chez nous, à Guimet ou à Orsay, eût sans doute provoqué une réaction très différente. Pour ce qui est de l'originalité, les Anglais auront toujours sur nous une longueur d'avance.

Serge Gainsbourg

1970 *par Tony Frank*

Une belle photo de mon ami Tony Frank. Dans les années 1980, quand je quittais Los Angeles pour Paris, j'avais pour habitude d'habiter à l'hôtel Raphael. C'était la grande vie. Souvent, vers 1 heure du matin, on frappait à ma porte et je me trouvais face à Serge Gainsbourg, des bouteilles de champagne dans les bras. Il me déclarait de façon péremptoire : « Allez tu viens ? On va voir les flics ! »

Curieusement, j'ai passé des années à sortir et à faire la fête avec Serge, mais comme j'avais arrêté la photo depuis dix ans, je ne l'ai jamais photographié. Lorsqu'on sortait de l'hôtel, on retrouvait les trois ou quatre taxis qui l'attendaient, car bien sûr il avait oublié qu'il en avait appelé plusieurs dans la soirée. Il payait royalement les quatre chauffeurs et on montait dans le dernier, direction un commissariat. L'arrivée était toujours la même, il entrait en débouchant une bouteille pour le plus grand plaisir des policiers que sa venue n'étonnait même plus. C'était étrange ; à 2 heures du matin, ce genre d'endroit n'est pas le plus drôle du monde. L'atmosphère est enfumée, on voit des types qui dorment dans les cellules de dégrisement et pendant qu'on trinquait avec des motards, je le regardais, lui, l'artiste le plus anticonformiste de son temps, fou de joie de trinquer avec des représentants des lois qu'il se plaisait tant à transgresser. Ensuite, il demandait au patron des lieux qu'on nous conduise vers un autre commissariat dans une voiture avec gyrophare. En traversant Paris, Serge suppliait qu'on mette la sirène, et par la fenêtre, il hurlait dans les rues désertes : « ÇA, C'EST LE PLUS GRAND TUBE DU MONDE ! » Et on finissait la nuit à l'Élysée Matignon...

Régine Deforges

1998

L'amie qui me manque si souvent. Voilà une belle personne, le charme personnifié et aussi un merveilleux écrivain. Désolé, pas de conneries inclusives pour Régine. Elle n'avait pas attendu ce genre de pauvreté linguistique pour défendre la condition féminine avec son talent et son courage. Et je crois que si vous l'aviez appelée « écrivaine », elle vous aurait gentiment mis à la porte tout en vous accompagnant éventuellement d'un coup de pied au cul, ce qui pourtant n'était pas du tout son genre. Je me souviens du jour où j'ai eu droit à un prix littéraire, le premier et certainement le dernier, il était d'autant plus beau qu'il restait discret. C'est justement toi, Régine, qui me le remis durant le salon du livre que tu tenais à Montmorillon. Je me revois encore, mauvais élève rougissant récompensé pour mon premier ouvrage, *Enfant gâté*, par deux femmes aussi rares que rouquines, Régine et son inséparable Sonia Rykiel, gloussant sur la scène devant mon désarroi. Ce fut pour moi la plus belle des récompenses et je n'en cherche pas d'autres.

Yves Saint Laurent

1995

Ce doit être difficile d'être une grande personne quand on est un enfant. Pour un homme si entouré, dont la hantise première était la solitude, il m'a toujours semblé bien seul. Lorsque Christian Dior meurt, c'est Yves qui est choisi pour le remplacer, il a vingt et un ans. À ses débuts, il voulait tout avoir et Dieu sait s'il eut tout, peut-être prit-il un jour conscience que ça ne servait à rien. D'où cette tristesse qu'il semblait porter en bandoulière.
J'ai commencé à le connaître durant les années 1960 lorsqu'il créa un smoking pour Françoise Hardy. Évoluant sans cesse tout en restant lui-même, Yves aura passé sa vie à embellir les femmes en respectant leur personnalité. Dans ses défilés, même les sourires étaient élégants ; on était loin des cohortes acteuelles de totems péruviens en marche vers l'abattoir. « Réflexion de vieux », vous diront les obsédés de la modernité. Mon Dieu, comme il est doux d'être démodé (Jean-Paul Gaultier restant désormais le seul à ne jamais avoir eu peur de la joie). Cette photo d'Yves derrière le rideau fut ma dernière séance avec lui : elle ressemble à un adieu (je l'ai retrouvée avec plaisir sur un mur du magnifique musée qui lui est consacré, à Marrakech).
Quelques années après, comme je le croisai un soir au Mathis, il me fit signe de le rejoindre et me demanda si je pouvais lui envoyer un tirage de cette image. Ce que je fis aussitôt, avec l'empressement que vous pouvez imaginer. Quelque temps plus tard, à mon grand étonnement, je reçus un mot et un énorme bouquet de fleurs de sa part. Après quoi, je ne revis jamais Yves. Ce bouquet resta longtemps sur la table de mon salon, se dénudant au fil des jours jusqu'à ce que le dernier pétale daigne s'envoler, avant d'aller se coucher sur le sol.

La merveilleuse Charlotte Perriand

1999

Grande figure de l'architecture et du design que j'ai eu la chance de rencontrer une fois chez elle, à Paris. Cette nuit, j'ai rêvé de cette photo et son sourire m'a fait cadeau d'une petite scène : « De rire et d'abandon. » Une grand-mère est à table tandis que ses petits-enfants se sont réunis pour décider de la mettre en maison de retraite. Tous pensent qu'elle est sourde. Aussi ils n'hésitent pas à se disputer devant elle au cours d'un déjeuner. Elle les regarde sans dire un mot. L'épouse de son petit-fils contemple la salle à manger avec admiration. Puis, très fort, elle lance : « Vous serez bien dans la maison de repos, Mamie. Se faire de nouveaux amis à votre âge c'est pas un “nandicap” », dit-elle. Un « handicap », corrige intérieurement la grand-mère sans ouvrir les lèvres. Son seul souci, c'est qui va garder son chat ? Tous éludent le problème mais n'en pensent pas moins. « On pourra toujours le becqueter, ça ressemble au lapin, il paraît… » Elle a décidé de le laisser à la plus jeune, c'est stipulé sur son testament. Court, le testament, il y est indiqué une forte somme pour sa petite-fille à condition qu'on lui confie le chat. Pour le reste, partagez-vous les choses comme vous l'entendez. Elle ne leur parle plus depuis longtemps déjà. Mais ils ignorent qu'elle s'est acheté un Sonotone. Alors à la fin du repas, elle le retire, le pose en évidence sur son assiette et sort en riant. Après quoi elle monte dans sa chambre, s'allonge et meurt de rire. De rire et d'abandon.

Sylvie Vartan

1963 *à New York*

L'Amérique allait vraiment bien à Sylvie. Nous étions, tous, les enfants de gens qui avaient vécu deux guerres ; nos parents étaient heureux d'être enfin un peu tranquilles. Mais nous, « les jeunes », dès les années 1950, nous ne voulions pas de la vie qu'ils nous avaient préparée. Dans les rues, on voyait des Guy Mollet courbés par le boulot avec des imperméables tristes, ou des Jacqueline Caurat péroxydées coincées par le mariage, et nous, sur les écrans en CinemaScope, on admirait James Dean, Marlon Brando et Elvis Presley – une vie sublimée inaccessible. En ce temps-là, l'Amérique représentait encore l'avenir, alors bien sûr, nous, on voulait vivre comme ça. Et puis un jour, dans les années 1980, j'ai décidé d'aller y habiter ; j'y suis resté dix ans et je remercie ce pays de m'avoir accueilli comme il l'a fait, mais là-bas, j'ai aussi connu un curieux sentiment de solitude et j'ai compris que je m'étais un peu fait avoir par les films américains. Alors je suis rentré en France et, grâce à la campagne aveyronnaise, je ne le regrette pas. Néanmoins, je n'oublie pas mes fantasmes de l'Amérique des années 1960 ; or je les ai touchés du doigt pour la première fois avec Sylvie et Johnny. Croyez-moi, ça crée des liens !

Harrison Ford

dans Blade Runner **1982**

Oui, je l'admets, je donnerais n'importe quoi pour revenir à ce jour-là.
« Summer Wind », par Frank Sinatra. Cette chanson sortie en 1966 représentera toujours pour moi le New York de l'été 1982, même s'ils la passent tous les ans à la radio. Je me baladais dans les rues comme tout le monde, c'est fou le nombre de gens qui marchent là-bas. En plus, au mois d'août, soit vous entrez dans un building et la climatisation vous file une pneumonie, soit vous restez dehors et vous marchez sur des trottoirs rendus mous par une chaleur insensée. Vraiment, j'ai peur de m'enfoncer dedans. Surtout après la mode passagère des bébés crocodiles jetés dans les toilettes par des écervelés cocaïnés. Depuis, ils ont grandi, les crocos, et si ça se trouve on marche à quelques mètres de hordes de monstres genre Loch Ness dans des égouts surchauffés. Les bouches de vapeur issues du sol ont une haleine préhistorique. Donc, ce jour-là, je déambulais dans les rues du Meat Market, du temps où ce quartier était encore la zone. Il devait faire au moins 40 °C à l'ombre, j'étais en eau. Au coin d'une rue, je tombe sur un cinéma. « Sauvé ! me suggère mon cerveau ramolli, à moi la fraîcheur et la glace au caramel », et j'entre dans un grand hall aux murs couverts d'affiches de films catastrophe dans une bonne odeur de produits nettoyants. Je paie ma place pour n'importe quel film, et là, mes amis, alors que j'ingurgitais des pop-corn tirés d'un pot de la taille d'une baignoire, voilà qu'apparaît sur l'écran *Blade Runner*, de Ridley Scott, qui sortait ce même jour. Je ne connaissais rien de ce film. Surprise totale. Aucune critique ne m'avait encombré le cerveau. Vous imaginez le choc et le bonheur ? J'étais scotché. Deux heures plus tard, dans la rue, « Summer Wind » m'a ramené à la vie…

Catherine Deneuve

1964

La célébrité est un plat qu'il vaut mieux manger chaud, elle ne dure pas toujours. Quand des gens connus se plaignent des inconvénients de la notoriété, ça me fait toujours rire. Il faut voir leur tronche le jour où ça s'arrête. Mais l'hypercélébrité, comme celle d'Alain Delon, Johnny ou Brigitte Bardot dans les années 1960, c'est autre chose ; provoquer une émeute dès qu'on met le pied dehors peut devenir très étouffant. Et puis il y a ceux qui inspirent le respect. Catherine Deneuve peut faire son marché, personne ne se permettrait de la déranger. Je me souviens de La Maison de l'Allemagne, avenue George-V, à Paris, un restaurant très sympathique dans lequel il n'était pas interdit de tutoyer l'ivresse, voire d'être complètement bourré. J'ai toujours assez mal tenu l'alcool, j'entends par là que j'atteins très vite un niveau d'ébriété déclenchant chez moi des envolées lyriques et un éventail d'affirmations péremptoires propres à me fâcher avec la terre entière. Je me souviens d'une soirée en compagnie de Catherine Deneuve où, croyant faire le beau en éclusant du lourd, je me suis retrouvé vacillant vers 3 heures du matin devant cette belle actrice immuable qui me contemplait d'un air désolé. Car l'alcool ne lui faisait pas peur, celui qui l'a vue tanguer n'est pas encore né. Et alors qu'il me fallut deux jours pour m'en remettre, trois heures plus tard elle était au maquillage, tête faite et le teint frais, avant de s'en aller tourner son film du moment. Catherine a toujours su « tenir la route », comme dans sa vie elle se tient bien. Il y a comme ça des gens sur cette terre dont l'attitude inspire le respect.

Au fond, l'idéal, c'est d'être juste un peu connu. Par exemple, grâce à tous ces gens que j'ai photographiés dans les années 1960-1970, n'importe où en France, dans le moindre petit village, quand je marche dans la rue les gens me sourient parce que je leur rappelle leur jeunesse. Remarquez, j'en croise aussi certains qui repèrent surtout ma chienne, en se demandant qui je suis. Ceux-là me lancent en général cette phrase assez étonnante : « Vous êtes connu, vous. Vous êtes qui ? » Je vois bien dans leur regard qu'ils se demandent sur quelle chaîne je présente la météo... Mais, quand même, c'est agréable de finir sa vie avec des sourires. Et puis, on a plus facilement une table au restaurant...

Alain Delon et Jean-Paul Belmondo

sur le tournage de Borsalino

1969

L'idée de ce film était d'Alain, il en était le producteur et il avait confié la mise en scène à son ami Jacques Deray ; c'était l'événement de l'année. Alain et Jean-Paul sur la même affiche, c'était le rêve de toutes les gazettes férues de scandales, à l'affût du moment où les deux plus grandes stars françaises allaient forcément s'engueuler. Peine perdue, ils s'entendaient très bien. De toute façon, les journalistes n'étaient pas les bienvenus et c'est vraiment par amitié qu'Alain m'avait invité sur le plateau. À l'époque, j'étais parfois accompagné de deux jumelles très jolies et beaucoup plus grandes que moi. Il me semble qu'elles étaient suédoises, je ne sais plus très bien. Elles s'habillaient genre futuriste, donc je les appelais les fusées. Elles étaient très gentilles, beaucoup d'humour, toujours gaies, des reines de la fête sur talons compensés. Et surtout, elles adoraient danser ensemble. Quand j'arrivai sur le tournage pour retrouver Jean-Paul et Alain, ils étaient assis, attendant la prochaine scène. Je leur proposai de faire quelques photos. Et lorsqu'ils furent en place, juste avant de mettre l'œil dans mon appareil, je dis aux deux jeunes femmes : « Danse ? », et elles se mirent à gigoter en rigolant l'une en face de l'autre comme dans une boîte de nuit. Je constatai avec plaisir que la prestation des fusées faisait son effet sur les membres de l'équipe. Les machinistes se marraient ; quant à Alain et Jean-Paul, ça faisait longtemps que mes élucubrations ne les étonnaient plus. J'ai rencontré une des fusées, il y a quelque temps ; bien sûr, c'est une dame maintenant, mais elle avait toujours la gentillesse dans l'œil. Elle se souvenait très bien de ce moment : pour elle aussi, c'est un joli souvenir…

Paul McCartney

1966 *à Londres*

J'aime beaucoup cette photo de Paul, tellement anglais, en train de jouer du piano en costume-cravate. Je l'avais appelé de Paris en lui disant : « Je dois faire huit pages sur toi. Je peux venir à Londres quel jour ? » Il me propose un jeudi. « Tu as besoin de combien de temps ? » me demande-t-il. « Trois heures ! » J'arrive chez lui, on fait quelques photos, puis on prend sa Rolls pour en faire d'autres dans Hyde Park. Ce qui me plaît, c'est qu'il arrive en cravate ; ça prouve qu'il s'est dit : « Huit pages sur ma pomme ? OK jouons-la classique. » Pourtant Dieu sait si dans ce que les journaux appellent le « Swinging London » (expression un peu ridicule, Londres a toujours été à l'avant-garde), les Beatles étaient à la pointe de la mode, inventant des mélanges des plus fantaisistes, changeant de look toutes les semaines. Ce que les obsédés du « Je suis rock-cuir-lunettes-noires » oublient aujourd'hui, c'est que, lorsque j'ai rencontré les Beatles et les Stones, ils étaient souvent en cravate. « Être rock », ça ne veut rien dire ; c'est un rêve de fan en mal d'imagination. D'abord, le rock, c'est une musique et une danse, point. On peut s'habiller comme on veut, mais je n'ai jamais compris les gens qui ressentent le besoin de ressembler à une communauté, d'avoir une panoplie liée à un groupe d'humains. Il me semble qu'il ne faut pas suivre la mode, il faut être sa mode ou rien. Finalement, j'aime mieux les gens qui évoluent avec eux-mêmes que ceux qui « changent » avec tout le monde.

Robert Hirsch avec Gérald Nanty

au club Le Mathis, la dernière vraie boîte de nuit parisienne

1990

C'était le temps des soirées sans fin et de la fantaisie de ces gens qui, peut-être parce qu'ils étaient homosexuels, avaient autant d'humour que d'esprit. J'ai toujours été en admiration devant ceux qui, comme Jean-Claude Brialy par exemple, possédaient cette force de savoir rire pour ne pas pleurer. (On oublie qu'un peu partout dans le monde, le problème est loin d'être réglé.) Je me souviens de l'ancien préfet de police André Dubois, administrateur de *Paris Match* et de *Marie-Claire* en 1956. Je le rencontrais parfois quand j'étais l'assistant de Daniel Filipacchi. C'était un homme affable, homosexuel notoire, plus connu dans les années 1950 pour avoir eu la bonne idée d'interdire aux voitures l'utilisation des avertisseurs dans la capitale. On l'appelait « le préfet du silence ». Au début des années 1960, il eut la curieuse idée d'épouser Carmen Tessier, une journaliste, chroniqueuse tenant une rubrique au journal *France-Soir* bien nommée « Les potins de la commère ». Célèbre en France pour être une langue de vipère, elle était la terreur des stars. Cette étrange union faisait rire tout Paris, c'est pourquoi, en référence à *Pelléas et Mélisande*, l'opéra de Claude Debussy, dans les milieux homos, les bonnes âmes s'empressèrent de célébrer les épousailles de « pédéraste et médisance ». Exemple type de l'esprit des homosexuels de l'époque.

Françoise Sagan :
« Les gens que l'on rencontre la nuit n'ont pas de rendez-vous dans dix minutes, ils sont libres. »

Johnny et moi

2000 *à Los Angeles*

Je me souviens du jour où Johnny m'a téléphoné pour me demander si je voulais bien l'accompagner à l'enterrement de sa mère. La cérémonie avait lieu à Viviers, dans l'Ardèche en 2007. Ça me touchait beaucoup parce que j'en avais encore gros sur le cœur de n'avoir pu être à ses côtés quand son père était mort. Il me donna rendez-vous à Orly où l'on devait prendre le jet privé d'un de ses amis. Lorsque je le retrouvai dans la salle d'attente, quelques autres invités arrivèrent, parmi lesquels une jeune femme en jean et tee-shirt noir. Alors qu'elle passait devant nous, nous vîmes sur les deux poches arrière de son pantalon deux têtes de mort brodées en strass. Échange de regards avec Jojo. J'imaginais la scène le matin, la jeune femme dans son dressing qui se dit : « Alors voyons, aujourd'hui ? Enterrement. Ah ben tiens je vais mettre ce jean-là ! » Une fois à l'aéroport dans le Midi, il reste une heure de voyage à faire avant de rejoindre le cimetière. Tout a été prévu. Trois limousines noires pour emmener les invités et deux motards de la police pour ouvrir la route devant le cortège. Et là, je n'ai jamais vu des voitures aller aussi vite, on traverse des villages à fond, ça n'a aucun sens. Comme je suis à l'avant, je fais signe à Johnny que cette course est absurde, lui est habitué, il a un vague sourire las. Je me tourne vers le chauffeur en lui disant sans élever la voix : « Écoutez, j'ai connu la mère de Johnny, là où elle est aujourd'hui, je pense qu'elle ne nous en voudra pas si on a un peu de retard ! » Mais personne ne m'écoute… À l'arrivée, une imposante foule attend. En le suivant dans l'allée du cimetière, je retrouve cette façon particulière qu'a Johnny de marcher quand il est triste…

Édouard Baer

à la fin des années **1990**

Rien ne m'emballe autant que le destin de ceux dont le chemin est imprévisible. Qui, il y a trente ans, aurait pu deviner le parcours de ce ludion à la pensée aussi décoiffée que les cheveux ? Homme de spectacle en tous genres, il inventa sûrement sans le savoir un nouveau métier réservé à lui seul : cascadeur du verbe. Apôtre de l'imprévisible, toujours partagé entre le rire et l'angoisse, trouve-t-il l'inspiration en se torturant l'encéphale ou avance-t-il un pied devant l'autre, tel l'acrobate sur le fil ? Il est possible qu'il ne le sache pas lui-même. Le silence l'ennuie, les temps morts lui font peur ; s'il lui arrive d'accélérer la conversation, c'est pour la mettre au niveau de l'estime qu'il vous porte. Le point culminant de son penchant pour le danger semble s'épanouir lorsqu'il présente les grandes cérémonies de Cannes ou des Césars ; là, devant les gens dits « de la profession », on peut le voir au plus près parier avec lui-même. Dans le petit monde du spectacle, il s'est inventé le plus élégant des chemins de traverse, poussant l'art de la pirouette jusqu'au vertige de l'extravagance. Grâce à un profil intellectuel et un cheminement de pensée imprévisible, il est à l'anarchiste bourgeois ce que Gérard Depardieu est au voyou magnifique. Les deux faces d'une même pièce, partageant une culture inattendue de la part de ces funambules des sentiments. Selon l'énervante expression consacrée, il est partout où on ne l'attend pas, mais avec la distance propre à ceux qui depuis longtemps ne s'attendent plus eux-mêmes. Trop bien élevé pour se plaindre, il choisit depuis toujours de camoufler son désespoir derrière une dérision qu'il espère joyeuse ; le problème vient peut-être du fait qu'il se déçoit. Moi qui espère être son ami, il ne m'a jamais déçu. Du temps où j'allais aux Rencontres d'Arles, j'essayais parfois de l'accompagner dans les rues, la nuit, toujours prêt à aller dans une autre rue, une autre place, une autre fête, n'importe où mais surtout « ailleurs ». Et je crois que s'il est sans cesse en mouvement, c'est que, hélas, il sait depuis longtemps que l'ailleurs n'existe pas.

Mon grand-père, Jacques Porel

1920

La dernière fois que j'ai vu mon grand-père, il pleurait. Avec Jacques Chancel, nous voulions réaliser un portrait de lui pour la télévision, mais chaque fois que nous commencions à parler de sa mère, il ne pouvait retenir ses larmes.
Ce document tant souhaité n'existera donc jamais.
La vie de Jacques Porel fut celle d'un dilettante, de ceux que l'on nommait les « boulevardiers », dont la fonction première consistait à briller dans les fêtes et les dîners parisiens. Il connut la terre entière mais n'en fit jamais rien, l'idée même de travailler ne le concernait pas. Les jours où il rendait visite à son ami Marcel Proust, ce dernier ne manquait jamais de dire à sa fidèle Céleste : « S'il vous plaît, fermez bien toutes les fenêtres, Porel le Léger pourrait s'envoler ! »
Il ne reste de lui qu'un livre en deux tomes modestement intitulés *Fils de Réjane*, dans lequel il raconte l'incroyable destin de cette petite Parisienne des quartiers populaires qui deviendra une icône du théâtre de son temps. Bon fils, il est aussi un excellent témoin de l'existence de cette mère éblouissante, dont il ne cache rien. Nous parlons d'un temps où Paris se considérait comme le centre du monde ; ce n'était pas loin de la vérité et Réjane en était une des reines. J'ai souvent vu mon grand-père sur le tard de sa vie, du haut de son mètre quatre-vingt-dix : il jetait un regard mélancolique sur notre époque américanisée, lui qui avait connu les Champs-Élysées lorsque ceux-ci n'étaient qu'une chaussée de terre martelée par les sabots des chevaux.

Une phrase de Jacques Porel :
« Si folle que puisse paraître cette affirmation, lorsque nous aimons les choses ou les êtres d'un tel amour, ces choses sont à nous, ces êtres nous appartiennent. »

Marianne Faithfull

en Angleterre **1966**

Marianne et moi, nous nous aimions beaucoup. Je n'avais plus ma compagne, et elle, de son côté, avait déjà une vie de famille, un mari, un enfant, c'était sans doute un peu tôt pour une fille aussi jeune. Elle ne ressemblait pas aux chanteurs ou aux musiciens de la scène anglaise ; venant d'un milieu sophistiqué, elle était plus cultivée que les sympathiques voyous du rock. On ne se quittait plus ; j'ai d'ailleurs fait assez peu de photos d'elle, nous avions autre chose en tête. Un jour, elle m'a emmené dans la campagne anglaise pour rencontrer ses parents. C'était en juin, il faisait grand soleil et la maison était belle. Après le déjeuner, nous sommes allés nous balader dans une forêt voisine et, au milieu des arbres sombres, nous sommes tombés sur une clairière. Marianne s'est allongée. Ils sont rares dans une vie les moments où l'on se dit : « Je suis touché par la grâce », et j'ai su que je n'oublierais jamais cet instant. Après quoi elle vécut entre Londres et Paris durant un an, et puis bien sûr, un jour, elle disparut comme on savait le faire dans cette époque bénie. Sans drame ni larmes, juste pour changer de nuage. Et, quelque temps plus tard, je l'ai retrouvée en couverture d'un magazine anglais au bras de Mick Jagger. J'étais content pour elle, je trouvais ce type formidable. C'est fou ce que les choses étaient simples… Je ne l'ai plus croisée à Londres dans les années 1960, pourtant je travaillais régulièrement avec Mick. On ne s'est retrouvés que dans les années 1990, par hasard. Elle était au Café de Flore avec son ami François Ravard, et lorsque que je me suis assis avec eux, Marianne et moi nous avons rougi et François s'est marré. Cette subite pudeur montrait bien à quel point cette année avait compté pour nous. Chère Marianne, tu fais partie de mes plus beaux souvenirs…

Sylvie Vartan

1964

Il y a dans cette photo un détail qui m'enchante. Ce jour-là, Sylvie avait au talon un petit sparadrap un peu caché par son bas, on peut le distinguer seulement sur les grands tirages. Sans doute était-il dû à un excès de répétitions, elle était connue pour travailler avec ses danseurs à longueur de journée. Je suis touché par le fait que grâce à ce détail, cette image est le contraire de la photographie d'aujourd'hui, surtout sur Instagram, car bien sûr elle n'est pas retouchée. Pendant ma période de photographe années 1960, je n'ai jamais fait aucune retouche. L'argentique était fragile et il fallait faire preuve de patience, c'est peut-être cette obligation à prendre son temps qui manque aujourd'hui. Je faisais très peu de photos, et de plus on savait qu'on ne verrait le résultat que deux ou trois jours plus tard ; après la séance, notre obsession c'était surtout de savoir à quel endroit on allait déjeuner. Avec les Smartphones, les gens font des centaines d'images et ils les voient tout de suite. On prend, on jette, ça ne coûte rien. C'est peut-être cette impatience qui rend les photos moins intéressantes, parce que trop consommables. On me dit parfois que je ne parle que du passé. Mais ils me font marrer, en ce qui me concerne, je ne peux pas évoquer l'avenir car je le trouve plutôt court…

Sylvie Vartan

1965

Il y a tout ce que j'aime dans cette photo. La jeunesse, la beauté sans artifices, la détermination, la candeur, la confiance dans les yeux d'une môme qui a déjà beaucoup vécu. J'y vois un peu de revanche aussi, le long voyage en train pour quitter sa Bulgarie natale, l'arrivée à Paris, les lourdes valises, une langue nouvelle, son frère qui serre les dents devant les regards de Parisiens pressés et indifférents, les mêmes auxquels les pieds-noirs auront droit au retour d'Algérie. Son père, une âme d'artiste, travaille aux halles pour subvenir aux besoins des siens. Sa mère, qui embellit comme elle le peut ce nouvel appartement bien trop petit pour quatre, y invente l'avenir. Dans ce regard, je vois la détermination de la petite fille qui rêve de gâter un jour cette mère magnifique pour lui dire merci, pour lui faire une belle vie, dans un Beverly Hills qu'elle a bien mérité. Et puis, enfin, la chance tourne, la chanson la choisit par hasard, un succès qui la dépasse, et la rencontre incroyable avec ce jeune homme beau et fou, un ouragan sur les scènes du pays. La voilà adulée par les petites Françaises, ils deviennent à eux deux les préférés d'un pays dont la jeunesse s'éveille. Deux émigrés qui représentent la France, bel exemple… Sur cette photo, je vois la joie de la jeune mariée. Elle l'a voulu, il n'est pas loin, peut-être à quelques mètres. Et moi, j'ai la chance d'être là, alors elle me sourit et dans ce sourire-là il y a son amitié qui ne me quittera jamais.

Fabrice Luchini

2002

Ce n'est pas parce que Fabrice parle d'argent qu'il est près de ses sous. On lui prête la réputation de ne jamais offrir de places pour ses spectacles. D'abord c'est faux, ça lui arrive, croyez-moi. Mais s'il le fait avec réticence, je pense que c'est pour une autre raison. Les gens qui ne paient pas leur place sont dangereux. Quand je faisais du cinéma, j'avais constaté un phénomène étrange lors des projections privées pour des journalistes, des critiques ou autres professionnels. Je me mettais au fond de la salle pendant que les gens entraient. Je les regardais se dirigeant vers leur siège et là, qu'il s'agisse d'inconnus ou même d'amis de longue date, leur statut d'invité changeait étrangement leur comportement. À l'instant même où ils s'asseyaient, leur costume se transformait comme par magie en toge de velours pourpre, leur tête soudain coiffée d'un chapeau ridicule. Bref ils devenaient des juges. Ils ne le faisaient pas exprès, simplement, n'ayant pas payé leur place, automatiquement ils étaient par avance disposés à la critique. Un spectateur lambda qui se déplace pour voir un spectacle est déjà gagné à votre cause à 50 %. Il a payé sa place, il vous donne du temps par choix, il est d'avance « pour » ce qu'il va voir, alors que l'invité est « contre » ; il se sent investi du devoir d'évaluation. De plus, si vous le décevez, le spectateur payant vous dira exactement la vérité, il n'hésitera pas à vous avouer franchement sa déception, tandis que l'invité vous mentira effrontément à coups de compliments hypocrites. Il vous servira les trois esquives suivantes : n° 1, « Formidable ton film, surtout la scène de... », ce qui signifie qu'il n'a pas aimé le film ; n° 2, « Bravo. On s'appelle ! » ne comptez pas dessus ; n° 3, la plus sournoise (les yeux fermés accompagnés d'une intense pression de votre bras) « Je ne te dis rien ! » là, vous pouvez être sûr qu'il va vous assassiner. Ce n'est pas sa faute, il n'est pas venu par choix mais par complaisance. Donc Fabrice Luchini a raison, il ne faut pas offrir de places : il faut laisser les invités les payer afin d'éviter que leur attention soit empreinte d'un a priori regrettable.

Mick Jagger

1972

Je me souviens du jour où Mick a porté ce canotier. La scène se passe à l'hôtel George-V, à Paris. Une foule de fans est massée dans l'avenue, le groupe est à son apogée, la ville attend leur concert avec enthousiasme. En bas une salle a été réservée pour une conférence de presse, l'endroit est bourré de journalistes qui patientent depuis un bon moment, accompagnés d'équipes de télévision et de radio, de photographes. Les organisateurs de la tournée ne cessent de se succéder dans la suite de Mick, il faut commencer, on ne pourra pas faire attendre la presse plus longtemps. En plus un cocktail est prévu, l'énervement des attachés de presse est à son comble. Cependant Mick est très calme. Il évolue au milieu de valises ouvertes remplies de vêtements. Quelque chose ne va pas. Répondre aux mêmes questions une fois de plus ne suffit pas. Pour marquer leur passage à Paris, il faut une idée visuelle, une photo peut résumer tous les discours. Tandis qu'il regarde par la fenêtre, il aperçoit en face un magasin de chapeaux, un très bel endroit aujourd'hui disparu. Et une idée lui vient : on est à Paris, qui peut mieux représenter cette ville ? Il se tourne vers un assistant et lui glisse une phrase à l'oreille. Un moment plus tard, celui-ci revient avec un chapeau de paille. Le lendemain, toute la presse résumait la venue du groupe avec une photo de Mick Jagger répondant aux journalistes en arborant le canotier de Maurice Chevalier.

Véronique Sanson

1972

Cette photo fut prise juste avant qu'elle décide de quitter Michel Berger pour s'échapper aux États-Unis retrouver Stephen Stills. Ce jour-là, nous avions fait cette séance dans le château d'un de mes amis. Je ne la connaissais pas beaucoup, mais je la savais émotive et fantasque ; peut-être, au moment de cette prise de vue, ne savait-elle pas encore qu'elle s'apprêtait à faire ce geste un peu fou qui allait changer sa vie. Elle était très attachée à Michel, mais Stills avait aussi le charme de l'inconnu, ce mythe de l'Ailleurs qui nous conduisait tous à être fascinés par une Amérique rêvée. Je la comprends, vivre ses rêves fut son mantra toute sa vie, et puis cette décision lui donna un fils auquel elle est follement attachée. Véronique n'est que musique, tombée parfois, elle s'est relevée souvent, c'est une des dernières immortelles. Elle respire d'abord pour sourire, mais peut avoir dans les yeux des éclairs de folie. Elle regarde ses mains sur le clavier de son piano avec l'envie d'être ailleurs, loin d'ici, loin du monde. Un peu comme ceux dont la passion consiste à scruter les étoiles et les planètes inconnues avec leurs curieux télescopes à miroir. Finalement, les gens qui ont le plus les pieds sur terre sont peut-être ceux qui ne s'intéressent qu'au ciel. C'est une belle chanteuse, et elle est toujours là. Alors profitons-en pour l'écouter chanter. Le temps nous est compté, autour de moi, tous mes amis s'en vont, désormais, quand je vais aux enterrements, j'ai quand même un peu l'impression d'être en repérage.

David Crosby

1975

Je ne l'ai jamais rencontré, mais ce type-là représente la période préférée de ma vie. La fin des années 1960, l'envie d'être ce que l'on voulait en France – les étudiants avaient foutu un bordel noir pour une histoire de dortoir de filles. Les arbres défilaient de chaque côté de la route alors que je rejoignais Johnny en tournée d'été dans ma Mustang, en compagnie d'une amie dont le nom m'échappe. Elle était américaine, rencontrée à Los Angeles dans une maison perchée de Coldwater Canyon qui sentait l'eucalyptus et les joints roulés par ses doigts fins. Elle riait tout le temps en caressant l'image de la cassette tout en chantonnant les chansons de ces types aux allures de chercheurs d'or posant devant une sombre forêt qui sentait l'aventure. Elle était blonde à mourir, la tête sur mon épaule, tandis que je traversais des villages à une vitesse dont j'ai honte aujourd'hui. Mais je ne le savais pas, en ces temps-là l'imprudence était la moindre des choses. Je croyais que la vie serait toujours comme ça, au son de la guitare de ce musicien lointain et de ses amis Stills, Nash and Young, qui à eux seuls représentaient un ailleurs possible, une liberté sans limites, la vie choisie d'une veste à franges et rien d'autre qu'un avenir qui sourit… Ah si, je me souviens maintenant, elle s'appelait Melody. Très très loin, tout ça…

Simone Signoret et Yves Montand

1959

Ces amis-là me manquent, car bien que nous ne fussions pas toujours du même avis, ils avaient la sagesse d'admettre leurs erreurs lorsqu'une idée les avait trahis. Qualité très rare.
J'en ai marre, on ne peut plus évoquer la politique sans subir des insultes. Moi, c'est simple : je n'aime pas la gauche, je n'aime pas la droite, et je ne m'intéresse pas aux extrêmes. Je ne dis pas que j'ai raison, c'est ainsi, c'est tout.
Rien dans la vie n'est noir ou blanc, c'est pourquoi j'ai toujours voté au centre, comme d'ailleurs la plupart des Français depuis De Gaulle. Centre-gauche, centre-droit, certes, mais centre. Et je n'adhère pas non plus au club du « Tous pourris ». Comment dans ce pays dit « civilisé » peut-il y avoir autant de gens qui rêvent encore du communisme, un système qui a apporté plus de malheur que d'espoir, de même qu'en face d'autres fantasment sur le prochain Mussolini ? Partout le cynisme se mêle à l'aveuglement.
Sur ce plan, Mitterrand fut imbattable. Ministre de l'Intérieur en 1953 d'un gouvernement de la droite dure, il arrive en 1981 à représenter la gauche, et tous les bourgeois déguisés en soixante-huitards tombent dans le panneau. Talleyrand peut aller se rhabiller, c'est du grand art.
En tout cas, si un parangon des extrêmes arrive au pouvoir, contrairement aux désordres systématiques qui règnent dans les médias ou sur la Toile, vous ne m'entendrez jamais dire du mal de l'élu, qu'il soit homme ou femme. À quoi sert d'élire quelqu'un si c'est pour lui rentrer dedans à longueur de journée ? En réalité, ça mène à faire plonger la France, je n'ai pas donné vingt-huit mois de ma vie à l'armée française (croyez-moi, à vingt ans, c'est long), pour voir aujourd'hui saboter les institutions par des petits marquis obsédés de réussite personnelle...
Et ne vous laissez pas berner par les rêveurs de révolution, ils ne savent pas de quoi ils parlent. (Oui, je sais, privilégié, enfant gâté, etc.) Eh bien détrompez-vous, je sais ce que je dis, ce que j'ai vu des folies meurtrières des foules à Oran en 1961 m'a donné une idée assez précise des horreurs révolutionnaires...
Décidément, je me sens bien seul ! Mais heureusement, plus pour longtemps...

Jean-Michel Lacor

1975

Ça avait pourtant mal commencé. En 1963, Françoise Hardy avait accepté de tourner dans *Château en Suède*, de Roger Vadim. Et c'est en allant la chercher sur le plateau que je fis la connaissance de Jean-Michel Lacor, l'assistant du metteur en scène. Il prit en grippe aussi sec mon allure d'enfant gâté photographe d'idoles. Nous ignorions tous les deux qu'il ferait bientôt partie de mes meilleurs amis, et pour toujours. Jean-Michel était un prince, un aristocrate un peu voyou. Beaucoup plus cultivé que moi, doté d'une tendresse bien cachée derrière un humour dévastateur, nanti d'une âme d'aventurier, il exerçait sur la gent féminine un irrésistible pouvoir de séduction. Très vite, dès que je fis des films publicitaires, je ne pus me passer de lui. Cette fois-là, nous étions au Mexique. La veille, l'agence de New York nous avait fait cadeau du directeur artistique le plus fatigant de la sphère publicitaire. Alors que nous roulions vers le sud du pays, le type nous la jouait touriste de base en posant une question toutes les deux minutes. Les cactus, la forme des cornes des vaches, le moindre caillou, tout suscitait en lui la curiosité d'un gamin trop nerveux. Impassible au volant, Jean-Michel, dont les maxillaires bloqués trahissaient l'énervement, répondait aux exigences de notre client pendant que je faisais semblant de dormir. Quand, après trente questions, nous passâmes devant une petite boutique en planches au-dessus de laquelle était inscrit « *Pollo pibil* » (autrement dit « petit poulet »), la question ne tarda pas à venir de l'arrière. Jean-Michel ralentit alors et répondit ceci : « Attention, mon ami. Ici, nous entrons en terres incas. "*Pollo pibil*" est une expression d'usage. Dans cette région, lorsque vous rencontrez un homme, la politesse veut de le saluer ainsi : "*¿Como estas, pollo pibil?*" Ainsi, vous serez aussitôt accepté par le Mexicain de base. » Puis Jean-Michel redémarra, riant sous cape en pensant au prochain arrêt. En effet, lorsqu'une fois à bon port nous vîmes notre sbire aborder un pékin moustachu à large chapeau d'un : « Comment vas-tu, petit poulet ? », nous fûmes récompensés de notre patience.

Antoine

1966 *sur les Champs-Élysées*

Les bureaux du groupe Filipacchi étaient situés sur les Champs-Élysées ; il faut bien le dire, c'était un endroit extraordinaire. Je me levais le matin avec l'envie d'y aller. Les portes étaient grandes ouvertes et tout Paris passait pour se retrouver sur les canapés dans le seul but de converser gaiement. Les bureaux de *Salut les Copains* côtoyaient celui de la maquette, le centre névralgique du groupe. Ensuite venait celui de *Lui* dans lequel défilaient des écrivains, des gens du spectacle et des filles magnifiques, et non loin de là, les bureaux de ma sœur, Anne-Marie, et ceux de *Mademoiselle Âge tendre*, dans lesquels les adolescentes venaient se présenter. Inutile de vous dire que l'atmosphère générale était des plus chaleureuses. Quand je pense aux immeubles froids des journaux d'aujourd'hui, où il vous faut une sorte de carte de crédit avec votre tronche dessus pour entrer, et à ces open spaces remplis de cages à lapin en verre dans lesquelles les journalistes s'envoient des mails à trois mètres de distance… Comment des patrons peuvent-ils espérer que les gens aient du plaisir à travailler là-dedans ? Finalement, la déchéance de la presse tient certainement à la peur des réseaux sociaux, mais à mon sens, c'est aussi et surtout parce qu'il n'y a plus de canapés dans lesquels des amis s'affalaient pour dire des bêtises… Ce jour-là, Antoine était passé nous voir. « Tiens, puisqu'il est là, faisons une photo ! dis-je à mon assistante. Trouve un fauteuil et un chien et on la fera au milieu de l'avenue. »

Je vous promets, les choses se passaient comme ça. On s'est installés au milieu de la circulation ; demander une quelconque autorisation ne nous serait même pas venu à l'idée. Personne ne nous dérangeait ; d'ailleurs, regardez, même le flic s'en fout. En un quart d'heure, c'était dans la boîte. Aujourd'hui, on ne nous laisserait jamais faire une chose pareille ; en plus, avec l'amabilité parisienne ambiante, on se ferait insulter par les automobilistes…

Isild Le Besco

dans les années **1990**

Rien à voir avec cette belle actrice, sauf les yeux, peut-être...
Car il me faut des yeux pour vous conter ce court instant.
Première rencontre.
Parfois les échanges d'une seconde valent autant que ceux qui dureront des mois.
Elle, on va l'appeler « elle », celle qui me lance un regard en s'adonnant à son travail dont je ne dirai rien pour ne pas la trahir.
Dans ses yeux durant un instant on peut lire tous les possibles. Bien sûr, elle n'est pas dupe, elle sait que dans cet échange, de part et d'autre ne se glisse aucune illusion. Je ne suis que le vestige d'un passé enviable, certes, mais révolu, et je vois dans ses prunelles que, l'espace d'un instant, elle a juste envie de me tromper merveilleusement. Elle croit deviner dans mes propos une invitation qui n'aura jamais lieu. Moi, comme d'habitude, j'ai lancé une gentillesse de vieux beau, simplement, comme ça, pour le plaisir, une sorte de réminiscence des politesses d'avant, pour le bonheur d'être juste bien élevé parce qu'il y a du soleil dehors, réflexe suranné face aux bonheurs souvent rêvés, de ces envies d'élans qui respiraient le plaisir de séduire. Pour rien, pour s'envoler un peu.

Poussée par le confort de sa jeunesse, elle ne me voit pas vraiment, elle me jauge selon ses lubies de femme encline aux aventures, avant que vienne l'inévitable rencontre auréolée d'avenir fou, « l'amour toujours », ce travers qui la conduira à l'illusion de s'approprier l'autre, pour finir par le raisonnable, le rassurant danger du « tous les jours », la fin de la jeunesse.
Pourtant elle n'est pas dupe, je vous dis, elle s'amuse elle aussi.
Bien sûr elle ne peut pas savoir que pendant cette longue seconde, elle représente tout ce que j'ai aimé dans la vie, le mystère de la séduction, le cœur habitué à battre, qui désormais s'alanguit sur des souvenirs enfouis. Une sorte de résumé du meilleur de la vie concentré dans l'espace d'un souffle. Je vous remercie, madame ou mademoiselle, vous m'oublierez très vite, alors que sans le savoir, vous aurez comblé ma journée.
Je vous souhaite le meilleur, le plus gai, le plus « vite », en un mot : le plus !

Marianne Denicourt

1999 *pour le journal* Elle

J'ai rarement vu un regard plus beau…
Petite mise au point sur la vie des femmes.
C'est quand même incroyable, la façon que l'on a d'infliger des préceptes ridicules aux femmes dès leur plus tendre enfance. Par exemple : « Il ne faut pas coucher avant le mariage ! » Alors qu'elles ont tout intérêt à essayer l'oiseau avant l'hymen pour être certaines de ne pas se tromper de modèle.
Et encore, quand elles ont la chance d'avoir le choix, ce qui est loin d'être le cas partout sur notre belle planète.
Ensuite, la croyance sous-jacente qu'une femme qui ne fait pas d'enfant passe à côté de sa vie. Oukase instillé depuis des siècles par les religions en tous genres, alors qu'il n'est pas du tout évident d'être apte à l'exercice. Éduquer un enfant n'est pas toujours une sinécure, encore faut-il être doué pour ça. J'en connais qui ne vous l'avoueront jamais, bien qu'on devine parfois un soupçon de lassitude.
À mon avis, une bonne solution serait peut-être du côté de l'homosexualité, vivre avec sa meilleure amie peut offrir des moments de franche rigolade et j'ai souvent eu l'impression que les rapports entre femmes semblaient plus doux, plus tendres, plus fins, bref plus intelligents que les relations homme-femme, souvent trop caricaturales – elle censée être fragile, sans cesse énamourée, et lui tout en muscles, protecteur, sûr de lui, etc.
Oui, je sais, le trait est gros, mais tant en France que pays, on retrouve ces bases primaires empêchant beaucoup de femmes d'inventer leur vie.
Et je ne suis pas fier, en tant qu'homme, je ne suis pas sûr d'avoir vraiment fait le poids.
Je me demande même parfois si je n'aurais pas préféré être une femme, au moins j'aurais fait une gouine de rêve.
John Lennon avait raison lorsqu'il chantait : « *Women are the niggers of the world.* »

Paul McCartney

1965

Gilles Mora est un amateur éclairé du rock et de la photographie. Je l'ai connu en 2001, lorsqu'il s'occupait des Rencontres d'Arles. C'est grâce à lui que j'ai pu montrer mes photos lors d'une soirée dans les magnifiques arènes de cette ville, temple du bon goût germanopratin. C'est du reste la seule fois où j'ai eu le sentiment d'être accepté au sein de la « famille » de la photographie. En 2014, il m'appelle en me disant : « J'organise une exposition au Pavillon populaire de Montpellier avec les photographies de Linda McCartney ; Paul a accepté de venir pour le vernissage, mais je ne le connais pas, il faut que tu viennes. » J'ai beau lui expliquer que la dernière fois que j'ai vu Paul, c'était en 1968 : « Tu sais, lui dis-je, il a vécu pas mal de choses depuis, je ne suis pas sûr qu'il se souvienne ! » Ça ne fait rien, Gilles tient à ce que je sois là. Je descends donc de Paris en compagnie de mon ami Marc Lambron, à qui je sais que ça fera plaisir. Avant l'arrivée du « Beatle », Mora m'explique que des organisateurs sont là depuis deux jours pour préparer le voyage de la star, qui vient de Londres en avion privé. Ils lasérisent à tour de bras le moindre millimètre. Tout est réglé comme pour la venue de la reine d'Angleterre. Effectivement, en fin de journée, Paul McCartney arrive à l'heure, entouré de sa famille. Et au milieu des deux cents personnes qui l'accueillent, à ma grande surprise, il me voit et me fait un petit signe de reconnaissance des plus chaleureux. Franchement, je ne m'y attendais pas, je ne lui en aurais pas voulu de ne pas me reconnaître. Et là, il me présente à sa femme et à sa fille en leur disant textuellement : « Vous voyez, avec lui, c'était la bonne époque, on rigolait bien, je n'ai que de bons souvenirs. » Eh bien, non seulement ça m'a étonné, mais je vous l'avoue : ça m'a fait vraiment plaisir.

Isabelle Carré

1990 *pour le journal* Elle

Autant de charme dans un seul sourire devrait être remboursé par la Sécurité sociale.
Ma chronique d'aujourd'hui n'a rien à voir avec cette merveille d'actrice, mais comme elle est très française, je pense qu'elle sera d'accord avec ces mots.
Vous allez finir par penser que je cherche à émarger au *Guide du routard*, mais rassurez-vous, je ne suis qu'un amateur de plus en plus déçu par les errements de la cuisine française actuelle.
Bien sûr je ne vous dirai pas dans quelle région je me suis égaré. Encore un restaurant soi-disant chic dont on penserait la structure imaginée par l'inventeur du Rubik's Cube. Sur les murs de la salle à manger, trônent des portraits gribouillés par un chantre désespérant de l'art contemporain. On a l'impression de déjeuner dans une salle de dissection.
Le garçon arrive sur coussin d'air puis se met à gesticuler en faisant des petits pas, ce n'est plus un maître d'hôtel, c'est Ludmila Tcherina. Tout ça pour vous expliquer une « mignardise » abstraite à base de rutabaga, c'est tellement chic ce légume, un des rares qu'on trouvait pendant la guerre de 40, merveilleux, non ? Je vous passe la suite où les carottes ressemblent à des frites et la viande à une toile de Francis Bacon.
Ensuite, après avoir demandé des fromages, on vous présente des toutes petites tranches en forme d'allumettes, c'est d'un mesquin... Bon, on oublie les desserts, je n'en prends jamais...
Pourquoi les chefs modernes font-ils des plats aux allures alambiquées qui doivent ressembler à tout, sauf au produit que l'on mange ?
Et où sont donc passés les vrais restaurants de la campagne française ?
Bonne continuation !

Nico

1968

Je connaissais Nico dans les années 1950, lorsqu'elle traînait parmi la faune de la rue Saint-Benoit à Saint-Germain-des-Prés – elle n'était pas encore chanteuse.
Je la retrouvai à la fin des années 1960, un soir par hasard à New York, au Max's Kansas City, ce café incroyable d'où partaient des taxis pirates très connus en ville. En effet, ils prenaient un client à 3 heures du matin, et sans le prévenir ils commençaient à faire une course folle à travers New York avec un autre taxi, sans prêter la moindre attention aux feux rouges. Les mecs étaient cinglés, je ne suis même pas certain qu'ils avaient un permis. Si vous n'étiez pas prévenu, c'était carrément terrifiant. Bref, l'endroit était spécial.
Nico était très belle, un peu étrange, elle chantait désormais avec le Velvet Underground, le formidable groupe soutenu par Andy Warhol. Ce soir-là, elle m'avait emmené à la Factory, l'antre de Warhol sur la 47e Rue. Je me souviens vaguement de l'atmosphère un peu glauque de cet endroit aux murs recouverts de papier d'argent. J'avoue que je n'étais pas très à l'aise au milieu de ces gens qui passaient leur temps à se guetter dans les regards des autres. Évoluant comme sur un nuage, Warhol se déplaçait dans la pièce, caressant les cheveux de l'un ou riant avec une autre, il avait l'air de s'adresser surtout à lui-même. Ce type aux talents multiples me donna quand même l'impression de se situer entre l'artiste génial qu'il fut et le publicitaire de son époque qu'il ne voulait pas être.
Je n'ai jamais revu Nico.

Françoise Hardy

2010

Nous sommes en juin 2022. Ce jour-là, je suis devant chez elle avec un petit sac contenant les trois endives qu'elle m'a demandé de lui apporter. Je souris en pensant que dans les années 1960, ses détracteurs l'appelaient « l'endive du twist ».

Rendez-vous à 14 heures, je suis donc arrivé à 13 h 30, car il est hors de question d'avoir ne serait-ce qu'une minute de retard. La maladie l'empêche de sortir depuis quatre ans déjà. En face, il y a un square, assis sur un banc je regarde deux enfants qui jouent dans un bac à sable. Leur maman est une dame assez corpulente qui me dit en anglais qu'elle est polonaise. Elle doit se sentir seule, alors je lui réponds. Conversation insolite, on est à des années-lumière l'un de l'autre, on se sourit. Le sourire, c'est un peu l'espéranto de ceux qui n'ont rien à se dire...

J'attends devant l'immeuble qu'il soit exactement 14 heures pour sonner. La porte s'ouvre et c'est le visage de la dernière photo que j'ai faite d'elle qui me revient aussitôt.

Installé dans son salon, je regarde les murs et les objets qui la voient tous les jours. Elle s'est assise avec précaution devant une fenêtre en contre-jour, elle parle assez vite comme s'il était urgent de tout se dire maintenant. La maladie n'a pas ralenti sa vivacité d'esprit. Elle s'intéresse toujours à beaucoup de choses, des chansons nouvelles, la politique, son passé avec Jacques, son présent avec Thomas. Décidément, je ne me lasserai jamais de ce visage.

Une heure et demie plus tard, je dois la laisser. Avant de refermer la porte, elle sourit en me disant qu'elle est contente de savoir que désormais, à Paris, le hasard a eu la bonne idée de me faire habiter à cent cinquante mètres d'elle.

Et la porte se referme comme un point d'interrogation.

Daniel Filipacchi avec les Beatles

à Europe n° 1 **1964**

Daniel est un homme qui ne ressemble à personne.
Depuis les années 1960, les bureaux de son groupe étaient installés sur les Champs-Élysées, en face de Lido Musique, un des rares vendeurs de disques importés des États-Unis, c'est là que j'achetais mes 33 tours de Frank Sinatra dans les années 1950. C'est dire si j'étais en terrain conquis. Non loin de là, il y avait la banque qui s'occupait de l'argent de tous les journaux, autrement dit, c'était du lourd. Un jour, le banquier demande à Daniel d'avoir l'amabilité de venir le voir. Dans le bureau du banquier, l'atmosphère est tendue, l'homme est très mal à l'aise.
« Voilà, nous avons un gros problème avec votre comptable en chef. » Il faut dire que celui-ci, homosexuel notoire, arborait des tenues des plus fantaisistes et un langage fleuri. J'ai oublié son nom.
« Vous comprenez, dit le banquier, il arrive chez nous en short à fleurs et il fait des avances lourdes aux hommes de l'agence, ce n'est plus possible. Faites quelque chose, je suis très ennuyé par cette situation. » Daniel jette un regard vers la fenêtre avec l'air préoccupé, puis il se tourne vers le banquier et lui répond :
« Ah oui, je comprends, je suis désolé, c'est effectivement fâcheux. Ne vous inquiétez pas, je m'en occupe. »
Rassuré, le banquier raccompagne Daniel jusqu'à la porte, c'est quand même son plus gros client.
En revenant au bureau, Daniel convoque Frank Ténot et le comptable, et leur annonce : « Bon, mes amis, aujourd'hui, on change de banque ! »
Et l'affaire fut réglée dans la semaine.
Voilà, c'était aussi ça, Daniel Filipacchi !

Un film Bic

1980

Claudie Ossard avait produit ce film dans le désert californien ; tout était prêt depuis 6 heures du matin pour commencer le tournage. Le casting était au complet, nous n'attendions plus que l'acteur principal, celui choisi pour jouer le shérif. Deux jours pour faire ce film, c'était confortable, mais à midi, il n'était toujours pas arrivé. Son agent de Los Angeles ne savait où le trouver, la panique commençait à nous gagner. C'est alors que je repère dans l'équipe un machiniste au visage formidable. Je me retourne vers Claudie et l'agence venue de Paris : « On n'a qu'à prendre ce mec, il a exactement la tronche que l'on cherche. » Seulement en Amérique, les règles concernant l'emploi sont très compartimentées. Par exemple, sur mes gros tournages américains, parce que j'étais metteur en scène, je ne devais jamais adresser la parole à un acteur de second rôle, même pas le moindre bonjour. Rien que le fait de lui serrer la main obligeait la production à augmenter son salaire ; il passait aussitôt de « extra » à « figurant principal ». Comme quoi, il n'y a pas qu'ici qu'on croise des cinglés dans les syndicats. Heureusement, c'est une production française, on n'applique pas ces règles. Mais lui, le machiniste, il les connaît et il hésite à franchir le pas : ma proposition rompt les usages. Finalement, j'arrive à le convaincre de changer de métier pour quarante-huit heures et il sera payé comme l'acteur absent. Mais le plus sympathique, c'est qu'alors qu'il a revêtu son costume de tournage, il continue à vouloir faire son travail de machiniste. Je suis obligé de lui dire d'arrêter pour se concentrer sur son nouveau rôle d'acteur. Il s'avère formidable dès la première prise. En conclusion, le plus étonnant aux États-Unis, c'est qu'on ne saura jamais si au cinéma les acteurs cherchent à ressembler aux flics ou si c'est dans la vie que les flics ressemblent au cinéma.

Sylvie Vartan
2018

Le visage que j'ai le plus photographié, et quand je regarde cette photo, je comprends pourquoi. Elle, l'émigrée bulgare arrivée à l'âge de six ans à Paris, je pense qu'elle sera sensible à cet instantané de 2022, en pleine rue du XVIe arrondissement.

La petite fille de la mendiante.
« Comme dans toutes les villes de France, les trottoirs de Paris sont parsemés de gens qui vivent dans les rues. Alors je marche, plus ou moins pressé, je croise le regard qui vient du sol ou bien je l'évite. Bref le petit chrétien qui sommeille encore depuis le temps où je faisais semblant de croire aux sornettes du clergé dans mes habits d'enfant de chœur, l'ex-petit garçon bien élevé que je fus a un sursaut de culpabilité et automatiquement je mets ma main dans ma poche pour voir s'il y a de la monnaie.
Et là je me retourne et que vois-je ?
Bien sûr je croise le regard de la dame que je voulais éviter mais, sortant de derrière elle, apparaît une petite fille de six ans qui s'approche calmement de moi. Figé, je ne prête pas attention aux passants aux pas pressés, je n'ai d'yeux que pour cette enfant qui avance, main tendue. Je lui donne les maudites pièces, dont j'eusse aimé qu'elles soient plus nombreuses. En temps normal, glisser de la monnaie à une adulte me permet d'avoir bonne conscience, toute aumône étant le signe d'un soupçon de générosité suffisant pour me calmer le moral.
Mais là, cette petite fille qui ne connaît pas l'école et à qui on a appris à tendre la main toute la journée à des inconnus, quelle vision de la vie a-t-elle donc ? Que pense-t-elle de ces inconnus pressés de s'éloigner avec la conscience tranquille pour retrouver leur petit nid ? Que sera-t-elle dans quinze ans, Droguée ? Morte ? Ou bien une « Jeff Bezos » revancharde ? Une chose est sûre, si elle survit, il y a des chances qu'elle soit sans pitié et elle aura raison.
Rentré chez moi, j'allume vite la télé, s'il vous plaît mes chères chaînes en continu, balancez tout ce que vous voulez, mais donnez-moi du lourd, du grave, de l'inquiétant, et comme souvent, je suis servi. « Bon allez, c'est pire en Ukraine ! »
La petite et sa mère, où vont-elles dormir ce soir ?

Brian Jones et Anita Pallenberg

1966

Je ne sais plus quand exactement, j'avais un rendez-vous avec Brian à Marrakech, ce devait être en 1967. Nous devions nous retrouver dans le riad de Paul Getty, un milliardaire très célèbre à l'époque. Pourquoi m'avait-il proposé de nous retrouver là ? Après tout, je ne le connaissais pas, ce M. Getty. Ce n'était même pas pour faire des photos, juste pour le plaisir. Je n'ai qu'un vague souvenir du palais. Je me souviens qu'après avoir traversé un patio de marbre rose et d'innombrables salons, je m'étais retrouvé sur une immense terrasse entièrement couverte de tapis sur lesquels des amis du fils Getty fumaient en regardant le ciel sans se dire un mot. Alors que je m'enquérais de son absence, un escogriffe me répondit que Brian était parti avec Anita ou qu'il n'était pas venu, le flou de la réponse trahissait un sens du moment assez mal contrôlé. Puis, tandis qu'il s'allongeait pour reprendre sa contemplation de planètes vues par lui seul, un chat passa royalement au-dessus d'eux sur le fond d'horizon enneigé de l'Atlas. Je n'ai jamais revu Brian…

Catherine Frot

1998

Voilà une grande actrice qui est aussi un mystère sur deux pattes. À mon sens, elle est dotée d'un talent unique, on aurait envie de la protéger, mais elle peut vous déstabiliser d'un mot. Elle est la preuve vivante qu'être rare ne s'apprend dans aucune école dramatique. Vous l'êtes ou pas. Merveilleuse injustice.
Dans la série : « Parlons des femmes ! »
Je les plains, celles dont le destin est suspendu à l'obligation de rencontrer « l'homme idéal ». Il y a tellement de modèles, l'éventail est large entre les vulgaires : « Elle est bonne la meuf, elle m'veut pas ? J'm'en bats les c..., moi », et les archilettrés à la prose ésotérique : « Recherchons plutôt l'immanence d'une transcendance qui nous mènerait vers un ailleurs possible... » Il y a de la marge.
Quand je pense à toutes ces femmes prises dans les filets de bellâtres imbus d'eux-mêmes, ou rassurées par des timides bien intentionnés mais d'un affligeant ennui... Les premières fois avec des maladroits pour lesquels le mot « préliminaires » est une abstraction, qui pensent qu'un clitoris se situe « à peu près par là » tout en le prenant pour une sonnette. Les laborieux confondant sexe et gymnastique. Les portés sur la chose qui regardent leur montre après l'affaire et qui s'en vont bien vite vers leur petit tiercé des rencontres faciles. Ceux qui au restaurant demandent : « On partage l'addition ? » Ceux qui bientôt méprisent l'être jadis tant aimé, les mufles, les menteurs, les lâches... Je plains surtout les innocentes, contraintes de jouer à la roulette russe du mariage, qu'il soit forcé ou pas... Et ainsi de suite, la liste est longue.
Pour ma beauté de fille, je supplie le destin de lui permettre de tomber sur un garçon gentil et drôle qui sache simplement l'aimer tout en la faisant rire, sans fausses promesses, sans faux espoirs, sans dos tourné... Un type qui ne se sente pas « plus » qu'elle, mais seulement « en face ».
Mesdames, n'allez pas croire que mes propos cachent une quelconque envie de vous plaire, j'ai depuis longtemps descendu le rideau de fer sur les jeux du sexe et de l'amour. Je trouve les hommes décevants et je ne m'exclus pas du lot.

Benicio del Toro

1988

C'est à l'occasion d'un casting pour un film publicitaire que j'ai rencontré Benicio. J'ignore quels sont les usages aujourd'hui, mais dans les années 1980, à Los Angeles, les acteurs pressentis étaient d'abord proposés au metteur en scène sur un écran. Autrement dit, le premier choix était fait par un professionnel du casting. Ensuite, assis dans une salle de projection, je voyais défiler des acteurs un par un, disant quelques mots, se mettant de face puis de profil, et au suivant. Je trouvais ça assez froid et je changerais ce système par la suite – au grand dam de mes producteurs qui pensaient que j'y passais trop de temps. C'était sûrement vrai mais, venant d'une famille de comédiens, j'avais tendance à prendre d'eux un soin excessif. Ce jour-là, il s'agissait d'un film publicitaire pour des jeans suédois (!!!). Au milieu du manège des acteurs prêts à tout pour être choisis, je vois un jeune homme qui entre la tête baissée. Il dit son nom sans regarder la caméra, se tourne de profil et s'en va. Bien sûr, je demande à rencontrer d'abord celui-là. Et alors que je le choisis d'office pour le rôle, le voilà qui refuse. Je demande donc à l'inviter à déjeuner. Il me donne rendez-vous dans un petit restaurant cubain pompeusement appelé Le Versailles. Dès que je le rencontre, il est évident qu'il est formidable. Il m'explique qu'il est venu à ce casting poussé par son agent, lui n'a pas envie de faire de film publicitaire. Je comprends son point de vue, il a sûrement raison, mais j'insiste : « Avec ce film, tu vas gagner de quoi vivre six mois. En plus personne ne le verra ici, c'est pour le marché suédois ! » Il a dû sentir mon enthousiasme ; au bout d'un moment, il accepte avec cette phrase magnifique : « *After all, it will be like sending a letter to the moon !* » (« Après tout, ce sera comme envoyer une lettre sur la Lune ! ») Après ça, je ne l'ai plus quitté pendant six ans pour un projet de film hélas sans lendemain.

Ma seule expérience avec le Viagra

1998

Vers la fin des années 1990, j'étais encore sur le marché. Mais les effets de l'âge commençant à se faire sentir, je voulus essayer pour la première fois cette invention connue sous le nom de Viagra. La soirée était prévue avec une charmante. Après avoir relu pour la dixième fois la notice, j'ingérai la petite pilule bleue en espérant que mon rendez-vous ne soit pas annulé. Une heure plus tard, mon slip Calvin Klein était victime d'une embarrassante crise du logement. Sonnette, conversation, voulez-vous prendre un verre, dîner thaïlandais ; bref, sautons les préliminaires et pointons du doigt l'essentiel en appuyant sur « fast forward ». Je suis allongé sur le dos, l'écuyère s'en donne à cœur joie, mais force est de constater que si nous sommes proches géographiquement, nous sommes chacun seul au monde. Ses cheveux volent au rythme de ses reins, et moi, je regarde une gravure indienne représentant un maharaja de pacotille. En plus, suprême solitude, mon fier engin et moi, nous sommes deux. Lui, il est debout, la tête vers le firmament, bien vaniteux, on dirait le menton de Mussolini, et moi, abattu par l'ampleur de l'événement, je suis mou comme une méduse égarée sur une plage normande. Mon sexe et moi, nous vivons deux histoires différentes, nous sommes donc trois dans la pièce. En plus,

je lutte contre un mal de tête à décorner un bœuf, comme si l'étage du dessous cherchait à aspirer toute l'hémoglobine de mon cerveau. Je serais incapable de dire combien de temps cette triste séance a duré, mais ça m'a semblé long. Je ne suis pas sûr que ma compagne ait trouvé ça très joyeux non plus. Entre sa recherche d'apothéose solitaire et mon ennui de vieux mari, il y avait un monde… Franchement, après la fiesta, nous n'étions pas très fiers ; on savait bien qu'on avait fait comme si… Mais où est donc passée l'exaltation de mon premier baiser ? Le cœur battant sur les marches de la patinoire Molitor, le bruit froid des patins sur la glace et ma main fiévreuse sous son pull en cachemire, Sidney Bechet au loin pleurant « Si tu vois ma mère »…

Johnny Hallyday et Sylvie Vartan

1965

À tous ceux qui ont voulu faire passer Jojo pour un imbécile, je rappelle la phrase qu'il m'avait dite au début des années 1960 : « Je préfère qu'ils me prennent pour un con, comme ça, je les vois venir ! » Il avait dix-huit ans. Je souhaite à tous ses détracteurs d'être con comme lui ! Et s'il vous plaît, arrêtez de l'appeler « le Taulier », ça ne lui ressemble pas du tout. C'était un type plutôt timide, très gentil avec quiconque travaillait pour lui, et son vrai bonheur était d'être sur scène près de ses potes musiciens. Demandez-leur, et vous verrez s'ils vous disent qu'il était un taulier. Claude François l'était, Jojo, non.

« Car enfin, tout au moins quand on est jeune, dans cette longue tricherie qu'est la vie, rien ne paraît désespérément souhaitable que l'imprudence. » (Françoise Sagan, *Un certain sourire*)

Julie Andrieu

2000

Au début des années 2000, mon amie Julie m'appelle en catastrophe : « T'es libre demain soir ? Je dois dîner avec un type qui me court après, il est très gentil mais je ne sais pas comment m'en sortir. Tu peux venir avec moi ? » Bien sûr, j'accepte. « C'est qui ce mec ? — Il s'appelle Paul Allen. On pourrait aller au Nobu, je suis invitée à une soirée organisée par Nokia. En plus, ils nous font cadeau de leur nouveau portable ! »

Un portable, en 2000, ça ne se refuse pas. Le lendemain, je rejoins Julie dans ce resto bourré à craquer, près d'elle il y a un homme dans la quarantaine, chemise froissée, cheveux clairsemés, dentition moyenne, il ne semble pas trop dérangé par ma présence. Je comprends qu'il fut l'associé de Bill Gates au début de Microsoft, sa fortune est inestimable, d'ailleurs il est venu de New York dans son Boeing privé juste pour ce dîner. L'idée que même milliardaire, il ait traversé l'Atlantique pour se prendre un râteau, me le rend touchant tout à coup. Durant la soirée, il nous parle de son palais de Saint-Jean-Cap-Ferrat. « Impossible de le rater, il est contre le parc de l'hôtel du Cap. Si vous voulez, Julie, vous pouvez y aller pour tourner une émission. La cuisine fait cent mètres carrés et il y a du personnel pour vous aider… » Ensuite, il s'excite en nous parlant d'un sous-marin qu'il est en train de faire contruire : « On pourra monter à dix pour faire des coucous aux mérous des grands fonds… » Bref, on est sur la planète Mars.

À la fin du dîner, mouvement de foule, tout le monde se lève pour aller récupérer son portable et on perd notre invité de vue. Arrivés dehors avec nos sacs-cadeaux, on le retrouve sur le trottoir, seul comme un oiseau mouillé. « Mais on ne vous a pas donné votre sac ? Je vais vous le chercher… — Inutile, me répond-il, j'ai déjà la compagnie ! » Dans cette soirée Nokia, personne n'en connaissait le propriétaire. Je veux le raccompagner en voiture au Crillon où il a loué un étage, mais il lève juste le bras et trois limousines débarquent ainsi que des gardes du corps en Armani qui scannent la rue en parlant à leur montre…

Décidément, on ne boxe pas dans la même catégorie.

Bashung

1990 *à la campagne*

Je ne le connaissais pas, à part une ou deux séances avec Françoise, c'était mon premier vrai rendez-vous seul avec lui, durant une de ses tournées.
Moi, j'aurais adoré le photographier dans un paysage urbain ressemblant plus à l'idée que je me faisais de lui, seulement voilà, ce jour-là, on était en pleine campagne, alors j'avais apporté un fond de mur de briques. Résultat, une photo ratée. Je vous raconte ça pour vous faire ressentir une situation que tout photographe peut

rencontrer. J'ai apporté le fond de Paris, et alentour le décor de champs à perte de vue est une sorte de « rien » sans aspérité, alors je l'installe et déjà en le faisant, je sais que la photo est nulle. Pourquoi la faire ? Parce que c'est tout ce que j'ai sous la main, et « parce qu'on ne sait jamais ». Heureusement, j'ai pu faire quelques portraits de lui dans une auberge.
Pendant son ascension en France, je vivais aux États-Unis et je suis passé complètement à côté de celui qui chantait « Madame rêve ». Regrets éternels. Mais c'est ainsi, au moins j'ai eu le plaisir de le rencontrer une fois.
Heureusement, aujourd'hui, j'ai la chance de connaître son parolier Pierre Grillet, que j'ai d'ailleurs retrouvé dans la cathédrale de Perpignan pour célébrer la disparition de cette chère Dani.
C'était étrange, car comme moi il n'aime pas le côté « Photocall » des obsèques de célébrités, les photographes qui doivent saisir la tristesse montant des marches, etc. On s'était retrouvés au fond à gauche de l'église, appuyés contre un large bénitier sans eau (à cause du Covid). Et les gens passaient devant nous en faisant semblant de tremper leurs doigts dans une eau bénite imaginaire, alors nous, on les remerciait pour être polis en entendant le rire de Dani qui se marrait sûrement de nous voir là, comme deux cons tristes…

Gene Vincent
1964

Bien sûr, il y a Presley, Chuck Berry, BB King, etc., toutefois Gene Vincent a inventé non seulement des chansons dites « rock », mais aussi une attitude due à la malformation d'une jambe, bloquée par un accident. Lui ne copiait personne avec ses délires gestuels, il influença les chanteurs blancs qui imitaient les Noirs en s'appuyant sur les désirs de révolte d'une jeunesse américaine qui rêvait de fureur de vivre.

Durant notre rendez-vous, la conversation fut hélas courte à cause de mon anglais hésitant et d'une certaine fatigue de sa part…

Après avoir été un des piliers de la révolte des adolescents des années 1950, il voyait sans doute venir la vague des groupes anglais qui allait tout bouleverser durant les quinze années suivantes.

Agnès Varda

1999

En 1981, sur la côte Ouest des États-Unis, j'étais à la terrasse d'un café de Venice Beach, en compagnie d'Agnès Varda et Jacques Demy lorsqu'on les appela de Paris pour leur annoncer la victoire de François Mitterrand. Je me souviens de leurs cris de joie, de leurs espoirs dans un avenir qui, à les entendre, ne pouvait être que meilleur. Leurs amis parisiens téléphonaient de là-bas, les effluves d'une foule en fête jaillissaient du récepteur. Envahis par un bonheur sincère, ils me donnaient l'impression de voyageurs qui atteignaient le port, après un long périple. J'étais très content pour eux, mais n'ayant jamais eu la moindre attirance pour la chose politique, de n'importe quel bord qu'elle fût, et de surcroît réfractaire à toute manifestation collective, j'éprouvais quelques difficultés à me joindre à la liesse générale. Néanmoins, je voyais bien que l'événement en cours me dépassait complètement. Devant la neutralité de mon attitude, ils entreprirent gentiment de m'expliquer cette espèce de 14 Juillet positif qui, selon eux, avait lieu dans mon pays natal. Tout allait changer, plus rien ne serait comme avant, etc. Je leur fis grâce de mon scepticisme fondamental, suggérant que, de toute manière, il était trop tard pour faire jaillir en moi le moindre soupçon de fibre partisane. J'avais définitivement tourné le dos aux extases citoyennes pendant ma guerre d'Algérie. Je les sentis déçus, mais compatissants. Agnès me souriait comme à quelqu'un qui reste sur le quai de la gare. Comment aurait-elle pu comprendre que monter dans ce genre de train m'était étranger depuis longtemps déjà...

Mick Jagger

1972

L'entrée des artistes est en état de guerre. Une foule de groupies professionnelles occupe les lieux, leurs yeux éclatés à la recherche de l'objet de leurs fantasmes. Dans les coulisses, plusieurs salles se succèdent. Celle des roadies, celle des repas, puis la loge des invités, suivie de celles des membres du groupe, etc. À chaque étape, il faut montrer un badge d'une couleur différente. Le bruit du public venant de la salle est assourdissant, ça hurle, ça tape des pieds ; ils veulent le concert tout de suite. J'arrive enfin au début d'un petit couloir éclairé par une ampoule nue, conduisant à la loge de Mick. Assis sur un fauteuil de cuir fatigué, un type énorme tient dans ses mains un énorme T-bone steak cru qui pourrait nourrir une famille zaïroise ; il est en train de se le taper allègrement. Son doigt vengeur m'intime l'ordre de m'arrêter tandis qu'il repose le morceau de viande rouge sur l'assiette à même ses genoux. J'arbore aussi sec le badge violet pour le calmer. Le bruit venant de la salle n'aidant pas à la compréhension entre les peuples, il me crie dans un grand sourire sanguinolent : « *I LIKE BLOOD !* » Je vois bien que, en bon *redneck* de l'Amérique profonde, il ne voit pas vraiment l'intérêt de ces musiciens britanniques qu'il garde de son corps. Ils ne sont rien pour lui qu'une poignée de dollars. D'un air las, il s'essuie les mains sur un tee-shirt siglé « Mick is God », caressant l'arme de poing qui brille à sa taille. Pressentant qu'avec cet énergumène, la conversation ne tournera pas autour des théories de Kant, je lui remontre mon badge pour aller vers la porte. Royal, il concède. À l'intérieur de la loge, la tête reposant sur sa main, Mick Jagger est assis torse nu devant un miroir, il a l'air triste. Le bruit du public semble plus lointain. Au mur, sur un cintre, je vois le costume qu'Yves Saint Laurent lui a confectionné. Je lui demande : « Qu'est-ce ce qui se passe, ça ne va pas ? » Alors il tourne les yeux vers moi et me dit dans un souffle : « Non, rien, je m'ennuie, c'est tout ! »

Bob Dylan

1966

Ça pourrait ressembler à une chanson de Bob Dylan.
Je me suis laissé dire que dans le Minnesota, un vieux monsieur vit dans la zone à l'écart d'une ville, dans les confins d'une gare de triage, en plein milieu du cimetière des trains. Mais il n'est pas seul, d'abord son vieux chien ne le quitte jamais car il n'a plus d'odorat, le briard, c'est du fidèle. Et puis il s'occupe de sa petite-fille, Honor elle s'appelle, c'est l'enfant de son fils et de son épouse, tous les deux morts dans un accident de voiture, explosés par un train sur un passage à niveau. Qu'est-ce qu'ils faisaient là, au milieu des rails ? Ce qui est certain, c'est que les restes de leurs corps étaient enlacés, enfin ce qu'on a pu en retrouver. Apparemment, ils avaient fait descendre le nourrisson pour le déposer hors de la voie dans un panier à légumes avant de s'étreindre pour toujours. Il y a comme ça des gens prudents...
Maintenant Honor a onze ans, elle étudie grâce à son grand-père qui n'a pas un rond et pendant qu'il cuve en attendant sa famille disparue, elle met du poivre autour d'eux pour éloigner les chiens. Elle court aussi entre les rails à la recherche de fleurs sauvages. Elle aimerait être ailleurs, mais ça, elle ne dit pas à son papi, ça lui ferait de la peine pour rien.
Elle trouve sa situation normale, c'est une bonne fille. Parfois, allongée sur un aiguillage rouillé, elle contemple le ciel aux nuages pressés de passer, elle les suit comme on tourne des pages. Elle aussi attend ses parents, comme son grand-père, c'est une patiente. Ils se nourrissent des rebuts des wagons-restaurants. Les menus manquent parfois de fraîcheur, mais ils sont ponctuels.
Grande nation finalement...

Jean-Pierre Marielle, Claude Rich et mon cher ami Daniel Cauchy

2000

Ils auront au moins eu la chance d'échapper à l'extrême vieillesse.

Dans la série : « Ça veut dire quoi être vieux ? »

Un exemple. Votre médecin vous a dit : « Marchez beaucoup et buvez un litre et demi d'eau par jour. » Donc vous marchez dans une rue en cherchant le but le plus éloigné possible – pourquoi marcher aussi longtemps pour rien ? Après un quart d'heure d'une foulée élancée (au cas où vous croiseriez une charmante qui vous sourit, ça ne sert à rien mais ça fait toujours plaisir), l'envie d'une urgence que je ne nommerai pas vous oblige à vous arrêter pour croiser les genoux afin de repérer l'aimable café qui acceptera de vous laisser vous soulager contre un café à 6,30 euros, pourboire non compris. Oui, mais s'il n'y a PAS de café à l'horizon ? Alors là, deux possibilités s'offrent à vous : ou bien vous vous soulagez debout entre deux voitures garées en faisant semblant de téléphoner tout en guettant qu'aucun passant ne vous voie ; ou bien vous vous précipitez dans un parking souterrain en vous planquant derrière une voiture luxueuse (genre Ferrari ou Mercedes), de façon à faire allégeance à cette mode en vogue en France consistant à détester les nantis. Je sais, c'est honteux. Mais l'avantage de la honte, c'est qu'elle vous permet de vous réjouir une ultime fois d'être encore vivant.

Un autre exemple : ce que l'on appelait « un casse-pied » dans ma jeunesse.

Vous marchez tranquillement dans la rue. Un homme très âgé vous aborde en vous prenant par les épaules. « Eh bien alors. Tu ne te rappelles pas ? Le cours Hattemer en 53 ! »

Comment voulez-vous que je me souvienne du visage d'un supposé camarade de classe vu la dernière fois il y a soixante-dix ans ? En plus, on dirait mon grand-père...

Le voir est pire qu'un miroir. « J'ai peut-être la même tronche que lui ! »

Ça y est, vous êtes vieux !

Claude François

1963 *à l'hôtel Magda*

Retour en arrière. Nous sommes en 1957, même endroit, six ans auparavant. Ce soir-là, assis à la terrasse de La Belle Ferronnière, vous m'auriez vu avec deux photographes de *Paris Match*. Je n'étais pas peu fier, à dix-sept ans, d'aller dîner avec eux et un dénommé Marvier, un journaliste baroudeur de *France-Soir*. Nous nous préparions à partir lorsque Marvier lance : « Tiens, avant, si on allait aux putes ? » OK, disent les autres en montant dans la TR3 décapotée. Tandis qu'on roule vers la place de l'Étoile, assis sur la banquette arrière, les cheveux au vent, sans rien oser dire, je me liquéfie : comment leur cacher que plus puceau que moi, à l'époque, c'est impossible ? Je les regarde en tremblant embarquer une gagneuse et s'arrêter devant un hôtel. Pendant que les types de *Match* montent avec la dame vers leur petit paradis, je reste seul avec Marvier dans un salon de velours bordeaux. Il a le regard de ceux qui ont déjà tout vécu. Et moi, l'idée d'être confronté au corps d'une femme avec lui pour témoin me terrifie. C'est alors qu'il se penche vers moi et me dit, de sa voix de grand fumeur : « Là-haut, tu restes derrière le rideau pendant que je la travaille (!), et au bout de deux minutes, écoute bien, tu entres et tu me dis : "Salaud, tu baises ta sœur !" Après, tu retournes à ta place et t'attends. » Quand nous pénétrons dans la chambre, il règne l'odeur d'un vestiaire de rugby après une victoire, la dame feint de se rhabiller pour nous faire la totale. C'est une pro. Après le lavage d'usage, j'attends derrière le rideau près d'un lavabo douteux au-dessus duquel un écriteau indique : « Prière de ne s'essuyer QUE les mains avec la serviette. » Au bout de deux minutes, j'avance avec hésitation près d'un amas de chairs pâles en mouvement. « Alors, vas-y ! » me lance Marvier sans cesser sa besogne. Et, en tremblant, je me penche vers lui en disant fort : « Salaud... tu baises MA sœur ! » Marvier s'écarte de la belle en hurlant : « TA sœur ! J'avais dit TA sœur. Et merde... Bon, allez, à toi. » Bien sûr, j'ai décliné et c'est ainsi que, traumatisé pour un moment, je suis resté puceau jusqu'à mes dix-neuf ans !

Carole Bouquet

1994

J'ai rarement rencontré quelqu'un dont l'apparence est si éloignée de la personnalité. Elle peut comme ça avoir l'air d'une beauté, genre top model au calme rassurant, alors qu'en réalité, regardez bien ses yeux de près et vous arriverez peut-être en prenant votre temps à déceler l'humour, la force de caractère et l'infernale dose de folie maîtrisée dont elle est capable. Ceux qui, à la fin des années 1960, la prenaient juste pour une belle plante un peu froide se sont bien trompés. Elle est l'exacte représentation de l'expression : « C'est une Ferrari qui marche en première ! » Je ne suis pas surpris que mon ami Jean-Pierre Rassam n'ait plus juré que par elle après l'avoir rencontrée.

Un souvenir de Jean Yanne qui n'a aucun rapport.

Dans un jeu télévisé, on demande à Jean Yanne : « Vous connaissez la fameuse question "Qu'emporteriez-vous sur une île déserte ?"

— Oui, et je me suis toujours demandé pourquoi personne ne répondait jamais un bateau. C'est pas plus bête que les œuvres complètes de Bach, quand on y pense… »

Fabrice Luchini

2002 *ou la musique des mots*

C'est fou comme à la télévision, la façon de parler compte presque plus que ce que l'on dit. D'ailleurs, les grands politiques l'ont compris depuis longtemps. De Gaulle, avec son ton de voix haut et fort, s'approchait du bel canto ; Charles Pasqua pouvait se permettre de dire n'importe quoi, son accent marseillais faisait tout passer ; tandis que Michel Rocard aurait été plus passionnant si on avait pu l'entendre, mais à cause d'une prononciation insolite et d'un rythme étrange, il restait souvent incompris… Crier trop fort tue le propos, la technique Houellebecq murmurant à plaisir est assez efficace, quant à Modiano, c'est encore plus subtil, il estompe ses phrases pour nous forcer à l'imaginaire… Si vous dites d'une voix monocorde sans aucun effet : « Ce matin, j'ai tué mon frangin avec un couteau suisse », peu de gens vous entendront. Mais si, avec un ton grandiloquent à la manière d'un Pierre Brasseur ou d'un Jean-Pierre Marielle, vous vous exclamez : « CE MATIN, J'AI MIS DES CHAUSSETTES ROUGES ! » en marquant bien les temps et en l'accompagnant d'un geste théâtral, tout à coup cette phrase insignifiante marquera les esprits stupéfiés par sa tonalité péremptoire.

C'est pourquoi, à mon sens, écrire est ce qui se rapproche le plus de la musique. Le phrasé, le rythme, l'harmonie des mots, tout est mélodie.

Je me souviens de Rufus il y a très longtemps, dans son premier seul en scène, relatant une histoire de pommes rangées sur des claies. Il mettait tellement d'intensité sur le mot « claies » qu'il imposait un impressionnant silence. Allez écouter Fabrice Luchini, vous verrez, il peut accrocher le mot « bidet » tout en haut de la patère d'une phrase et il vous donnera l'impression d'entendre l'un des plus jolis mots de la langue française.

Finalement, de Gaulle c'était Wagner, et Malraux frisait le Beethoven…

Marie et Nadine Trintignant

1998

En 2002, j'avais publié un livre (*Flash*) dans lequel, sous une photo d'elles, j'avais écrit : « Nadine est cinéaste, ses désirs sont des ordres. Marie est comédienne, ses désordres sont désirs. » Comment aurais-je pu imaginer que, l'année suivante, cette phrase que j'aimais bien allait prendre la signification d'un sinistre jeu de mots. La formule ne se référait pas à sa vie privée, je ne la connaissais même pas, je voulais juste évoquer la fragilité des émotions du métier d'actrice. Je frémis encore à l'idée que ce livre eût pu sortir après sa disparition. La trahison d'un mot peut mener au silence.

Daniel Filipacchi et Jean Demachy

1956 *au studio Marie-Claire*

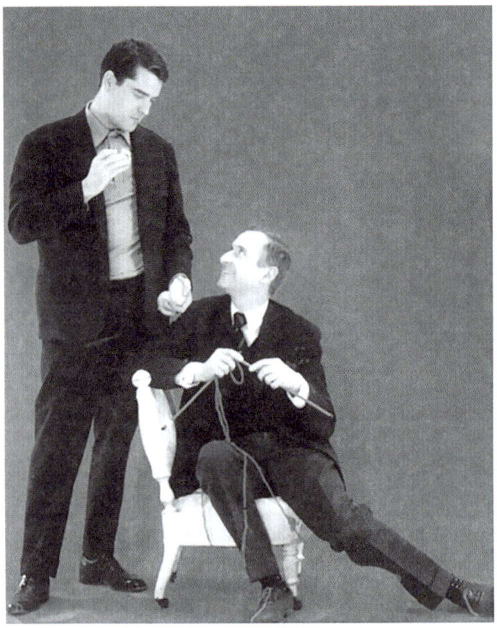

Voyez-vous, ces deux hommes-là, je leur dois beaucoup. Le premier m'a fait confiance en me donnant toutes mes chances alors que je n'étais qu'un môme de seize ans paumé dans une histoire de famille compliquée, le second m'a appris ce que je sais de l'élégance, et sa science de concevoir l'existence avec humour m'a accompagné toute ma vie.
C'est avec eux que j'ai assisté à mon premier défilé de mode, en compagnie de Maurice Tabard, lequel devait avec Daniel faire les photos pour *Marie-Claire* sur les plages de Deauville.
Christian Dior en personne montrait sa collection d'hiver dans ses salons de l'avenue Montaigne.
Je me souviens du silence qui régnait pendant que les plus belles femmes du monde évoluaient entre des rangées de clientes fortunées choisies pour l'occasion. Les robes étaient faites uniquement pour ces dernières et le prêt-à-porter n'existant pas encore, si mon souvenir est bon, partout en France les couturières n'avaient que le droit d'acheter les « patrons » pour s'inspirer de la collection.

Jacques Dutronc

en Corse **1992**

Normalement, à la place de l'arbre, il aurait dû y avoir Jean Yanne.
Au début des années 2000, l'envie m'avait repris d'essayer de faire un film avec Jacques Dutronc et Jean Yanne. Je trouvais que ces deux-là allaient vraiment bien ensemble. Bien sûr, après le nombre incroyable de scénarios sur lesquels j'avais travaillé en vain pour Dutronc, je me gardai bien de lui en parler avant que le projet soit sérieux. Quant à Jean Yanne, je l'avais revu parfois depuis mes années à Los Angeles, mais il n'était pas un intime. J'avais simplement pour lui autant d'estime que d'admiration. Un jour, alors que je suis en train de déjeuner dans une brasserie parisienne avec le scénariste Simon Michaël dans le but d'imaginer l'histoire pour ces deux acteurs, je vois arriver Jean qui sort d'un déjeuner dans le même endroit. Surpris par ce hasard, je lui annonce que Simon et moi sommes justement en train d'écrire pour lui. Après un court échange amical et léger, il nous quitte pour retrouver ses amis vers la sortie du restaurant. Quelques minutes plus tard, alors que, amusés par cette merveilleuse coïncidence, nous avons repris le cours de notre conversation, Jean Yanne entre à nouveau dans le restaurant, il se dirige vers nous et, sans dire un mot, dépose sur notre table deux paquets contenant de très jolis stylos à encre. Et il repart vers la sortie.
Il est mort quelque temps après.

Olivier Marchal

2018

D'abord j'aime beaucoup cet homme ainsi que tous ses films, lesquels ressemblent à un hommage à Jean-Pierre Melville et Claude Sautet. Et puis quel parcours, passer de la police à la mise en scène de cinéma ce n'est quand même pas évident. Je l'envie un peu, il fait des films d'adulte. Moi, quand je regarde en arrière, je n'ai pondu que des histoires d'adolescents. On ne se connaît pas vraiment, j'ai seulement passé quelques heures avec lui, mais ce type-là est honnête et sans aucune prétention. J'admire le fait qu'il ait le courage de défendre les policiers de la façon la plus frontale possible dans une ère où il est de bon ton de dénigrer cette corporation, lui au moins il sait de quoi il parle. Sur ce problème les médias français disent n'importe quoi. J'ai vécu dix ans aux États-Unis, croyez-moi la police d'ici n'a rien à voir avec celle de là-bas. N'oublions pas que dans ce pays-là il n'y a pas « une » police mais « des » polices, chacune obéissant à des lois différentes. L'écart peut être énorme selon les États, gouverneurs, agents du FBI, maires ou shérifs, tous différents et omnipotents. Du Nord au Sud ce n'est pas la même danse, croyez-moi ils savent varier les plaisirs. Certains sont de vrais cinglés. Alors ne confondons pas tout. Chez nous au moins la police a les mêmes règles partout.

Charlie Watts

dans les années **1960**

Après un concert des Stones, je retrouve une jeune musicienne qui m'a à la bonne. Dans son petit loft, elle est très fière de son lit, un waterbed, sorte de méduse qui fait des bruits d'estomac, période digestion. Pas du genre farouche, elle se déshabille et s'allonge avec moi. On dirait des jumeaux dans le placenta, tout bouge mollement et je ne suis pas sûr que ce chef-d'œuvre du design va me faciliter l'entreprise. Découverte d'un corps, moment où le cœur bat, celui-là n'a pas de barrières, genre soutien-gorge pigeonnant ; non, elle est carrément nue sous son sari indien. Quand on n'aime pas une femme, on fait l'amour avec soi-même. Rien à voir avec les fulgurances qu'on se découvre auprès de l'être aimé ; enfin, on a les voluptés que l'on peut. Le manège commence sans trop d'imagination. D'accord, pour les choses du sexe, je n'ai jamais prétendu être une épée, mais quand même, en général, ça fait la blague. Le son y est, approbation d'usage, apparemment ça roule et pourtant, lorsque je lève les yeux, je vois qu'elle regarde ailleurs. Dans son poste de télé aux couleurs pâles, il y a un *preacher* : un de ces charlatans habillés en pingouin qui parlent avec Jésus à heure fixe. Il a un sourire en forme de carte de crédit et supplie l'auditoire de ses yeux de velours pourpre. Doucement, elle glisse et se sépare de moi. Je me retrouve à plat ventre, nez à nez avec un nounours au pelage mité. Elle rampe jusqu'à son poste et met le son plus fort. L'escroc tend la paume de sa main devant lui et ose dire : « Jésus est en moi, il vous attend. Mettez votre main contre la mienne, sur l'écran, et vous serez en phase avec le Seigneur. » Et voilà qu'elle le fait, l'idiote. Elle se tourne vers moi et, dans un grand sourire digne de sainte Thérèse, elle murmure : « J'adore ce moment ! » Et elle reste à genoux, la main collée à son écran. Je la regarde, fesses à l'air, en train de communiquer avec l'éternel. Oserai-je avouer qu'une certaine solitude me gagne ?

Vanessa Paradis

1995

Ne l'ayant photographiée qu'une ou deux fois, je ne la connais pas. En l'occurrence, j'avais fait cette photo pour le numéro spécial des cinquante ans de *Elle*. Elle travaillait déjà avec l'excellent Jean-Baptiste Mondino, donc pour elle, j'étais une sorte de fantôme du passé. Dès sa première apparition avec « Joe le taxi », elle avait fasciné le pays grâce à son allure de Martienne enfantine et sa danse à la troublante féminité. J'étais ami avec son parolier, Étienne Roda-Gil. Roi du second degré, il avait astucieusement glissé dans les paroles de cette chanson le nom d'Yma Sumac, une chanteuse péruvienne dont j'entendais la voix incroyable dans les années 1950. Il fallait plusieurs écoutes pour comprendre ce nom à l'intrigante sonorité ; je me suis toujours demandé si beaucoup de gens n'ont pas chanté ce mot sans en saisir vraiment le sens. Dans ma jeunesse, je faisais bien la même chose avec les paroles des chansons américaines. En réalité, ce n'est pas grave, c'est même assez touchant. Mais placer ce mot-là dans un texte français ne manquait pas d'originalité...

Je me souviens de ces trois jours passés avec Roda Gil, à New York, traînant de bars en restaurants – on avait quand même le foie solide à l'époque. On s'était amusés à imaginer Dutronc interprétant Bardamu dans *Voyage au bout de la nuit* de Louis-Ferdinand Céline, réalisé par Pier Paolo Pasolini. Nous avions fini aidés par une divine bouteille en trinquant à cette idée, nous jurant de surtout n'en parler à personne. Un film sur un tel livre ne devant surtout jamais se faire.

Charles Aznavour

2017

La photo de Charles Aznavour est de 2017, mais l'histoire est ancienne. En 1964, Françoise Hardy était encore au début de sa carrière, enfin le terme est maladroit pour une personne qui passera toute sa vie à écrire des chansons tristes, « apostolat » serait plus adapté. Ce qui m'emballait chez elle, c'était sa faculté de dire toujours le fond de sa pensée, sans filtre ni mensonge, ça sortait direct, venant d'une jeune artiste débutante, c'est tellement rare… Bien sûr, ça l'amenait parfois à se retrouver dans des situations compliquées, lesquelles, je l'avoue, me mettaient en joie. On a prévenu Françoise que Charles Aznavour avait écrit une chanson pour elle. Attention, on est au début des années 1960, Johnny et Sylvie ont déjà enregistré des chansons de lui, Charles est une institution de la scène française. Rendez-vous est pris à l'hôtel Amigo de Bruxelles. Dans une suite, cinq ou six personnes de la maison de disques, manager et membres de son staff, sont présentes lorsque Françoise et moi entrons dans la pièce. Présentations, amabilités d'usage, l'atmosphère serait sûrement plus détendue si les deux artistes étaient seuls. Françoise est heureuse de le rencontrer, mais elle est du genre réservé et c'est l'inquiétude palpable de l'aréopage d'Aznavour qui plombe un peu l'ambiance. Sur une platine, un disque souple est posé. On envoie la chanson et la voix du grand artiste résonne dans la pièce. Personne ne bronche, fin de la chanson, tous les regards se tournent vers la jeune fille dont le visage est impassible. Puis de sa petite voix charmante, elle dit de la façon la plus claire possible : « Oh, mais ça ne va pas du tout ! » Tous les visages se tournent vers Charles, l'atmosphère est on ne peut plus tendue. Tous ces « gens du métier » sont outrés par cette insolence, ils ne connaissent pas la Grande, ils ignorent qu'elle est simplement la plus honnête personne du monde. Seul Charles sourit, séduit par tant de sincérité. Françoise ne chantera donc pas cette chanson. Je garde un souvenir ému de ce moment si rare. Toute sa vie, la franchise de Françoise lui jouera des tours, mais même lorsque ce fut à mes dépens, j'ai toujours considéré ça comme un enchantement.

Claudia Schiffer

1994

À part la beauté des femmes, cette histoire n'a rien à voir avec Claudia.
Dans les années 1990, je fus invité à être juré du concours Miss France. Cette cérémonie un peu kitch m'a toujours paru désuète, mais l'idée de voir ça de près était trop tentante. La cérémonie produite par TF1 se déroulait un samedi, loin de Paris, je ne sais plus dans quelle ville. On vient me chercher pour aller à la gare, genre traitement VIP, et me voilà dans le train avec mon beau costard, un vrai Pied Nickelé. Tiens, le téléphone vibre dans ma poche. C'est mon banquier qui me balance aussi sec : « Ton compte est trop à découvert, tes cartes de crédit sont bloquées, viens me voir lundi qu'on mette de l'ordre dans tout ça. » Il faut dire que n'ayant jamais eu le sens de l'économie, je me retrouvais régulièrement en situation délicate. Au moment où je raccroche, une dame passe dans le couloir, elle me reconnaît et me fait cadeau d'un large sourire. Si elle savait.
À l'arrivée, on m'a envoyé une limousine pour me conduire dans un grand hôtel en attendant l'émission. La situation vire à l'absurde : on me traite comme un prince alors que je suis fauché. Et le soir, assis à côté des autres jurés, me voilà donnant mon avis devant quelques millions de téléspectateurs sur des beautés défilant dans des tenues folkloriques. Ma situation atteint des sommets d'absurdité.
La cérémonie finit tard. Après quoi, un dîner est prévu à la mairie, mais on me déconseille d'y aller ; c'est genre guindé, pas mon truc. Je décide de rentrer à pied à mon hôtel. Tout à coup, j'ai une petite faim. Fouillant dans mes poches : ciel, je n'ai pas de monnaie. Ah, il est beau, le juré !
Lorsque je traverse le hall, je tombe sur Arthur, le producteur de l'émission. Très poliment, il me remercie d'être venu et ajoute : « Je suis en train de dîner avec des amis, voulez-vous vous joindre à nous ? »
Je crois que jamais de sa vie il n'a entendu un invité répondre « OUI » aussi fort…

Perce-neige

1992

Tout a commencé par une musique, elle s'appelait « That Lucky Old Sun », interprétée par Eddy Louiss. Lorsque j'ai entendu le blues de ce grand musicien, j'ai tout de suite eu envie de mettre des images dessus. Oui, mais quel thème, quel sujet pouvait être à la hauteur d'une telle beauté ? Et l'idée m'est venue de réaliser ce clip pour Perce-Neige, l'association créée par Lino Ventura et sa femme. Le grand acteur était mort, je ne l'avais croisé qu'une seule fois dans les années 1960, à l'agence Cimura. Je venais de faire un premier documentaire de télévision et Jean-Louis Livi, mon agent de l'époque, me l'avait présenté dans un couloir en lui disant : « Jean-Marie est d'abord photographe, vous devriez faire des photos avec lui. » J'avais vingt-six ans mais j'en paraissais dix-huit et je me souviendrai toute ma vie du regard aussi noir qu'interrogatif qu'il m'avait lancé, comme si on lui avait dit une grossièreté. Soyons franc, je n'ai jamais fait « sérieux ». Dans les années 1980, je ne connaissais donc pas non plus Mme Ventura, et lorsque je la rencontrai pour lui proposer de tourner un clip afin d'aider son association, j'ai cru voir dans son regard une certaine gêne, elle pensait sans doute que j'allais lui demander de l'argent, mais il n'en était pas question bien sûr, je voulais juste qu'elle me permette de tourner avec un adolescent pris en charge par son établissement. J'ai donc pu produire et réaliser cette petite histoire avec l'aide de quelques amis techniciens. Je me souviendrai toujours du visage ému de Mme Ventura lorsque je lui montrai le résultat avant de le lui donner ainsi qu'à toutes les chaînes de télévision. Le jeune homme qui tient le rôle principal y est formidable de naturel. Je l'ai revu il y a quelques mois, il est toujours suivi par l'association et il demeure aussi touchant que lorsque je l'ai rencontré. Je le remercie encore aujourd'hui : grâce à lui, de tout ce que j'ai fait, ce petit film est peut-être ce que je préfère. Ces enfants-là méritent qu'on les considère. J'y repense en ce moment justement parce que nous sommes « sous Covid » pour quelque temps, or eux sont confinés à l'intérieur d'eux-mêmes pour toujours.

Claude François

1965 *à Vichy*

Alors que nos voitures sortent du garage de l'hôtel pour se rendre dans le parc voisin, les fans présentes depuis la veille se jettent sur la Mustang de Claude. À l'arrière, Ticky, débordé de vêtements et d'ustensiles divers, leur balance des sourires complices. Elles courent dans l'avenue ensoleillée en prenant des risques fous avec la circulation pour ne pas le perdre de vue. Des centaines de chaises jaunes entourent une fontaine. Claude en choisit une et s'assoit dans son beau costume blanc. Pendant que Ticky lui tient un miroir, il s'examine une dernière fois sous l'œil attendri des fans en train de glousser à quelques mètres de là. Elles restent à leur place, se sachant tolérées. Il est assez étrange de voir ce jeune homme blond, adulé par un essaim de jeunes filles, se recoiffant méticuleusement au beau milieu d'un parc comme s'il était dans sa salle de bains.
Pendant que j'organise les photos de Claude au milieu de cette forêt de chaises, je ne peux m'empêcher d'imaginer cette scène vue de loin, comme d'un balcon ou bien d'un dirigeable. Mon œil collé à l'objectif, à quoi pensais-je à cet instant ? À un détail technique, à la position de ses mains, à Françoise ? Et lui Claude, pense-t-il aux lecteurs du journal qu'il regarde bien en face à travers mon objectif, à la sonorité de la salle du soir, à sa place au hit-parade du jour ? Cette fille aux yeux rivés sur lui, espère-t-elle un baiser, imagine-t-elle un voyage de noces avec son idole, ou bien se contente-t-elle de détester les autres, celles qui par leur présence lui volent un peu de son impossible roman ? Au fond près des fontaines, des vieux sont en train d'arriver pour boire l'eau salvatrice. En ce temps-là les vieux m'amusaient, je les regardais distraitement comme des curiosités respectables. Aujourd'hui je les examine, je les analyse avec une attention particulière, j'essaie d'imaginer l'irréversible glissement qui leur courbe le dos et c'est moi que je vois bientôt. L'heure finira par sonner. Normal. Depuis le temps que je suis jeune…

Cloclo

à Monaco, en tournée **1967**

Retour à l'hôtel. Claude et moi pénétrons dans notre suite. Allongés côte à côte comme un couple incertain, nous commençons à parler.
Il me raconte sa vie à Ismaïlia sur les rives du canal de Suez, là-bas en Égypte, lorsque sa mère dormait devant la porte de sa chambre, habitude du pays qu'elle ne quittera pas, même à Paris. Il évoque son arrivée à Monte-Carlo avec sa famille. Batteur dans l'orchestre de Frosio, il faisait vivre tout son petit monde avec ses seuls cachets. Je le revois évoquant ce jour où, matelassée de bijoux, une dame de la haute avait par mégarde laissé tomber une plaque du casino de la valeur d'un million de francs. Sautant de la scène pour ramasser l'objet, il avait rattrapé la dame afin de le lui rendre. Touchée par une honnêteté si étrangère à son univers, elle s'était offert un geste de princesse en insistant pour qu'il le garde. Cette plaque représentait bien un an de son salaire. Quel qu'en soit le montant, tout pourboire étant vexant, c'est en serrant les dents d'humiliation qu'il l'avait remerciée. Tous les soirs, il travaillait au casino jusqu'à 1 heure, ensuite il fonçait pour jouer jusqu'à l'aube au Sea Club, une de ces boîtes dont la Côte d'Azur a le secret.
Une fin de nuit, au moment de la fermeture, tandis qu'il se rhabillait dans les coulisses avec les musiciens, le patron débarque en sueur, leur intimant l'ordre de remonter sur scène. Dans la salle désertée, un armateur milliardaire au nom grec, arrogant comme les poils de son torse, venait d'entrer avec une jeune personne. Après avoir jeté une liasse de billets au visage du chef de salle, il avait exigé que l'orchestre revienne afin d'offrir à sa belle d'un soir les joies d'une valse en sa compagnie. Les smokings de travers et les yeux un peu glauques, l'orchestre se réinstalla. Au bout de cinq mesures et trois pas de danse, l'homme partit sans même leur jeter un regard. Peut-être est-ce cette succession d'affronts divers qui lui donna plus tard la volonté d'arriver jusqu'en haut, au plus près de Frank Sinatra, l'idole de son enfance.

Cloclo

1967 *à Monaco (suite)*

Et je n'oublierai jamais le jour où Claude devait se rendre à Monte-Carlo pour y être reçu comme une vedette à l'occasion d'un show de télévision.
Pour lui, ce retour était capital. Parti en employé bafoué, il revenait en roi. Il me demanda d'être le témoin de ce tournant de sa vie. Nous embarquons avec Paul Lederman, son manager de l'époque. Alors que nous descendons la nationale 7 dans sa nouvelle Thunderbird décapotable, Claude est en proie à une intense excitation. Lorsque nous arrivons devant le casino, pour la première fois de sa vie Claude va entrer par la grande porte. « Garez-la une heure, nous allons juste boire un verre », dit-il au préposé. Tandis que nous montons les marches, des gens chuchotent son nom sur son passage. Nous arrivons jusqu'à un escalier menant vers le restaurant-boîte de nuit. Je le regarde de dos en train de descendre lentement, pour lui chaque marche vaut de l'or. L'endroit est silencieux mais, en bas, près de la porte d'entrée, un maître d'hôtel nous aperçoit et, nous prenant pour des clients, il frappe dans ses mains avec force. Aussitôt on entend, venant de l'intérieur du restaurant, l'orchestre qui démarre. Il ne reste plus que trois marches. Ses cheveux blonds coupés au cordeau tombent en mesure sur le col de son costume de soie, le moment est parfait. Et là, alors qu'il ne reste que quelques pas, il y a ce court moment pendant lequel le maître d'hôtel reconnaît Claude François. Je vois dans le regard de l'homme les questions qui l'assaillent. Doit-il le traiter en ancien employé, en ami retrouvé ou en client payeur ? Claude s'arrête à un mètre de lui. Cet homme qui le fixe dans un demi-sourire craintif sait qu'il n'a pas le choix. Puis Claude s'arrête et, en penchant la tête, voilà qu'il lui sourit. Soulagé, l'homme soupire et le prend dans ses bras. Dans la salle immense, une centaine de tables vides éclairées par la lueur de milliers de bougies. Le maître d'hôtel fait signe à l'orchestre en le montrant du doigt. « C'est Claude ! » lance-t-il, et tous les musiciens s'arrêtent et sautent de la scène pour venir l'embrasser.

Jean-Pierre Rassam

1973

Vers 1971, Jean-Pierre Rassam et moi avions une amie en commun dont nous nous partagions la compagnie, nous l'appelions Lala-Oui. « Lala » parce qu'elle aimait chanter et « Oui » parce qu'elle ne disait jamais non. Jeune et jolie personne dont la particularité première tenait à sa façon de s'habiller. Ses jupes au-dessus du genou servaient de base à sa toilette, le reste était généralement une succession de n'importe quoi oscillant entre le gâteau à la fraise et l'abat-jour des lampes Tiffany. Bref, elle était aussi spectaculaire qu'amusante à regarder. Elle parlait peu et la contrariété n'était pas de son monde, c'était un choix : « Oui, peut-être, si tu veux. » Avec Jean-Pierre, nous supposions que ses silences cachaient une enfance difficile, jamais elle ne voulait évoquer sa famille ou ses origines. C'était donc une personne extrêmement touchante, on ne peut plus gentille, étrangère à tout conflit, une poupée conciliante, une fée du silence. Pour elle, faire l'amour était le moindre des cadeaux, en somme une politesse, mais elle n'était pas la seule, l'époque était autre et franchement ce n'était pas le but de nos rendez-vous. Régulièrement, Jean-Pierre et moi nous concertions pour savoir lequel de nous deux allait l'emmener dans les soirées du Tout-Paris qui chante et qui persifle. Tout lui faisait plaisir, son discours, certes succinct, nous enchantait car elle ne mentait jamais. Je me souviens du jour où je l'ai emmenée à la première de *Mort à Venise* de Visconti. La salle est remplie de beau monde, des gens du cinéma, du théâtre, des arts, bref, un parterre de ceux qui prétendent n'aller jamais nulle part. La salle s'assombrit, sur l'écran le générique défile, puis débute le film. Trois minutes plus tard, je la regarde, elle s'est assoupie, le souffle d'un nourrisson dans un couffin l'été sous le saule pleureur, au bord d'une rivière. Mes voisins sont choqués, je suis aux anges. Et puis, un jour, accaparés par nos vies trépidantes, entre les voyages et les mariages, nous l'avons perdue de vue. Lala-Oui, ma jolie, où es-tu donc passée ?

L'amoureux des voitures d'avant

1966

Cette photo me fait remonter un souvenir gazoline.
Finalement, mes deux préférées furent la Mustang en 1966 et une Iso Rivolta en 1968.
D'abord l'odeur du cuir, puis le bruit du moteur. Changement de vitesse qui épouse la main. Boîte à gants acajou. Tout montre que le bolide est plus fort que moi. Sur le siège à côté, elle fume en regardant vers les montagnes. Sa jupe est courte, sa peau est claire, elle a posé une main sur mon genou. C'est l'été, de chaque côté du bitume, les platanes amplifient l'impression de vitesse. Le soleil ne nous quitte pas des yeux derrière les feuilles des arbres qui défilent.
On s'arrête dans l'auberge aux murs recouverts de lierre. Bruit des pneus sur les graviers tandis que l'on se gare près de deux torpédos. Sans doute des Anglais.
La salle est chaleureuse et sombre, près d'une fenêtre une nappe à carreaux nous invite.
Maintenant nous fonçons sur une route en pente vers la montagne. Bien que l'on monte, on est collés au siège par l'accélération tandis que la voiture grimpe vers les hauteurs. Les Alpes se reflètent sur le capot avant. Voilà un banc très seul, il nous attend pour le panorama. Ciel bleu Klein, en bas on voit la brume. Sa tête sur mon épaule, je mets ma main sur son genou. La chance, c'est de se rendre compte à quel point on est heureux d'être là.
La voiture nous attend, on sait qu'on peut compter sur elle...

Alain Souchon

1990

En conduisant vers la sortie d'un parking à Paris, je vis, affiché sur un mur, ce grand portrait de la comédienne Yvonne Printemps plongée dans la lecture d'un livre. L'image était étrange et par chance ce jour-là je faisais une séance de photos avec Alain Souchon. Bien sûr je ne m'étendis pas sur mes souvenirs d'enfance, mais je me rappelai que quand je la croisais dans les coulisses du théâtre de la Michodière tandis que mon père jouait sur la scène, elle s'arrêtait pour me caresser les cheveux d'une main en veillant toujours à ne pas renverser le verre de champagne qui ne la quittait jamais. Ses yeux et son parfum, comment pourrais-je oublier cette grande actrice...

Je me garai donc sur le côté en demandant à ce dernier de sortir pour faire semblant de lire près de cette belle actrice. Il s'exécuta avec sa gentillesse habituelle. L'étrange atmosphère bleutée vient des néons ou d'une autre source de lumière dont j'ai oublié la nature.

Un moment de poésie dans un parking est déjà en soi une idée qui m'enchante. C'est vraiment ce genre d'image attrapée au vol et aidée par le hasard qui me fait regretter le temps où je travaillais pour un journal. Même si les séances en studio présentaient l'avantage de pouvoir tout contrôler, j'ai toujours préféré ces cadeaux de l'imprévu. En plus, quand vous avez la chance d'avoir un poète dans votre voiture...

Une phrase de Jean Yanne :
« Au début, il n'y avait rien. Dieu est arrivé, Il a dit : "Que la lumière soit !", et la lumière fut. Il n'y avait toujours rien, mais au moins, on voyait mieux ! »

Bob Dylan

1966

Je l'avais rejoint sur sa tournée anglaise ; il était accompagné par The Band, un groupe rock canadien à cause duquel il se faisait huer par les spectateurs qui lui reprochaient de trahir la *folk music*. En effet, à partir du succès de sa chanson « Like a Rolling Stone », il avait un peu délaissé la guitare sèche pour passer à l'électrique, et ça, les puristes ne le lui pardonnaient pas. Pour ma part, je trouvais le son du groupe de Robbie Robertson absolument formidable. Le plus frustrant, c'est qu'à cause de mon anglais approximatif, je n'ai pu avoir que deux ou trois conversations avec lui.

Plus tard, il m'est arrivé de le croiser au Château Marmont lorsque j'étais de passage à Los Angeles, il y habitait parfois.

J'ai souvent vécu dans ce magnifique hôtel. Il y flottait dans l'air un mélange de brouillard qui pique un peu les yeux, l'odeur des eucalyptus, un soupçon de kérosène et des volutes de cigarettes qui font rire.

Depuis toujours on y croisait un éventail très large de célébrités du cinéma ou de la musique. Beaucoup de groupes de rock donnaient des fêtes aussi prisées que bruyantes, où le jeté de poste de télé par la fenêtre était la moindre des choses.

À la fin des années 1980, j'étais marié et j'habitais à New York. Aussi, lorsque j'allais sur la côte Ouest, je louais un bungalow pour ma famille.

Je me souviens de la dernière fois que nous y avons habité, j'avais réservé le bungalow près de la piscine, pour que mon petit garçon puisse s'y baigner.

Mais en arrivant, je me suis rendu compte que c'était celui dans lequel John Belushi, le formidable acteur des *Blues Brothers*, était mort d'une overdose cinq ou six ans avant.

J'ai aussitôt demandé qu'on m'en donne un autre ; je ne sais pas pourquoi, mais l'idée que mon gosse habite dans l'endroit où s'était déroulé ce drame me semblait impossible.

C'est curieux d'être en même temps athée et superstitieux…

Parlons SEXE pour rire un peu

2020

Le but de cette photo n'est pas de choquer. Elle est là pour évoquer cet attribut très présent dans les têtes mais qu'il est bon de cacher aux regards des âmes prudes. Cette étude est objective : je suis un homme. Et subjective : je ne suis pas homosexuel. Avez-vous bien regardé de près un sexe masculin ?
N'étant pas un as de la gymnastique et l'âge venant, un manque évident de souplesse du côté des lombaires m'a empêché d'observer l'objet de près. J'ai donc demandé à ce bon « Google Chrome » de jeter un œil sur un nombre considérable de photos afin de pouvoir jeter mon dévolu sur un choix, un peu comme sur le catalogue de La Redoute lorsqu'on veut un pull ou une machine à laver. Autrement dit, une demi-heure de nouilles ! Résultat : mon Dieu, comme c'est laid !
Loin de moi l'envie de minimiser l'utilité de cet organe, néanmoins je ne peux m'empêcher d'être étonné de l'importance que le commun donne à cet appendice. Qu'il y ait autant de gens pressés de l'admirer, le toucher, le caresser, voire plus (la liste est longue), a toujours déclenché chez moi une certaine incompréhension. Franchement, à regarder de près, c'est moche.
Des conducteurs de Ferrari aux mercenaires rêvant de Wagner en passant par le simple employé de bureau admirateur de Rocco Siffredi, devant tant d'obsession je reste coi de stupeur…
En plus, ça se recroqueville, ça ballotte, ça regarde le sol, bref, l'arborer « hors les murs », si j'ose dire, n'est pas indispensable. Et puis le Créateur aurait pu prévoir un bouton permettant d'appuyer, « ON » pour la joie de donner la vie, « OFF » pour le seul bonheur de se faire plaisir sans être obligé de recourir à des exploits de trapéziste pour « sauter en marche » ou à des couvre-chefs en matière plastique à l'allure si ridicule après emploi. Il aurait pu aussi imaginer un système rétractable permettant de le faire disparaître devant les yeux d'enfants naïfs ou de bonnes sœurs effarouchées.
Non vraiment, arrêtons de mettre au pinacle ce bout de mou de veau qui frétille à l'air libre et qui rétrécit au moindre coup de vent frais.
En résumé : il n'y a vraiment pas de quoi être fier !

Mes années publicité

1988

Vous souvenez-vous de *Délivrance*, ce film américain de John Boorman avec Jon Voight et Burt Reynolds ? Eh bien, nous avons tourné ce spot publicitaire à l'endroit exact où le film a été réalisé. Du reste, le vieil homme qui apparaît à la fin était dans le film de Boorman. Installer le crocodile n'a pas été une mince affaire. Dans les années 1980, la publicité était vraiment formidable, prête à toutes les extravagances, il n'y avait aucune limite de moyens. Les films que j'ai faits pour Coca-Cola, Ford ou Camel disposaient de budgets faramineux pour des histoires de trente ou quarante-cinq secondes. Je me souviens, entre autres, avoir réalisé une campagne pour la bière Schlitz, très prisée aux États-Unis à l'époque. On avait construit un énorme décor représentant une boîte de nuit. Devant des figurants qui dansaient comme des dingues, deux groupes de musiciens chantaient ensemble, les Platters et Kool and the Gang. Les premiers marchaient au scotch et les seconds reniflaient des farines à tour de bras. En plus, ils ne pouvaient pas s'encadrer, aussi pour les diriger, croyez-moi, ce n'était pas la joie. Le concept voulait qu'à la fin du film, le mur du fond vole en éclats, enfoncé par un taureau qui bondissait dans la pièce (l'animal étant l'emblème sur l'étiquette de ce breuvage). Il fallait tourner ces scènes en deux parties. Les deux groupes de musiciens et les figurants à New York tandis que le taureau, lui, était bien sûr à Los Angeles (ç'eût été trop facile). Autrement dit, après avoir tourné la première moitié du film, avec l'équipe, nous sommes allés là-bas juste pour filmer un animal très en colère enfonçant le décor du night-club reconstitué. C'est un des tournages les plus absurde que j'ai vécus durant ma vie de publicitaire. On m'a quand même payé une journée entière afin que je hurle « Action ! » pour qu'un taureau explose un décor.

Les Rolling Stones

dans leur avion **1972**

Des six tournées que j'ai faites avec eux, celle-ci reste la meilleure du groupe. La première vraiment bien organisée. Celle de 1972 lance la fusée du succès planétaire dont cette langue tirée, imaginée par Mick et créée par John Pasche, est encore aujourd'hui le symbole de l'anticonformisme des Rolling Stones. Les voyages dans leur Boeing privé restent pour moi le point culminant de ce qu'on appelait l'univers rock au moment où cette appellation voulait encore dire quelque chose, j'entends par là avant que ça devienne une expression fourre-tout, une mode ou une attitude banalisée.
Mick, Keith et Brian furent à l'origine de cette envie de secouer l'arbre tout en sublimant une insolence qui allait envahir les années 1960. Bien sûr, ils n'étaient pas les seuls, l'époque avait hissé à bout de bras une jeunesse que l'après-guerre reconnaissait enfin en adoptant un mot jusque-là méprisé : l'adolescence. Cette façon de dire non à l'ordre établi avec irrévérence fut un cadeau pour ceux qui eurent la chance de vivre dans ce que l'on appellera les Trente Glorieuses, autrement dit, l'après-guerre.
Hélas, tout ça date d'il y a cinquante ans. Et voilà que la prochaine guerre nous tend les bras.
On n'est pas près de rechanter : « Il n'y a plus d'après à Saint-Germain-des-Prés. »

Étienne Daho et ma pomme

2006 *dans les coulisses du théâtre du Rond-Point*

C'était le soir de la dernière représentation de mon spectacle à Paris en 2019. Après quoi, le Covid a tout foutu en l'air.
Ça m'a vraiment touché qu'Étienne vienne, car Dieu sait s'il aime rester discret, et je sais que ce genre de photo ne l'emballe pas vraiment. Je me souviens encore du jour où je l'ai rencontré.
Vers la fin des années 1980, on sonne à ma porte. Un jeune homme se présente comme un petit journaliste. Fan de Françoise Hardy, il m'explique qu'il prépare un livre sur cette artiste qu'il admire. Il est très bien élevé et me parle gentiment, comme à une relique. Comme il me demande si je n'aurais pas quelques photos de « l'époque » à lui confier, je lui propose d'aller dans mon grenier fouiller dans des caisses en désordre. Après deux heures, il redescend tout content, tenant avec précaution des tirages auxquels il accordait apparemment une valeur qui m'échappait un peu.
Cinq ans plus tard, arrivant de Los Angeles, je reçois un coup de fil de Françoise me proposant d'aller écouter Étienne Daho, un chanteur de ses amis. Toujours attentif aux découvertes de cette chère Excellente, j'obtempère. L'Olympia est bourré de mômes hystériques. Dans le noir, je regarde le profil de Françoise, incontestablement le plus beau de sa génération. Le rideau s'ouvre et quelle n'est pas ma surprise en voyant sur la scène, entouré de musiciens électriques, le petit journaliste. Il en avait fait du chemin, j'en reste coi. J'aurai la chance de côtoyer plus tard cet artiste, certainement le plus généreux que je connaisse dans ce milieu du spectacle. Du reste, c'est lui qui, par la suite, me conseillera de ressortir mes photos des années 1960, lesquelles me permettent aujourd'hui de jouir d'une gloire posthume tout en étant vivant.
Merci, Étienne.

Marie-Jo Perec

1996

Voilà la belle personne. Je mesurais très bien ma chance d'oser demander à la triple championne olympique française de courir dans le désert californien pour mettre une robe en valeur dans les pages du journal *Elle*. C'était une femme aux silences habités. J'aurais aimé mieux la connaître, d'ailleurs je voulais l'inviter à dîner dans un formidable restaurant de sushis à Los Angeles, mais l'écart de nos professions engendrait une distance obligée. Nous n'avions pas les mêmes contraintes d'horaires, quant aux conversations, mes histoires ne l'auraient pas forcément intéressée, et je crains de ne pas être en mesure de comprendre les siennes. On n'emmène par une Ferrari dans une boîte de nuit...
J'aimais beaucoup son regard coucher de soleil japonais.

Toujours taquin ce cher Oscar (Wilde) : « La mode est ce que l'on porte. Ce qui est démodé, c'est ce que portent les autres. »

José Artur et ma sœur Anne-Marie

1951

Cette photo fut prise le jour de la première communion de ma sœur Anne-Marie. Ils sont dans le jardin de l'hôtel particulier, situé au bout de la rue du Bois-de-Boulogne, à Neuilly, où nous avons passé notre enfance. Aujourd'hui, à la place, il y a un immeuble moderne ; c'est la raison pour laquelle j'évite de passer devant cette adresse, car j'ai l'impression que ce bâtiment est une grosse boîte et que ma maison est toujours à l'intérieur.

José Artur fut plus qu'un proche de ma famille. Avant de devenir l'homme de radio que l'on sait, il passa plusieurs années à faire office de secrétaire amical de mon père, puis, lorsque j'avais douze ans, il devint mon précepteur pendant une année. Cet exercice fut à coup sûr des plus décourageants pour lui car j'étais certainement l'élève le moins concerné par les études de toute la région comprenant Neuilly, Paris et sa périphérie. Je ne pensais qu'à la musique que je composais au piano nuit et jour ; même pendant mes cours en classe, je rêvais à des mélodies, ne comprenant pas qu'un inconnu assis derrière une table se permette de me déranger en me rappelant à l'ordre. Ce cher José essaya, entre autres, de m'inculquer l'anglais, patiemment, jusqu'au jour où, me demandant pour la énième fois la signification de « *Shut the door !* » (« Ferme la porte »), je lui répondis : « Chut, je dors ? » Ce jour-là, il baissa les bras, et plus tard, quand je rencontrai les Beatles, je regrettai amèrement de ne pas avoir fait l'effort de mieux apprendre cette langue avec José Artur.

Charlotte Perriand

à Paris **1999**

C'était un jour de printemps, elle a ouvert la porte de son appartement, on s'est d'abord assis, elle m'a proposé du thé et après tout est devenu simple. Nous sommes allés sur sa terrasse, je lui ai demandé de regarder vers le ciel, car après tout ce qu'elle avait accompli dans son existence, il me semblait que se pencher vers le bas ne lui ressemblait pas. C'est merveilleux, le charme qui émane de ce visage, la fraîcheur et la clarté de son sourire…
Son talent précurseur d'architecte en fera l'associée entre autres de Le Corbusier, qui l'intégrera dans son équipe, ou de Mallet-Stevens, lesquels lui permettront d'imaginer un style unique de mobilier et une façon d'inventer « l'intérieur » qui reste encore aujourd'hui une vision de la modernité devenue classique, bien avant les égarements fourre-tout de l'art contemporain.
Une vie entière à embellir la vie des gens, elle n'a pas eu besoin de vouloir être « à la mode » puisqu'elle la faisait. Princesse du modernisme, elle aura marqué l'architecture et le design sans rechercher le luxe voyant mais seulement le confort et la simplicité. La résumer à une chaise qui tourne serait un gâchis. La Fondation Vuitton nous a permis de comprendre l'ensemble de ce qui est devenu une œuvre, qu'elle en soit remerciée.
Le sourire resplendissant de Charlotte Perriand m'a une fois de plus conforté dans la conviction que la preuve la plus aiguë de l'intelligence est bien la gentillesse. J'ai eu la chance de pouvoir la photographier, elle est morte un an plus tard.

Elsa Zylberstein

1994 *à Paris, en novembre*

En règle générale, je suis plus attiré par les gens qui n'aiment pas se faire photographier, l'acte de poser étant des plus anormaux. Dans la vie, personne ne se fige ainsi dans une posture bloquée. J'ai, du reste, toujours considéré que pour mettre quelqu'un en valeur, la photo est plus difficile que le cinéma. Lequel, grâce à ses vingt-quatre images par seconde, peut se permettre des erreurs que le mouvement excuse. Prenez une seule image d'un film, rares sont celles qui tiennent la route. La photo ne pardonne pas, elle fixe inéluctablement un court instant pour toujours. Elsa Zylberstein aime se faire photographier et, chose peu commune, ça lui est naturel. Vous n'avez qu'à la regarder, son corps et son visage se mettent en place presque automatiquement. Rien à voir avec le hasard ; certes, c'est une belle plante, mais ce n'est même pas une question de beauté. Être photogénique n'est rien d'autre que l'art d'imprimer la pellicule, et ça, il faut savoir le faire et le vouloir. Ce cadeau-là n'est pas donné à tout le monde.

Mon père

1939

Cette histoire-là est le plus incroyable de mes souvenirs familiaux. En juin 1940, mon père était marié avec ma mère et j'étais né depuis cinq mois. Il avait dû partir pour Montluçon afin de rejoindre l'armée. Après une très courte période d'apprentissage des armes, on l'avait nommé caporal et envoyé aussi sec, avec trois hommes, en pleine campagne à la rencontre de l'armée allemande. Allongé dans un champ de blé avec son fusil Lebel, le jeune Pillu (c'était son vrai nom) n'en mène pas large en entendant au loin le capharnaüm de l'armée ennemie. Se relevant doucement, il aperçoit l'horizon entièrement occupé par des centaines de chars avançant dans sa direction. Avec seulement deux cartouches dans sa pétoire, ses chances lui semblent bien minces. Conscient de son nouveau grade, il se tourne vers ses compagnons d'infortune, trois braves types allongés dans les herbes hautes. D'un ton martial, il leur demande : « Ça va, les gars ? » Le plus éveillé des trois lui répond : « On est bien, on fout rien ! » « C'est à ce moment que j'ai compris qu'on avait perdu la guerre ! » m'a toujours dit mon père. Retour immédiat à la caserne de Montluçon, d'où il s'évade en compagnie de deux cents autres désireux d'échapper à cette guerre absurde. Après deux jours de marche, exténués, ils décident de prendre le train. Évidemment, comme il le redoutait, un officier repère les fuyards à Cahors et ils se retrouvent tous dans une caserne où règne une pagaille indescriptible. Nullement surpris par leur arrivée, un capitaine les assigne au triage du courrier en attente. Des dizaines de milliers de lettres végètent dans un immense hangar. Et c'est là, au milieu d'un tas énorme, que mon père tombe sur une lettre qui lui est adressée. C'est ma mère qui lui dit qu'elle se trouve, avec son petit Jean-Marie, à trente kilomètres de là. Et lorsque, tremblant d'émotion, il se présente devant le capitaine en lui tendant sa lettre, ce dernier n'en croit pas ses yeux et lui déclare : « Qu'est-ce que vous fichez là ? C'est un miracle, alors partez ! » Vous voyez, la poésie va se nicher n'importe où, même chez les militaires !

Brigitte Bardot

1968

Comme d'habitude, les Français pensent qu'ils sont les premiers en tout, alors que des révoltes genre Mai 68, il y en avait déjà ailleurs dans le monde, et de beaucoup plus violentes. C'est pendant cette révolution qu'Europe n° 1 a inventé les chaînes d'infos en continu. Tous les quarts d'heure, les journalistes faisaient monter la tension en affirmant que Paris était à feu et à sang, alors que ça se passait dans cinq rues. Bien sûr, au fin fond de la France, la distance aidant, on imaginait le pire, normal. Moi, le petit veinard des années 1960, je rêvais de rencontrer Cohn-Bendit, le seul dont je comprenais le discours. Alors, pour la première fois de ma vie, j'ai pénétré timidement dans la Sorbonne où il devait parler ce soir-là. Très impressionné, je me suis retrouvé dans un amphithéâtre rempli à ras bord, assis derrière deux ouvriers, des égarés comme moi, mais qui eux avaient de vraies raisons d'être là. À 2 heures du matin, Cohn-Bendit n'étant pas venu, le type devant moi s'est tourné vers son voisin : « Ils sont bien gentils, mais ça ne nous donnera pas notre pain demain ! » Notre pain ! La honte m'a pris. J'étais venu en touriste, j'avais un monstre genre Ferrari garé à cinq cents mètres ; ma place n'était pas ici. En sortant, sur un mur de la Sorbonne, j'ai vu un slogan de huit mètres de long proclamant : « Si je suis entré ici, c'est par la force des baïonnettes et je n'en ressortirai que lorsqu'on m'aura rendu mon imperméable ! » J'étais sauvé, j'en avais vu suffisamment. J'ai donc pris la route pour l'Italie. À Rome, l'Hôtel de la Ville était bourré à craquer de Français pris d'une subite envie de vacances.
Je suis tombé sur un ami que j'aimais beaucoup : Gérard Brach, le scénariste de Polanski. « Où va-t-on dormir ? » me dit-il. Dieu merci, je savais que Brigitte Bardot s'ennuyait, seule dans une grande maison à la campagne. J'avais la chance de la connaître : je l'ai appelée et aussitôt elle nous a invités. C'est ainsi que pendant dix jours, à coups de promenades sur la via Appia et de dîners aux chandelles, elle nous a fait cadeau du plus joli Mai 68 que l'on puisse imaginer. Merci, Brigitte.

Johnny Hallyday

dans son AC Cobra **1968**

Dans les années 1970, j'ai réalisé un film publicitaire avec Jackie Stewart, le champion automobile de Formule 1. Je ne me souviens plus quel produit nous devions vendre, mais ce qui me reste de cette rencontre est une phrase qu'il m'a dite au cours d'un déjeuner : « Lorsque vous êtes à plus de trois cents kilomètres à l'heure sur une ligne droite, entouré de quatre bolides, votre marge de manœuvre est déjà très étroite. Et si, au loin, vous voyez une fumée et que dans le casque vos équipiers vous préviennent qu'il y a un accident, il faut savoir qu'autour de vous il y a des chances que pendant un quart de seconde, les pilotes lèvent le pied. Si vous voulez gagner, c'est là qu'il faut appuyer sur le champignon ! » C'est étrange comme ce conseil m'a marqué à l'époque et je n'ai pu m'empêcher d'appliquer cette recommandation dans ma vie personnelle. Je vous l'avoue, pendant mes premières quarante années, j'ai souvent dépensé plus que je ne gagnais, aussi il m'est arrivé deux ou trois fois de me retrouver dans un joli pétrin. D'autant plus qu'il était impératif de payer ses impôts en fin d'année – je bénis tous les ans celui qui a inventé la mensualisation. Car, me souvenant de la théorie de Jackie Stewart, aussitôt je m'endettais encore plus en achetant une voiture ou un objet, voire une maison. (Ah, le bon temps de la confiance des banques !) Après quoi, n'ayant pas d'autre choix, j'étais en quelque sorte sommé par moi-même de m'en sortir. Je sais, ce n'était pas raisonnable, mais il n'y avait rien à faire ; je ne pouvais m'en empêcher. Dieu merci, depuis une quinzaine d'années, en prenant de la bouteille, l'acheteur intempestif s'est calmé. Je mesure l'insolence de ces propos de nos jours, mais c'est ainsi. Comme disait Johnny : « Quand on vit sur un fil, on ne pense pas à la retraite… »

Laurent Ruquier

2001 *en compagnie de Claude Sarraute*

Je lui sais gré de m'avoir aidé à lancer *Casse-toi !* dans son émission, un livre que j'avais publié en 2010 pour venir en aide à l'association Le Refuge. (Et ce grâce à un article lu dans *Libération*, journal que je lis depuis toujours car, même si je suis loin d'être d'accord avec sa rédaction, il reste pour moi un quotidien très bien fait, sens des titres, des photos et fort pour les articles de fond. Il n'y a que pour les spectacles : s'ils disent du bien d'un film, je n'y vais pas ; s'ils en disent du mal, j'y cours.) En effet, comment rester indifférent devant le spectacle d'un adolescent homosexuel se retrouvant à la rue, jeté par des parents outrés qu'il ne corresponde pas à leurs désirs ? Faire un enfant est un acte on ne peut plus égoïste, puisqu'on le fait d'abord pour soi. Alors, me semble-t-il, la moindre des choses, c'est de l'aider à vivre comme il l'entend et sûrement pas à le contraindre d'être comme nous. J'ai trois enfants, si l'un d'eux était amoureux d'une personne du même sexe, bien sûr je m'inquièterais de l'étroitesse d'esprit qui fait florès chez les dogmatiques en soutane et autres braillards en Loden qui baladent leurs poussettes dans les manifestations, mais avant tout je serais content de savoir qu'il ou elle aime quelqu'un. Bref, dans l'émission de Ruquier, j'ai eu droit à l'époque au sévère examen du duo Zemmour et Naulleau – exercice certes éprouvant, mais ne manquant pas d'intérêt. Si Éric Naulleau était dans son rôle en cherchant la petite bête, Éric Zemmour faisait preuve d'une mauvaise foi sidérante et, au départ, je ne pouvais m'empêcher de penser : soit ce type est un idiot qui pense dire des choses intelligentes, soit c'est un homme intelligent qui dit des conneries. Je pencherais pour la seconde possibilité. En tout cas, même de mauvaise foi, la qualité des questions était d'un bon niveau et ça valait vraiment le coup d'être vécu. Cette émission a lancé le livre et surtout aidé l'association. Merci, Laurent.

Pierre Mondy, François Périer et Jack Lemmon

1979

En 1979, mon père m'appelle de Paris pour m'annoncer qu'il vient me retrouver à Los Angeles, en compagnie de son ami metteur en scène Pierre Mondy, afin de voir Jack Lemmon dans la pièce *Coup de chapeau* qu'ils vont adapter au théâtre. Pour aller les chercher à l'aéroport, j'ai loué une limousine interminable afin de leur faire découvrir la ville. Mon père est assez fier de montrer à son ami que je suis un peu chez moi là-bas. C'est un plaisir de les voir découvrir cette facette d'une Amérique qu'ils ne connaissent pas. Le soir de la représentation, je me rends compte que Pierre et mon père parlent à peine l'anglais ; heureusement, ils connaissent le texte par cœur, et en réalité, ils ne saisissent pas bien l'utilité de voir cette pièce en anglais. Mais le clou de la soirée, c'est la rencontre avec Jack Lemmon lorsque nous nous rendons dans sa loge. Apparemment, ce dernier reçoit des comédiens français auxquels il ne sait quoi dire. « Vous avez peut-être vu mon père dans *Les Nuits de Cabiria* de Fellini ? » Il me répond qu'il ne connaît que *La Dolce Vita*. Les choses se corsent quand nous nous retrouvons dans un restaurant à côté du théâtre : l'endroit est vide comme une cour d'école au mois de juillet et me voilà avec trois hommes qui ne peuvent communiquer qu'à travers moi. Après une courte conversation technique sur la pièce, je sens monter chez mon père son habituelle envie de plaisanter, Mondy étant le client rêvé. Alors au milieu d'interrogations sur la pièce, il me glisse des phrases du genre : « Demande-lui quelle est la couleur de son slip ! » et je me creuse la tête pour traduire par : « Mon père a le sentiment que l'intensité du deuxième acte comporte quelques pièges ! » Et, en face de moi, j'ai un comédien penché sur son steak et deux Français qui s'amusent comme des militaires en goguette. Cette démarche était d'avance vouée à l'échec. Mais la semaine que j'ai passée avec eux valait vraiment le voyage.

Ma pomme

2019 *chez Benoît*

Pourquoi le spectacle d'un homme qui déjeune seul suscite-t-il la tristesse ? Le nez plongé dans son journal, arborant l'air concerné par les rumeurs du jour, il tourne les pages sans même en lire vraiment les lignes. Depuis longtemps, il accorde moins de crédit aux babillages des gazettes, contrairement au temps où il pensait sincèrement y forger son opinion. S'il se console en continuant parfois à dévaliser les kiosques, c'est pour renvoyer l'ascenseur à une profession qu'il aimait bien, mais dont l'avenir ressemble à un naufrage. Depuis l'arrivée d'internet, la presse est condamnée à courir après les scandales pour se maintenir la tête hors de l'eau, prenant ainsi le risque de confondre les mensonges avec la réalité, car le danger est grand de penser que si c'est dans le journal, c'est que c'est vrai. Je me souviens de ce journaliste croisé dans les années 1950, travaillant dans un hebdomadaire dont je tairai le titre, qui avait inventé un fait divers de toutes pièces, photo trafiquée à l'appui. Tandis qu'il se gaussait auprès de ses confrères d'avoir berné tout le monde avec son canular, voilà qu'il se mit à y croire sincèrement le jour où son article fut imprimé. C'était dans le journal, donc tout à coup, ça avait l'air vrai ! Même pour lui. Ignorant le bruit du restaurant, l'homme seul prend l'air concentré, la tête dans la main afin d'ignorer la chaise vide qui lui fait face et les regards désolés des autres, de ceux-là qui sont en couple et qui le plaignent alors qu'ils ne se sont pas adressé la parole depuis quarante minutes. Ou alors ceux de la grande tablée débordant d'enfants très heureux qui ont bien le droit de faire du bruit pour rendre leurs parents complètement cinglés. « Non, les braves gens n'aiment pas que l'on suive une autre route qu'eux ! » chantait Brassens. Pourquoi, lorsque je déjeune seul, ai-je souvent le sentiment d'être coupable ? Ce n'est quand même pas ma faute si j'aime beaucoup ça…

Dizzy Gillespie

1956

En 1956, j'avais seize ans. C'est en septembre que Daniel Filipacchi m'engagea pour être son assistant. Il était photographe de mode au magazine *Marie-Claire*, mais il avait aussi son émission, « Pour ceux qui aiment le jazz », et son propre journal, *Jazz Magazine*. Je devais avoir dix-sept ans lorsqu'il me confia un Leica en me disant : « Tu vas partir en tournée avec Ella Fitzgerald et Dizzy Gillespie pour le journal. » Et me voilà sur le tarmac de l'aéroport de Nice, attendant les musiciens en provenance de New York, au milieu d'un groupe conséquent de photographes professionnels. Je peux vous dire qu'avec mon minois de jouvenceau, je faisais tache. En ce temps-là, on pouvait attendre les passagers en bas de l'échelle. Lorsque la porte de l'avion s'ouvre, Dizzy Gillespie apparaît et les photographes le mitraillent, il semble très pressé. Une fois descendu, voilà qu'il se précipite sur moi, au grand dam de mes collègues. Ils ne savent pas que je l'ai rencontré plusieurs fois à Paris avec Filipacchi. Dizzy me lance : « Viens, tirons-nous, ma femme est tellement bourrée qu'elle croit qu'on vient d'atterrir à New York. » Effectivement, en haut de l'échelle, je vois une dame aux mollets hésitants dont les lunettes énormes retiennent un chapeau de traviole. Dans la voiture qui nous conduit vers Juan-les-Pins, il me dit : « Dès qu'on arrive on va se baigner, OK ? » Aussi sec je lui réponds : « D'accord, mais alors prends ta trompette, que je fasse une photo. » Et voilà comment j'ai fait ma première couverture de *Jazz Magazine*.

Une phrase de Françoise Sagan :
« La musique de jazz, c'est une insouciance accélérée. »

Françoise Hardy

1963

Au milieu des années 1960, René Koering, un musicien d'avant-garde, avait engagé Françoise pour lire un texte sur l'opus qu'il allait présenter sur scène, à la fondation Maeght de Saint-Paul-de-Vence. Or il se trouve qu'à cette époque, Françoise s'était prise de passion pour le musicien allemand Karlheinz Stockhausen. Ce dernier devait se produire au même endroit, et comme la Grande rêvait de le rencontrer, Koering et moi avions convaincu Aimé Maeght, le directeur de cette fondation, d'organiser une interview filmée du grand musicien par Françoise. Mais le plus étonnant dans cette histoire, c'est la manière particulière qu'Aimé Maeght avait trouvée pour régler les émoluments des gens ayant participé à cet événement. En tant que réalisateur du film sur Koering, je me retrouvai donc en compagnie de techniciens dans un grand salon donnant sur le bureau de la direction. (Les contrats des artistes ayant œuvré sur scène n'étaient pas concernés.) Un à un, nous entrions dans la pièce où Maeght nous recevait, assis derrière son bureau. Très gentiment, il nous posait à tous la même question : « Combien voulez-vous pour le travail que vous avez effectué ? » Intéressante étude des caractères humains, car sa question nous obligeait tous à évaluer la valeur de notre activité. Je n'ai plus souvenir de la somme que j'ai demandée, sinon qu'elle était on ne peut plus raisonnable. Certains devaient demander trop, d'autres pas assez ; il ne contestait pas, il payait tout le monde sans discuter. J'imagine qu'une fois dehors, nous devions tous nous poser la question : « Merde, est-ce que j'ai demandé assez ? » Mais ce qui est certain, c'est que lorsqu'on quittait la pièce, Aimé Maeght en savait certainement beaucoup plus sur nous qu'on ne l'imaginait. Personnellement, la franchise moderne de sa démarche m'avait bluffé.

Dans le Boeing pour le soleil

1975

Dans les années 1970, pour revenir des États-Unis, j'étais passé – je ne sais plus pourquoi –par l'île des Pins en compagnie d'un ami. Une fois arrivés, vers la fin de l'après-midi, les valises posées, nous allons nous balader en direction de la plage. L'endroit est idyllique, les palmiers sont courbés vers le sable, le soleil va bientôt se coucher. Un air de guitare au loin, on s'approche, une quinzaine de jeunes gens autour d'un feu de camp. Là, on se dit, c'est trop beau, c'est un coup du syndicat d'initiative. Ils n'ont pas l'air étonné lorsqu'on s'assoit. De l'autre côté du feu, j'aperçois une fille sublime. Je suis fasciné par ses cheveux blonds à travers les flammes, et elle ne me quitte pas des yeux. Je vous jure que cette histoire n'est pas le fruit de mon imagination. Au bout de vingt minutes de regards échangés, la voilà qui se lève et, tout en contournant le groupe, elle vient vers moi, elle se penche et me tend la main. Sans même me parler, elle m'entraîne vers l'océan. Nous marchons le long de la plage, la guitare s'éloigne, le soleil vient de se coucher. Elle retire son paréo et s'allonge près des palmiers. J'ai eu beaucoup de chance dans ma vie, mais des comme celle-là, c'est assez rare. Vous imaginez la suite. La nuit est tombée et nous nous mélangeons de la plus jolie des façons, aucune phrase n'a été échangée. À un moment donné, en tournant la tête, j'aperçois le slip de ma belle en train d'avancer sur le sable. Et tout à coup, je comprends que cette charmante dentelle est accrochée à la pince d'un crabe qui, en compagnie de dizaines de crustacés, descend en silence vers la mer. Afin de ne pas rompre le charme de l'instant, je ne dis mot, même si la vision d'un slip qui s'éloigne n'aide pas à la nécessaire concentration de ce moment magique.
Plus tard, la jeune femme n'a pas semblé étonnée qu'un de ses sous-vêtements soit allé faire un tour, de toute façon nous ne nous sommes pas dit un mot. Je l'ai raccompagnée jusqu'à un bungalow, elle m'a quitté sur un sourire.
Le lendemain, je ne l'ai pas retrouvée, je ne connais même pas son nom…

Fréderic Beigbeder et moi

2000 *à New York*

Si passer une semaine dans cette ville avec Frédéric n'est pas de tout repos, le jeu en vaut la chandelle.

Ce voyage était pour lui une obsession à cette époque, car il ne faut pas oublier qu'avant d'être le ludion des médias, Frédéric est d'abord un écrivain. Cette passion lui est venue dans son jeune âge grâce à la lecture de *L'Attrape-cœurs* de J.D. Salinger. L'adolescent héros du livre, sa fugue dans le New York des années 1950, son refus du monde des adultes l'ont marqué au point d'influencer sa vie pour longtemps. Si Salinger lui donna l'envie d'écrire, il le poussa aussi à rêver de ne jamais vieillir. Nous avons donc décidé de tourner un documentaire sur les traces de Salinger en suivant le parcours du héros de son roman (*L'Attrape-Salinger*). D'abord à New York, avec les écrivains américains les plus passionnants (Jay McInerney, Rick Moody, Stewart O'Nan), puis jusqu'à Cornfield, la ville du New Hampshire où Salinger se terre. Nous étions habités par le secret espoir et la terreur de le croiser. Nous ne nous faisions guère d'illusions, ceux qui tentèrent de le rencontrer sont légion et nul n'y est jamais arrivé. Frédéric, c'était plutôt un hommage qu'il voulait lui rendre. En s'approchant au plus près, il voulait respirer le même air que lui avant qu'il ne meure. Bien sûr, nous n'avons pas vu Salinger. Comme vous le voyez, Frédéric n'est pas que le fêtard parisien dont les médias aiment à rapporter les frasques. Quant à moi, par affection pour lui, je trouvais joli de partir à la recherche d'un homme qui veut disparaître, à travers le regard d'un autre qui aime tant se montrer. Une fois épuisées les joies du succès et les gesticulations des clubbers et autres oiseaux de nuit, un beau matin il comprit que le véritable plaisir, c'est d'être invité au Festival de Cannes afin de ne pas y aller. Grâce à un mariage et l'âge venant, il eut enfin l'envie de concentrer son énergie sur ce qu'il fait le mieux : écrire des livres truculents, drôles, insolents et totalement désespérés, bref des livres comme je les aime, c'est-à-dire qui lui ressemblent.

Florence Aubenas

2005

Florence est une des rares personnes que j'ai invitées à déjeuner à Paris alors que je ne les connaissais pas. Je ne vous parlerai pas de l'élégance de l'otage aperçue à la descente d'un avion, ni de la femme écrivain capable de s'immerger dans un univers qui n'est pas le sien pour donner la parole à d'autres femmes, celles à qui justement on ne la donne jamais.

Je ne vous parlerai pas non plus de la journaliste, une des seules de notre époque à ne pas se contenter de téter Wikipédia pour raconter une histoire, mais qui, à l'instar d'un Joseph Kessel, peut travailler des semaines, voire des mois sur un sujet avant d'écrire une ligne. J'ignore si elle le fait consciemment, mais on perçoit chez elle la générosité de vouloir rehausser la fonction de journaliste reporter, laquelle, comme chacun sait, en a vraiment besoin. Chez cette femme, tout est clair, des yeux au sourire, des intentions à l'exigence, de la passion à l'humilité, pas une once de suffisance. Mais ne la pensez pas naïve, elle peut vous renvoyer la balle façon McEnroe, vite fait et avec le sourire. Je garde de mon unique rencontre avec elle le souvenir chaleureux d'une parenthèse sans jugement ni a priori de sa part, ce qui est très rare dans le petit milieu d'une presse encline à l'élitisme condescendant. Son talent d'écrivain la conduit toujours vers la même obsession de comprendre les autres. Je ne peux guère vous en dire plus, puisque je ne la connais pas.

Maintenant, j'ai assez d'heures de vol pour savoir que connaître ne veut rien dire, et que ressentir suffit. Par certains côtés, elle me fait penser à une Françoise Hardy qui serait apte au bonheur.

Si par chance vous la croisez un jour, regardez-la bien en face, et vous verrez, c'est un drôle de voyage…

La magnifique Jeanne Moreau

1994

Dans les années 1950, profitant de mon statut d'enfant de la balle, j'avais pour habitude d'aller flâner dans les coulisses du théâtre où jouait Jeanne Moreau. Égérie de la Nouvelle Vague, amie de Miles Davis, elle était déjà le symbole d'une insolence encore ignorée des usages, elle avait de l'avance sur le commun et ne s'en souciait pas. Sous le prétexte fallacieux d'une séance de photos à venir, tous les soirs après la représentation, j'allais dans sa loge pour le plaisir de l'écouter parler en se démaquillant. Bref, comme tout le monde, j'étais amoureux d'elle. Le cinéma, la vie, les hommes, elle s'adonnait à une sorte de revue de presse d'un Paris réjouissant. Elle le faisait avec un naturel désarmant, nullement gênée par ma présence, évoluant dans une robe de chambre de soie fluide au parfum inoubliable. S'amusant sans doute de l'assiduité de cet adolescent timide, elle savait qu'avec ou sans fard, elle était le rêve absolu des hommes de son temps. Jamais je ne ressentis la moindre moquerie de sa part. Ainsi que Simone Signoret, Jeanne a toujours eu cette merveilleuse faculté de s'intéresser aux autres. Durant le temps d'une conversation, personne n'existait, si ce n'était vous. Je regrette cette politesse, cette courtoisie, elle tend à disparaître sous la cuistrerie des roitelets du beau monde, des arrivistes à la courte vue, lesquels n'écoutent qu'eux-mêmes, croyant s'acheter une personnalité en suivant la meute de ceux qui se regardent persifler, oubliant qu'il ne suffit pas de faire l'intéressant pour le devenir. Par leur imagination et leur courage, Jeanne et Simone demeurent la preuve la plus évidente de cette phrase de Boris Vian : « La mode, c'est l'impératif des indécis. »

Dany Robin et François Périer

dans le film Elle et moi **1952**

Mon père tournait *Elle et moi*, un film de Guy Lefranc. J'avais douze ans et j'étais venu le retrouver au studio. Sur le grand plateau, je m'étais assis à l'écart, en bas d'une échelle sur laquelle un machiniste fumait tranquillement sa Gauloise bleue. C'était un de ces temps morts comme il en existe souvent au cours d'un tournage. Le metteur en scène tentait d'expliquer une chose assez simple à un jeune acteur, qui n'y comprenait pas grand-chose. Ce devait être un précurseur de l'Actors Studio, le genre à demander s'il devait penser à sa mère en ouvrant une porte… Tout le monde attend plus ou moins patiemment, lorsque le machiniste au-dessus de moi sort cette phrase dans un silence de mort : « Ah, y a plus de cons que de femmes ! » Grossier, mais pertinent. Un moment plus tard, devant moi passe Dany Robin, charmante et très jolie actrice que je suis d'un regard aussi fasciné qu'enfantin. Tandis qu'elle s'éloigne, mon machino descend de son échelle pour venir vers moi. Avec ses manches retroussées, on dirait une sorte de Julien Carette en plus massif. En retirant sa cigarette, il se penche vers mon oreille et, désignant l'actrice qui s'éloigne, me glisse doucement : « Mon grand, je vais te donner un bon conseil : ne baise jamais au-dessus du titre ! » (Au générique des films, le nom des stars arrive en grand avant le titre du film.) Bien sûr, aujourd'hui, d'aucuns diront que c'était honteux, vulgaire, tout ce que vous voudrez. Moi, je trouve incroyablement poétique que cet homme, témoin de toutes les turpitudes du monde du cinéma, ait eu envie de donner à un gamin un conseil, dont ce dernier constatera d'ailleurs la pertinence beaucoup plus tard. Il avait raison. Sur les tournées des « vedettes » des années 1960, il ne fallait surtout pas courir après la star, alors que les choristes étaient des merveilles de gentillesse et souvent beaucoup moins délurées qu'on voulait le prétendre. Que les adeptes de #MeToo me pardonnent, mais je trouve qu'en cet homme-là, il y avait un philosophe.

Jean-Paul Goude

1965

J'ai toujours eu beaucoup d'estime pour Jean-Paul. Contrairement à tous ceux qui se prétendent « artistes », lui, c'en est un vrai. Graphiste, illustrateur, photographe, metteur en scène et réalisateur de films publicitaires : dès l'âge de vingt-cinq ans (!!!) et pendant dix années, il est directeur artistique du magazine *Esquire,* autrement dit, les pages les plus sophistiquées de la presse américaine. Chantre absolu du métissage et de la mixité, cette avance sur son temps échappait parfois à certains, notamment dans les années 1970, quand il créa l'image intemporelle de Grace Jones. On se voyait souvent à l'époque, à New York : il était très isolé, l'équipe qui entourait la chanteuse ne comprenait pas vraiment ce qu'il faisait car il avait toujours une longueur d'avance. L'avenir lui a donné raison, et aussi François Mitterrand lorsqu'il lui a confié l'incroyable défilé de 1989 – spectacle ultime mettant en valeur toutes les nations et finissant par Jessye Norman chantant *La Marseillaise*. Jean-Paul avait obtenu l'autorisation de faire sortir James Brown de prison afin qu'il vienne à Paris pour représenter les États-Unis. Idée géniale, hélas prudemment refusée par l'Élysée ; j'aurais tellement voulu assister à l'effroi sur la tronche de George W. Bush en voyant trôner le Godfather of Soul en haut du char américain… Jean-Paul n'a cessé de maintenir un niveau d'imagination sophistiqué, auquel je ne connais pas d'égal. Dans n'importe laquelle des disciplines qu'il a touchées, il fut d'abord un homme de spectacle tout en pensant toujours à embellir les femmes qu'il a aimées. C'est pourquoi je le considère comme l'artiste le plus doué de ma génération.

Johnny Hallyday

1963

Vous n'avez pas connu Rosy ? Maquillée comme la Harley-Davidson d'*Easy Rider*, c'était une gagneuse à la cinquantaine vaillante qui sévissait sur les trottoirs de la place de l'Étoile dans les années 1960. Rien ne lui faisait peur ; dotée d'un taux de pénétration record, elle pouvait toiser un régiment de cavalerie, chevaux compris, sans bouger un œil. Ses fourreaux en cuir et ses talons aiguilles rouge sang éclairaient les nuits et les bars du coin avec un discours à faire pâlir d'envie Michel Audiard. Et, curieusement, derrière cette façade de porte-avions invincible, se cachait une sensibilité surprenante. Un soir que je l'avais rencontrée dans le bar mitoyen du studio Carnot, je découvris que ma situation au sein de l'univers musical l'impressionnait un peu. Et comme je devais faire une pochette de disque avec Johnny le lendemain, je lui proposai de venir assister à la séance au studio. Elle eut cette réponse touchante et magnifique : « Oh, vous me feriez cette embellie ? » Le lendemain, ce fut émouvant de la voir arriver « en civil », presque sans maquillage et dans une robe plutôt sage. Elle s'assit dans un coin du studio et lorsque Jojo entra dans la pièce, elle rougit comme une première communiante devant ce jeune artiste si sympathique qui l'embrassa comme tout le monde, selon son habitude. C'était curieux de voir Rosy, l'impératrice des marins en goguette, adopter un minois timide, vestige de son enfance oubliée. Elle est partie avant la fin de la séance afin de ne pas déranger et je l'ai perdue de vue, évaporée dans son royaume de la nuit.

Eric Clapton avec Scotty Moore

1995

Vous n'êtes pas sans savoir que la musique moderne est née en Afrique, puis s'est développée dans le sud des États-Unis, le berceau du blues. Dès les années 1940-1950, les musiciens blancs ont pillé ce répertoire avec plus ou moins de bonheur. Mais dans les années 1960, s'il en est un qui a su s'approprier cette musique avec un rare talent pour la faire connaître aux jeunes gens du monde entier, c'est bien Eric Clapton. À l'instar des Beatles ou des Rolling Stones, il était un petit Blanc anglais de plus rêvant d'être un Noir d'Amérique. Il a participé à la création de plusieurs groupes, dont les Cream, une merveille des sixties. Son désir de négritude musicale est devenu à ce point réalité qu'aujourd'hui beaucoup de Noirs-Américains rêveraient d'avoir été Eric Clapton.

J'ai eu le privilège de le rencontrer à Londres au cours d'un concert organisé aux studios d'Abbey Road pour célébrer l'anniversaire de Scotty Moore, le premier guitariste d'Elvis Presley. Clapton a l'élégance des princes. Il a traversé toutes les époques et la vie ne l'a pas épargné. Néanmoins, comme l'Anglais bien élevé qu'il n'a jamais cessé d'être, il est arrivé à l'heure, puis a poliment posé pour moi et a rejoint la scène pour chanter et jouer de la guitare avec tout le respect dû à son aîné. Sur la scène, Scotty Moore et sa Gibson légendaire, celle avec laquelle il a interprété les solos de « Heartbreak Hotel » ou de « Jailhouse Rock », deux des tubes de Presley qui firent danser la planète pendant que James Dean sortait de la route, quelque part dans le désert californien. Elles ont bien de la chance, les guitares, quand elles vieillissent, ça ne se voit pas.

Thierry Mugler et Jerry Hall

à New York **2008**

Du temps où je travaillais au magazine *Elle*, c'était quand même assez luxueux d'aller à New York juste pour allonger Mme Jagger au bord de l'Hudson River. Aujourd'hui, avec Mugler bardé de cuir et Jerry Hall allongée sur de la fourrure dans la crasse d'un trottoir de Brooklyn, on aurait les ligues animalières sur le paletot... (Cela dit, la fourrure devait être synthétique, mais rien que l'idée déplairait aux obsédés du politiquement correct.) Je devais parfois assister aux défilés de mode. Je n'aimais pas beaucoup l'atmosphère de cet hymne à la vanité de *happy few,* venus pour être vus plutôt que pour voir. En revanche, les défilés étaient souvent des spectacles somptueux, les femmes des *nineties* ressemblaient à des femmes et, à la fin, l'attitude plus ou moins timide des couturiers était souvent touchante. La musique allait de la boîte de nuit assourdissante à du Wagner grandiose. On était loin des défilés silencieux de chez Dior, dans les années 1950. J'y avais assisté un jour avec Daniel Filippachi, Maurice Tabard et Jean Demachy, pour voir les robes dont ils allaient faire des photos pour *Marie-Claire* sur les plages de Deauville. Dans l'assistance, quelques clientes triées sur le volet contemplaient calmement les manteaux qui bruissaient lorsque les « mannequins » opéraient un demi-tour, tout en regardant poliment les clientes dans les yeux, tandis qu'une voix doucereuse annonçait le nom des modèles présentés : « n° 2 : Falbala, n° 3 : Fleur d'automne, n° 4 : Pervenche, etc. » L'atmosphère était à l'élégance, on entendait le frottement des tissus... Aujourd'hui, les filles ne sourient plus à personne : les maxillaires bloqués, elles ont l'air d'aller à la guerre...

Ma famille aveyronnaise

2020

On me demande souvent pourquoi je suis venu m'installer dans l'Aveyron. Eh bien c'est parce que mon parcours ayant toujours plus tenu du *scenic-railway* que du plan de carrière, lorsque je touche le fond, changeant de vie ou de métier, contraint donc de repartir de zéro, le remède est toujours le même : Petit Jean-Marie est dans la merde, il faut bien qu'il s'en sorte, alors aussitôt il s'endette, solution rarement perçue comme pondérée par l'entourage, néanmoins plus pertinente qu'il n'y paraît. Je vous vois venir : « Mais alors, il a combien de maisons ? » Eh bien, il n'en a plus aucune puisque lorsqu'il divorce, il laisse tout à sa famille. L'heure était donc venue de retourner à la verdure. Me voilà sur la route en direction du Sud, certes vers le soleil, mais bien décidé à éviter les bords de mer et la montagne, ces régions connotées vacances, empreintes d'un esprit mercantile des plus regrettables. On y va pour le ciel, la nature, les oiseaux, et on se cogne contre des parkings souterrains et des rues piétonnes, paradis des magasins mondialisés, les mêmes qu'à Los Angeles ou à Tokyo. Je tenais à la campagne française, la vraie, avec ses gens « normaux » dont l'apparence banale cache parfois des trésors d'originalité.
Je m'arrêtai donc à Figeac, à la lisière de l'Aveyron, Jacques Dutronc m'ayant souvent vanté les beautés de cette région. Faisant irruption dans la première agence immobilière venue, je m'exclamai : « Trouvez-moi, s'il vous plaît, une petite ferme au milieu de rien. Et comme je n'en ai pas le premier rond, qu'elle ne soit pas chère, car c'est la banque qui va payer ! » Trois mois plus tard, j'étais chez moi dans l'Aveyron. Ça fait maintenant plus de vingt-cinq ans et je ne le regrette pas. Au moins, cette maison, je ne la perdrai pas, puisque j'ai rangé toute idée de mariage sur l'étagère des souvenirs…

Claude Nougaro

1963

Après avoir fait des photos de lui dans son nouvel appartement, je l'avais accompagné tandis qu'il faisait son marché dans le XVIIe arrondissement de Paris. Sa chanson « Le cinéma » était un énorme succès (« Sur l'écran noir de mes nuits blanches… »), mais il n'était pas le genre à changer d'habitudes pour autant.

Une phrase de mon grand-père, Jacques Porel :

« Étonnant ce mot d'une femme à son mari : “En quinze ans de mariage, les seuls moments de bonheur que tu m'aies donnés, c'est quand je t'ai trompé.” »

Vive le mariage !

Cerise et Hortense

2020

Lorsque Hortense me regarde comme ça, dans l'air froid du matin, j'ai un peu la sensation d'être seul au monde. Voyez comme elles sont belles, mes ânesses, en train de se taper des graines en attendant le foin que je finis d'étaler dans leur mangeoire. Je ne tomberai pas dans l'excès qui consiste à préférer les animaux aux êtres humains, mais je leur accorde autant d'importance. D'abord eux, ils ne mentent jamais. Tout le monde raconte des salades, ne serait-ce que par politesse. Combien de fois dit-on « Comment allez- vous ? » sans y penser alors que, souvent, si on y réfléchit bien, on n'en a rien à secouer. (On aimerait autant ne pas savoir…) Quand un animal veut, il prend, s'il vous regarde, il vous voit vraiment, s'il vous méprise, il s'en va. Alors, bien sûr, on va m'expliquer que justement toute la beauté de l'être humain réside dans cet art de prendre des pincettes pour atteindre son but. Séduire ne serait rien sans cette faculté à s'adonner au pas de deux des sentiments, à cette pratique du virevolté propre aux grands charmeurs, à cette façon de prétendre n'avoir pas vu celle dont on rêve d'accrocher le regard. La littérature regorge d'exemples prouvant que, sans le mensonge, la vie serait une jungle. Bien sûr, je vous vois venir ; il existe des animaux qui trichent pour capturer leur proie. Par exemple, *quid* de ce mollusque qui au fond des mers se déguise en herbe fugace pour mieux attraper une pauvre daurade qui glandait par là ? Et les baudroies des grandes profondeurs, et la tortue alligator des Everglades ? Ça va, je m'incline ; les animaux sont aussi de grands hypocrites. Disons qu'ils le sont seulement un peu moins que les êtres humains. Bon, vous avez compris, je réclame le droit à la contradiction ! Et la mauvaise foi alors, on en fait quoi ? N'empêche, lorsque Hortense me regarde comme ça, j'ai l'impression d'être seul au monde…

Jacques Dutronc

1968

Dans la série : « J'aime les contrastes ! » Durant ses tournées de concerts à travers la France, les repas avec Dutronc pouvaient durer des heures. Lorsqu'on allait dans des restaurants, Jacques réservait toujours de grandes tables pour lui et ses potes qui le suivaient partout. On ne peut vraiment pas le taxer de pingrerie, car il faisait vivre son petit monde sur un grand pied à longueur d'année. Sur ce plan, il reste certainement l'artiste le plus généreux qu'il m'ait été donné de rencontrer. Une fois installé, Jacques s'adonnait à sa distraction préférée. Il s'agissait d'une petite machine composée de deux boîtiers dont la particularité consistait à imiter le bruit d'une flatulence à distance. Ce cher Jacques en raffolait. Il commençait par faire un repérage des tables, en choisissait généralement une occupée par des gens un peu prétentieux, le genre huppé, des pékins de la haute. Une fois son choix fait, il mettait le premier boîtier dans la poche d'un de ses amis et il lui suggérait d'aller faire un tour près de la table en question. « Tu passes tranquillement à côté sans leur prêter attention et tu te casses vite fait. » Et lorsque son pote arrivait près des convives choisis, Jacques appuyait sur le bouton de l'autre boîtier, lequel déclenchait un vent tonitruant, plus connu sous le nom de « pet foireux », ce plaisir bien connu du cancre de base dans les salles de classe de mon enfance. Glacée d'effroi par cette déflagration importune, la tablée entière offrait l'éventail des réactions humaines devant un sphincter démonstratif. Dans son coin, Jacques jubilait, ravi par l'efficacité de son jouet. Le boulot étant fait, on pouvait passer aux choses sérieuses, à nous les agapes. En ces temps regrettables où les événements nous abreuvent de propos allant du sinistre au vulgaire, je bénis cette grossièreté gratuite et je remercie la vie d'avoir inventé un type comme Dutronc, toujours attentif aux réjouissances dérisoires. Ce n'est pas mal, quand même, d'avoir des joies simples…

Thomas Dutronc

1988 *en Corse*

On n'est pas obligé d'aimer tous les enfants car, contrairement à l'idée reçue, ils ne sont pas tous sympathiques. Il m'arrive d'en croiser qui ressemblent déjà aux salopards qu'ils seront plus tard. Les gens « de mauvaise qualité », comme disaient les bourgeois du début du siècle dernier, l'étant déjà petits, la progéniture des amis proches bénéficie d'une attention particulière puisqu'elle est généralement le fruit d'instants privilégiés et de souvenirs chers qui lui échappent. On attend toujours d'eux qu'ils soient à la hauteur. Quand on a le culot de représenter l'avenir, on se doit de faire le poids. Il m'arrive de faire preuve à leur égard d'un don soudain pour la pédagogie qui m'étonne parfois.

Puis il y a ceux qui ont la grâce. Thomas en fait partie. Il est le résultat du dosage exact de ses parents, tout en ne ressemblant qu'à lui-même. De sa mère, il a l'enthousiasme, un franc-parler qui lui jouera des tours et l'élégance des gens qui n'en sont pas conscients. De son père, il a le mystère, la timidité, l'insolence et le sens du propos inattendu. Insaisissable comme les chats de sa famille, il cache son talent sous une fausse paresse. De surcroît, il a l'humour, le don de ses parents, et en plus, il est lui. Ce n'est pas rien d'être soi-même. J'en connais plein qui aimeraient. Lorsque je suis à ses côtés, il m'arrive de me trouver plus vieux, bien qu'il ne me le fasse jamais sentir.

Même s'il n'était le fils de personne, j'aimerais l'avoir rencontré.

Vincent Cassel

à Saint-Rémy-des-Landes **1996**

Personne n'est plus en phase avec son époque que Vincent Cassel. Ce doit être de famille.
Je me souviens de son père, Jean-Pierre Cassel, lorsqu'il dansait avec ma mère dans la cave du club Saint-Germain au début des années 1950. Me retrouver à photographier son fils m'a donné le même sentiment que Jean Castel lorsqu'il recevait dans sa boîte de nuit les enfants de ses vieux amis.
Vincent est un subtil mélange de la violence de l'époque actuelle et de la gentillesse qu'il tient justement de son éducation. Il est devenu un acteur majeur du cinéma français et américain. Regardez-le dans le film *Hors normes*, il n'y a pas plus moderne que ce qu'il fait en matière de style de jeu ni plus classique dans le message qu'il fait passer. Il y est vraiment incroyable. S'il ne vous fout pas les larmes aux yeux, soit je suis sénile, soit nous ne parlons pas de la même chose.
Une phrase d'un de mes amis :
« Vous savez ce que c'est la connerie ? Imaginez une plage, le soleil, un whisky avec des glaçons, des nanas autour de vous... Vous y êtes ? Eh bien tout le reste, c'est de la connerie ! » Coluche

Mon père, François Périer, et Federico Fellini

1956

J'avais seize ans et la tête à l'envers à cause de problèmes familiaux que je préférerais oublier. Mon père, me voyant très perturbé, me dit : « Bon, les études, ce n'est pas pour toi (j'étais en troisième après avoir redoublé). On arrête, tu vas venir avec moi à Rome. » Il allait tourner *Les Nuits de Cabiria* de Fellini avec Giulietta Masina. Et je me suis retrouvé dans cette ville extraordinaire, sur ce tournage qui ne l'était pas moins. C'était une grosse équipe, tout le monde parlait fort et riait, même pendant que tournait la caméra. (Ils refaisaient le son en studio après, donc aucune importance.)

Une nuit, sur une grande place éclairée par d'énormes projecteurs, j'étais assis en attendant que mon père ait fini son tournage. Fellini, entouré de techniciens, est passé et, tout à coup, il m'a vu. Il a alors indiqué aux assistants une avenue et d'un geste large leur a demandé de l'éclairer sur au moins quatre cents mètres. Puis il est allé voir mon père et lui a dit : « Je vais faire un tour avec ton fils. » Et dans une petite voiture, il m'a emmené au Forum. À l'époque, on pouvait y entrer comme ça, sans problème. Et là, assis sur les marches éclairées par la lune, il m'a raconté l'histoire de Rome, mais avec sa vision. Hélas, la seule chose dont je me souvienne, c'est quand il m'a déclaré : « N'écoute pas les profs. César, il était tout petit et c'était un con ! » J'aurais dû tout noter, mais comment pouvais-je savoir qu'il me racontait *Satyricon* ? Eh bien, voyez-vous, un homme capable de quitter une équipe de tournage pendant deux heures parce qu'il voit un adolescent qui s'ennuie, c'est ça, un cinéaste.

Melanie Griffith et Antonio Banderas

au bar du Ritz à Paris **1999**

Adeptes de la « promo » professionnelle typiquement américaine, ils m'avaient accordé dix minutes, montre en main, sous le regard lassé d'un portrait d'Hemingway. À cette époque, l'étalage ostentatoire de leur amour n'avait pas l'air d'en entamer la réalité. Je rappelai à Melanie Griffith que je l'avais connue quand elle avait seize ans. Je travaillais alors pour une maison de production de films publicitaires de Los Angeles dont la propriétaire n'était autre que sa mère, Tippi Hedren, l'actrice fétiche d'Hitchcock. Avec son mari, cette dernière possédait un ranch immense à cent kilomètres de la ville. Et parce que au cours d'un tournage en Afrique elle s'était éprise d'un lionceau, elle s'était retrouvée quelques années plus tard à la tête d'un parc de cent cinquante fauves, dont l'appétit hebdomadaire dévorait

allègrement les recettes de sa société. Je filmais des bagnoles ou des boissons gazeuses pour nourrir des lions. Un jour qu'ils m'avaient invité dans leur savane improvisée, j'ai vu pour la première fois Melanie, encore adolescente, en train de rouler au sol en enserrant de ses bras graciles un fauve dont le simple souvenir de la taille me terrifie encore. Les requins d'Hollywood pouvaient toujours s'aligner, ils n'étaient pas près de lui faire peur.

Sandrine Kiberlain

1994

Il me semble que le film *Les Patriotes* venait de sortir et elle y était déjà éblouissante. Elle y montrait une facette sombre, teintée de mystère, et un physique hors des modes. Cette année-là, Vincent Lindon m'avait invité à dîner à Paris, au restaurant de Jean-Yves Bouvier, en me prévenant : « Je vais te faire rencontrer celle qui sera un jour la plus grande actrice française. » Malgré son penchant aigu pour l'exagération, j'ai toujours fait confiance à Vincent parce que avant d'être exalté, il est surtout intelligent. Effectivement, à l'époque, elle n'était pas encore très connue et il s'avéra que Vincent avait raison, comme souvent. Vous pouvez juger par vous-même en jetant un œil sur sa filmographie : vous verrez, ce n'est pas l'époque, c'est qu'à l'instar d'une Valérie Lemercier sur scène, Sandrine avait la faculté d'être d'une grande beauté tout en étant capable de se montrer complètement déjantée. (Les brunchs chez ma sœur Anne-Marie en compagnie de Sandrine et Valérie restent des souvenirs inoubliables.) Je vous vois venir en roucoulant : « En pincerait-il, le vieux ? » ; pas de ça, je vous prie, vous allez froisser ma chienne Daffy. Néanmoins, vous cacher que j'étais séduit lorsque je l'ai rencontrée serait mentir. Aujourd'hui, j'ai le privilège de l'avoir pour amie, si tant est que dans cette profession ce mot veuille dire quelque chose. Disons qu'entre nous, il y a peut-être de la tendresse et en tout cas de l'estime ; ce qui a souvent plus de chance de durer.

Le sourire de France Gall

1993

Quelques phrases pour me lever le matin.
Dans une interview, le merveilleux Benoît Poelvoorde a dit : « Faire un enfant, c'est comme emmener quelqu'un dans une soirée à laquelle il n'est pas invité. »
Écrite par mon grand-père, Jacques Porel : une de ses interprètes, une femme de quarante ans, disait un jour à Paul Claudel : « C'est drôle, moi, je n'ai jamais eu vingt ans ! — Ça peut encore venir », répondit Claudel.
Celle-là est de votre serviteur : « Si le ridicule tuait, on aurait moins de mal à trouver des places de parking. »
Jacques Dutronc : « Sur mon passeport, pour mon métier, il y a marqué "Artiste de variétés" et "Comédien". En réalité, mon métier c'est "Cuisse de poulet arabe". » Un métier extrêmement rare.
Cette histoire très connue de Sacha Guitry auquel une admiratrice disait : « Maître, je veux un enfant de vous. Avec ma beauté et votre intelligence il sera parfait. » À quoi il répondit : « Madame, imaginons le contraire et oublions ça tout de suite ! » (À vérifier, on l'a attribuée à plusieurs personnes !)
Encore Guitry qui, sur son lit de mort, aurait demandé à son épouse Lana Marconi d'approcher son oreille. Et il lui aurait murmuré : « Et maintenant, je vais faire semblant de mourir ! » Et il s'est éteint. Ultime coquetterie du comédien. (À vérifier, on l'a aussi attribuée à plusieurs personnes !)
Woody Allen, à qui on demandait s'il croyait en Dieu, aurait répondu : « Vous avez déjà essayé de trouver un plombier le dimanche ? »
Au cours d'un déjeuner, j'ai entendu Michel Audiard dire cette phrase dont la pertinence m'a toujours abasourdi. Lorsqu'on prononçait devant lui : « On ne peut pas tout avoir », il répondait : « Pourquoi pas, y en a bien qui n'ont rien ! »

Votre serviteur

1961 *pendant son service militaire*

En 1960, lorsque je suis parti faire mes vingt-huit mois de service militaire, la première chose que l'armée m'a inculquée, c'est le respect de *La Marseillaise*. Et ce que j'ai vu en Algérie m'a sûrement aidé à en comprendre le sens. (Comme vous pouvez le voir, j'avais la chance de tenir une caméra et non un fusil, donc n'allez pas penser que je me prends pour un héros.)

Ce qui me choque depuis toujours, c'est de voir les partis politiques de tous bords chanter l'hymne national à la fin de leurs meetings. *La Marseillaise* appartient d'abord à tous les Français et non à une tendance, qu'elle soit de droite, de gauche ou de quelque extrême. De quel droit un parti transforme-t-il un chant pour lequel tant d'hommes sont morts en slogan publicitaire pour ses idées ? Sans compter le spectacle affligeant de ces gens au garde-à-vous, les bras raidis par la recherche d'une dignité illusoire, l'œil rivé vers le ciel pour tenter de cacher qu'ils ne connaissent que les premières phrases du texte (généralement, ils se détendent à : « Abreuve nos sillons ») et dans l'espoir qu'arrive la fin de cette mascarade, tout en s'adonnant au hit-parade de celui qui chantera le plus faux. C'est un véritable concert de casseroles. Ceux qui se taisent sont simplement conscients du ridicule de la situation et je suis convaincu que la plupart des politiciens seraient soulagés qu'on ne leur impose plus cette torture à la fin de leurs festivités.
Ou alors on invente un « The Voice » des meetings sponsorisé par les boules Quies, avec d'anciens présidents pour juges...
À creuser...

Françoise Sagan

1996

À quinze kilomètres de chez moi, dans le cimetière de Seuzac dans le Lot, se trouve la sépulture de Françoise Sagan. Un après-midi de décembre, l'envie m'a pris d'aller saluer cet écrivain extraordinaire, que j'ai eu le privilège de rencontrer quelques fois dans ma vie (je ne pense pas que le mot « écrivaine » lui aurait plu). Ce cimetière est très petit, en pleine campagne, presque oublié, comme un secret réservé aux intimes. Je reconnais bien là son sens du luxe.

La tombe est simple mais, hélas, très mal entretenue, presque abandonnée ; pour une des personnes les plus exceptionnelles du siècle dernier, ça m'a semblé un peu pauvret, voire honteux. Il y a une croix mangée par l'humidité, un bouquet de fleurs flétries, une lettre sous un caillou posée par un admirateur (lui au moins est venu, il n'y a pas longtemps) et une petite voiture en plastique « pour symboliser la vitesse ». Ce dénuement la ferait sûrement rire, elle dont la vie fut un tourbillon de passions, de bonheurs, de malheurs et d'excès en tous genres et qui, sans le chercher, fut un exemple pour toutes les femmes rêvant d'être libérées. Erreur regrettable, le nom de Peggy Roche, sa fidèle amie enterrée à ses côtés, n'est même pas indiqué sur la sépulture. Star de la littérature à dix-neuf ans, les titres de ses livres invitaient au voyage, avant même d'en lire une page. Conduisant les pieds nus des bolides insolents, elle était à elle seule les Rolling Stones avant l'heure, mais en bien plus violent pour l'époque parce qu'elle était une femme et que, malgré son petit filet de voix, son message portait aussi loin que celui des joyeux voyous du Swinging London.

J'ai eu la chance de passer quelques soirées avec elle, à différents moments de ma vie. Comme toujours quand je la photographiais, elle semblait étonnée que l'on puisse s'intéresser à son apparence. Ce jour-là, nous avions bu un verre, ri et puis un peu parlé. Si la vie en vaut la peine, c'est surtout grâce aux gens que l'on a rencontrés.

Eva Herzigova en Thierry Mugler

1995

Réflexion du jour qui n'a aucun rapport. C'est étrange la gaieté forcenée des présentateurs dans les émissions de radio ou de télé très tôt le matin. Les blagues fusent, et le rire jusqu'au rictus… Cette joie obligée me semble plus triste que la tristesse elle-même.
D'autant plus qu'elle est entrecoupée de séquences d'actualité sur les malheurs du monde et autres toboggans politiques gauche-droite destinés à plonger le malheureux auditeur dans une circonspection frustrante sur sa situation personnelle. Judicieusement, la fin de cet intermède est généralement réservée à une séquence optimiste sur un people se mariant ou s'adonnant à la défense d'une cause humanitaire, afin de remonter le moral de l'auditeur et l'amener à l'indispensable pause publicitaire permettant à la station de gagner sa vie. S'ensuit un retour à la rigolade à tout prix, saupoudré parfois de vulgarité afin d'élargir l'éventail de la clientèle. Cette grille obéissant aux diktats d'une étude de marché aussi malhonnête que convaincante permet de rassurer la direction sur l'inévitable course à l'audimat qui mine ses dirigeants. Est-il vraiment raisonnable de recommander cette joyeuse hystérie dès potron-minet ? Les stations sont-elles sincèrement persuadées qu'un torrent de gaillardises va permettre au travailleur lambda d'oublier sa condition d'opprimé de base ? Ne pourraient-elles pas s'adresser calmement aux gens à l'heure où ils s'éveillent ? Je me pose d'autant plus la question que je n'échappe pas à ce *scenic-railway* dès que j'ouvre l'œil au lever du jour. Pauvre de moi, pauvre de nous !

Comment j'ai rencontré Maurice Pialat

dans L'Amour existe **2007**

Quand il venait à Los Angeles, mon ami Daniel Toscan du Plantier, le patron de Gaumont, aimait à déjeuner au Hamburger Hamlet, un restaurant sur Sunset dont le nom le mettait en joie. Le mariage d'un steak haché avec Shakespeare représentait à ses yeux un parfait raccourci de l'époque moderne. Sur le cinéma, il avait souvent la dent dure : « Être producteur de cinéma, disait-il, c'est un métier formidable. Le problème, c'est qu'après, on est obligé de voir les films ! » Ma maison lui plaisait à tel point qu'il avait décidé d'en faire le fief de Gaumont. Il envoyait régulièrement du monde pour passer quelques jours chez nous. Mon amie Sylvette et moi étions ravis de recevoir des gens du cinéma parisien. J'avoue que je n'étais pas emballé par les rapports avec les expatriés français de Los Angeles ; la conversation finissait toujours en disant du mal de la France et de ses impôts. Curieux travers, d'autant plus que l'Amérique est très loin d'être un paradis fiscal. C'est pourquoi, avec Sylvette, nous préférions recevoir nos amis américains, en particulier le scénariste et acteur Buck Henry et le formidable cinéaste Samuel Fuller. Un soir, on sonne à la porte. C'est un couple fatigué qui arrive de Paris. L'homme est un peu renfrogné, il m'explique qu'il vient de la part de

Toscan et qu'il aimerait qu'on le conduise à sa chambre, ajoutant qu'il prend son petit déjeuner à 9 heures. Lorsque je lui explique que ma maison n'est pas l'hôtel de Gaumont mais que nous les recevrons avec plaisir, il se met dans une colère noire : « Toscan ne nous a pas prévenus, c'est extrêmement gênant, etc. » C'est ainsi que j'ai fait la connaissance de Maurice Pialat. Heureusement, sa compagne trouva la situation plutôt comique et le séjour fut des plus joyeux, même si le moins que l'on puisse dire est qu'il ne s'éternisa pas.

Ma pomme à dix-huit ans

1958

N'allez pas croire que c'est dû à mon âge avancé ; depuis toujours, j'oublie les noms. C'est pourquoi j'évite les soirées, les dîners huppés, toute sortie dans le grand monde. C'est un travers sournois, caché dans un coin de mon cerveau, qui a pour effet permanent de reconnaître les visages sans pouvoir les nommer. À part mes enfants et ma sœur, tous ces gens croisés, mes amis, des connaissances, des associés, voire des gens que j'aime tendrement perdent instantanément toute identité à la seconde où je suis tenu de faire les présentations. Moi-même, le matin, quand je passe devant un miroir, je ne suis pas loin de me demander comment s'appelle ce charmant garçon. Alors en ville, vous imaginez ? Au moment de présenter quelqu'un, un grand trou dans l'estomac me cloue sur place ; un vrai hérisson pris dans des phares. Remarquez, je connais tous les trucs pour dissimuler ma confusion. Un petit rire suivi de : « Vous vous connaissez, bien sûr », ou de « Je ne vous présente pas, ah ah ah... », ou encore : « Mon ami, voici mon ami ! » Et si rien ne me vient, je prétexte une subite mise en demeure de ma vessie m'obligeant à quitter la pièce illico. Un vrai cauchemar. Car ne vous y trompez pas, les gens se vexent à mort si vous oubliez leur nom. C'est même le secret du succès dans l'univers du business : des carrières énormes furent basées sur l'aptitude à se souvenir des patronymes. Mais tout le monde ne peut pas être président de la République, suivi d'un sbire qui lui chuchote son carnet d'adresses à l'oreille. Ça ne vous est jamais arrivé de tomber sur des gens qui vous agrippent le bras sans vous lâcher des yeux ? « Vous vous souvenez ? À Cajarc, il y a trois ans ? Vous promeniez votre chienne... » Allez lui expliquer que je promène ma chienne trois fois par jour et que je vais à Cajarc toutes les semaines... Pourquoi ne porte-t-on pas tous un tee-shirt avec notre nom gravé dessus ?

Hortense et Cerise

2019

Nous sommes en 2031, le monde s'est habitué à être dirigé par des virus, les masques sont un détail, tout le monde porte une armure, seule possibilité de rester en vie. Je me rends à un vernissage dont l'originalité est le lieu, un hall de gare désaffecté. Cet endroit sinistre est rempli de gens archibranchés admirant une seule toile de douze mètres de haut qui, après six ans de travail, aura l'insolence de s'évaporer devant les yeux ahuris des admirateurs. « Ah, bravo, quel courage, etc. » En bon hypocrite, je m'apprête à féliciter l'artiste, une caricature de Juliette Gréco avec une barbe. Inconsciemment, je lui mets la main sur l'épaule. « Ciel, que faites-vous là ? me dit-elle. Vous savez bien que l'époque est réfractaire à ce genre de comportement… » Où ai-je la tête ? Dans la pièce, chacun est revêtu d'une cotte de mailles, me voilà entouré d'avatars de Du Guesclin qui se cognent en se croisant à coups de *cling cling* énervants. Un quidam siglé « I love mon masque » se tourne vers une dame dont l'armure met en valeur la forte poitrine. Ses attributs nourriciers narguent quiconque la croise, on dirait un porte-avions. S'adressant à son voisin, elle désigne un tableau : « C'est très moderne, *I love the feeling !* » dit-elle. « *Me too !* » répond l'autre. À ces mots, l'assemblée entière, sidérée, se fige en criant en chœur : « ME TOO ? » Puis silence. L'expression est sacrée depuis 2025, on évite de l'employer à la légère. Afin de rompre la gêne, un innocent déclare : « Vous vous rendez compte, au début des années 2020, pour se saluer, les gens se touchaient la main ! » La salle entière se fige à nouveau en répétant très fort d'une seule voix : « ILS SE TOUCHAIENT LA MAIN ? » Mon iPhone sonne. Je me réveille en eau, il est 8 heures, au bout du fil une amie me rappelle que je dois passer la prendre pour aller à un vernissage. Dehors, il fait beau, mes ânesses m'attendent, c'est l'heure des carottes. On est en 2021. Je suis sauvé. Rien ne m'ennuie plus que les gens qui vous racontent leur rêve, je viens de le faire. Désolé !

Ella Fitzgerald

1957 *à Juan-les-Pins*

Ella Fitzgerald me montre un dessin de Jean Cocteau, tandis qu'en bonne compagnie Eddie Barclay s'apprête à roucouler, comme souvent.

Un peu plus tard, cette année-là, j'étais quelque part en France avec Ella Fitzgerald et Dizzy Gillespie. Daniel Filipacchi m'avait envoyé en tournée pour son journal *Jazz Magazine*. À dix-sept ans, vu ma bouille juvénile, je devais avoir une drôle d'allure en trimballant mon Leica dans les coulisses, au milieu de musiciens de jazz dont je connaissais par cœur les musiques. Depuis tout petit, j'écoutais leurs disques devant les fenêtres de la maison de Neuilly donnant sur la Seine, essayant de reproduire sur le piano à queue du salon les circonvolutions d'Oscar Peterson, les subtiles retenues de Chet Baker et Gerry Mulligan ou les envolées de l'orchestre de Stan Kenton. Et puis il y avait la voix lointaine d'Ella Fitzgerald chantant « Night and Day » durant mes nuits d'insomnie, ruinant ainsi mes journées d'études inutiles dans des lycées qui ne me servaient à rien. Pour moi, seule comptait la musique. Pendant la tournée, Ella Fitzgerald était très gentille avec moi, d'une façon trop insistante peut-être ; il était clair qu'elle avait le béguin pour cet innocent jeune homme un peu bronzé qui la regardait avec admiration. Hélas, vierge comme le tunnel sous la Manche, sur les choses de l'amour, j'en étais encore aux hésitations. Autant, l'écouter chanter depuis les coulisses me remplissait de joie, autant, me retrouver seul en face d'elle me désarçonnait complètement. Surtout le soir où Dizzy, pour s'amuser, avait refermé la porte de sa loge, me laissant seul avec elle. Dans un coin de la pièce, mon embarras devait être flagrant, mais elle était gentille ; elle avait très bien ressenti mon désarroi, alors en me caressant les cheveux, elle avait rouvert la porte. C'est ainsi que je n'ai pas été dépucelé par Ella Fitzgerald. Et aujourd'hui, finalement, je le regrette : un début pareil, quand même, ça devait vous poser un homme…

Ma pomme

en tournage à Los Angeles **1985**

Je ne comprends pas, toute ma vie j'avais rêvé de ce pays. J'y étais, j'avais à ma disposition un contrat, la maison sur Mulholland Drive, la Cadillac, on me traitait comme un roi, la carte verte dans ma poche, parce que bien sûr j'allais être naturalisé « amerloque » ; c'est comme pour les mariages, moi, chaque fois, je crois que c'est pour toujours. Or, de ces dix ans, il ne me reste pratiquement rien. C'est comme si j'avais vécu à côté de ma vie. En y pensant maintenant, je me revois là-bas pendant les périodes où je n'étais pas en tournage. J'empruntais le Pacific Coast Highway qui longeait la côte pour aller dans une cabane qui servait des fruits de mer, loin après Malibu. Il me fallait bien deux heures pour venir de ma maison dans les collines, avec David Sanborn pour compagnon sur la radio de jazz (KKGO 105) ; ça meublait la journée. C'était le temps du décalage horaire et de ses lâchetés. Neuf heures me séparaient de mes proches, qui dormaient à Paris, pendant qu'ici il faisait jour, et lorsqu'ils s'éveillaient, pour moi c'était la nuit. Je n'avais pas de souci à me faire : avant le lendemain matin, 6 heures, il ne leur arriverait rien de grave. Ensuite jusqu'à midi, nos présents se rejoignaient par le fil ténu du téléphone qui, en annulant nos longues distances, nous donnait l'illusion d'être une vraie famille. Je leur disais : « Bonsoir, passez une bonne nuit », en reculant d'un pas pour revenir dans l'ombre, à l'abri du soleil qui se reflétait dans l'eau bleu ciel de la piscine désertée. Je suis vraiment heureux d'avoir décidé de finir ma vie en France... Comme l'a écrit Patrick Modiano : « Il arrive un moment où le cœur n'y est plus ! »

Une fête

1961 *avant de partir en Algérie*

Une chose est certaine, jamais on ne me verra dans une manifestation. La foule, j'ai compris ce que c'était pendant mon service militaire à Oran. En 1961, cette ville était une sorte de Nice en Algérie, un vrai paradis. La vie y était douce pour les pieds-noirs, avant qu'ils soient trahis, mais aussi pour beaucoup d'Algériens « de souche » dont j'ai vu le désarroi quand la France les a lâchés.

Je me souviens des agents de l'État envoyés de Paris pour faire démarrer les manifestations ; c'étaient toujours les mêmes, on finissait par les connaître. (Et qu'on ne me serine pas une éventuelle théorie du complot, je parle que de ce que j'ai vu.) Le matin, ils prenaient deux ou trois mômes de douze ans et les plaçaient au début des avenues stratégiques de la ville. L'ordre était simple. « Tu vas dans toutes les boutiques et tu cries : "Si vous ne fermez pas, on vous plastique !" » Une demi-heure plus tard, tout le monde se retrouvait dans la rue. Que faire d'autre qu'une manifestation ? Rien n'était plus facile. Après venaient les ratonnades où les gens devenaient fous furieux, jusqu'à tuer des Arabes qu'ils connaissaient très bien. J'ai vu des dames pourtant gentilles, des mercières, des fleuristes, entraînées par la folie de la foule, se mettre à assassiner des ouvriers algériens à coups de pavés et de barres de fer. C'est fou parfois le temps qu'il faut à un homme pour mourir. J'ai vu des pieds-noirs brûlés vifs dans leurs voitures, j'ai vu les maisons soufflées par les bombes toutes les nuits, les cadavres dans les rues le matin. Lorsque la guerre se retrouve entre les mains des civils, on en arriverait presque à regretter les militaires. Et je revois tous ces gens envahis par la haine et le désespoir, moins coupables que ceux qui avaient soufflé sur les braises.

Il y a chez nous, en France, depuis des années, des gens qui jouent à un jeu très dangereux. J'espère vraiment ne pas voir en France l'horreur des guerres de rues d'Oran, en 1961.

Bye bye USA

1989

J'étais sous contrat avec une production appartenant à des mormons de Salt Lake City. Des barbus tout de noir vêtus ; une apparence austère camouflant une autre activité moins reluisante. Car, parallèlement aux films publicitaires, ces parangons de la pruderie religieuse faisaient tourner à plein régime une maison de production de films dits « de charme ». Un délire de viande triste pour frustrés de l'Arkansas.

Pour les besoins d'un tournage, je débarquai dans l'Utah, le berceau mondial des mormons, ce dans le but de promouvoir un yaourt. Mes associés voulant absolument nous accompagner dans leurs montagnes, je me retrouvai à deux mille mètres, au milieu de nulle part, avec une flopée d'ashkénazes du Connecticut et un groupe folklorique de mormons en tenue de trappeurs. Au moment de filmer le produit, un petit pot aux allures postmodernes, je vois ma smala se disséminer dans les prés pour trouver l'emplacement idéal du « plan produit ». Oubliant la majesté du lieu, les voilà tous à quatre pattes à la recherche d'un lopin d'herbe de trente centimètres carrés ; ceci au milieu d'un paysage de montagnes trois fois grand comme les Alpes. « Qu'est-ce que je fous là ? Si seulement j'avais un pote pour en rire. » Tout à coup, je pétai les plombs. Les réunissant au milieu de la prairie, j'indiquai d'un doigt assuré un trou dans le sol en leur déclarant tout de go : « Et maintenant, je vais baiser la montagne ! » Et devant leurs yeux ahuris, j'allai m'allonger sur l'herbe et je me mis à marteler le sol de coups de reins vengeurs. Je vous l'accorde, ce n'est pas exactement la marche à suivre pour sécuriser une carrière aux États-Unis d'Amérique, mais j'en avais assez, trop de solitude. Ce geste mit fin à mon contrat avec cette maison de production et, Dieu merci, après quelques mois ma vie put recommencer en France.

Jacques Dutronc et la daurade

1970

Une photo n'a pas besoin d'être expliquée, surtout quand elle ne veut rien dire du tout. Depuis vingt-cinq ans, vous ne m'avez jamais entendu essayer de donner la signification d'une photo. Je raconte les moments vécus ou des souvenirs qui me touchent, mais je ne vous ai jamais assommés avec les « messages poétiques cachés derrière mes images ». D'ailleurs, je n'en sais rien moi-même.
Dans une photo, ce qui compte, c'est autant l'interprétation que les gens vont lui donner que celle du photographe.
À tout vouloir expliquer, certains de mes collègues ont tendance à faire de la littérature. Il faut se calmer : des génies, il n'y en a qu'un ou deux par siècle ; alors on se détend, on respire... Toujours est-il que, ce jour-là, nous étions au restaurant à côté du studio des Acacias, à Paris ; le déjeuner était aussi joyeux qu'arrosé, toute séance de photos avec Jacques étant d'abord prétexte à rigolades. Il faut dire qu'il avait vraiment le génie de transformer les endroits en asile de fous. Où qu'il aille, un bar, un restaurant, vous pouviez être sûr que, trois heures plus tard, l'assistance avait perdu la raison, des types hurlaient des cris d'animaux, la patronne de l'endroit dansait sur une table avec une casserole sur la tête. Je n'ai jamais compris comment il faisait pour libérer à ce point des accès de démence extravagants. Mon assistante, Marianne Haas, très habituée à nos agapes, arriva dans la salle et nous dit calmement : « Vous devriez venir maintenant au studio, tout est prêt mais la daurade commence à sentir sévèrement ! » Elle n'avait pas menti. Effectivement, cette prise de vue-là n'a pas duré longtemps...

France Gall et Bob

1969

Bob et moi sommes au Maroc quand nous apprenons que ma sœur Anne-Marie est sur le point d'accoucher. Connaissant son humour sans limites, nous décidons de rentrer à Paris pour lui faire une surprise. On fonce dans les souks à la recherche des plus beaux atours. Des djellabas brodées d'or, des sabres Nimcha à manche de nacre, des babouches, rien n'est trop beau pour fêter l'événement. À Paris, il pleut. J'ai commandé un taxi et lorsque nous sortons de chez moi, notre allure de sultans des *Mille et une nuits* produit sur les passants des réactions mitigées. Bob et moi sommes tout à l'excitation de la surprise que l'on va faire à Anne-Marie, nous allons déposer tout l'Orient à ses pieds. Mais lorsqu'on s'arrête devant l'hôpital, nous faisons déjà moins les fiers. Sans se démonter, Bob, dans un large mouvement, fait voler son écharpe et va droit vers la réception. La préposée s'accroche à son siège, Bob se lance dans une tirade en arabe de laquelle émerge le nom d'Anne-Marie Périer. Pétrifiée, la dame nous donne le numéro de la chambre. Sur le chemin, devant une porte, nous croisons un groupe aux yeux rougis par le chagrin. Visiblement, un de leurs proches est au plus mal, j'ai le sentiment prémonitoire qu'on s'est trompés de film. Dans mon élan, en voulant presser le pas, je marche sur la longue écharpe de

Bob qui, droit comme un I, se retrouve étranglé, la langue dehors. Enfin arrivés à la chambre, nous sommes soulagés, derrière cette porte il n'y a que du bonheur. Comme de mauvais acteurs, on ouvre la porte en hurlant : « Allah est grand ! » Dans la chambre, mon père et sa femme Colette sont penchés sur le lit d'Anne-Marie. Celle-ci, environnée de machines et de tuyaux plongeant jusque dans ses narines, est aussi pâle que ses draps. L'accouchement a presque été fatal, elle a frôlé le pire. Et nous sommes là, les bras en l'air, figés dans une posture grotesque. Mon père nous demande gentiment de sortir et d'aller voir le bébé, ce que nous faisons à reculons, tout honteux, le bide absolu. Notre retour à pied sous la pluie sera des plus lamentables…

Mick Jagger

1972 *pendant le concert de Hyde Park*

Un soir des années 1960, dans les faubourgs de Rome, Christian Marquand donnait une fête dans une maison pour célébrer le nouveau disque des Rolling Stones. « Jumpin' Jack Flash » passait en boucle et la faune cosmopolite s'en donnait à cœur joie pendant que la mallette magique aux expédients variés passait de main en main pour le plaisir des narines gercées de l'aimable compagnie. Il y avait des gens sympathiques qui riaient très fort pour rien, des vestes en daim dont les franges remuaient en rêvant aux fesses de Mick Jagger, des types plus très jeunes singeant une guitare électrique (future mode de l'« *air guitar* des années 1980 », manie assez ridicule qui m'a toujours mis mal à l'aise). Un faux Polnareff opulent en tee-shirt siglé *God stinks* dansait un slow avec une chaise, trois fois dans la soirée il m'a rejoint juste pour me souffler au visage « C'est le pied ! » sans aucune raison particulière. Une jolie rousse italienne m'a écrit son adresse au Bic sur la paume de la main, ça m'a fait mal et m'a pris deux jours pour en retirer la trace. Marquand a mis « Jumpin' Jack Flash » toute la soirée en versant du scotch à tout le monde dans des verres de Murano, et dans une chambre j'ai même vu un type qui se masturbait en lisant *L'Œuvre au noir* de Marguerite Yourcenar. Où va se nicher le salace ! Christian Marquand, ami de Vadim et de Marlon Brando, était un type très gentil…

Fanny Ardant

1994

Lorsque je lui ai proposé cette photo, Fanny Ardant m'a demandé : « Pourquoi l'ange ? » Je lui ai répondu : « Je ne sais pas ! » Alors elle a dit : « C'est bien ! » C'est agréable les gens qui savent lire entre les lignes. Surtout quand il n'y a rien à lire.

Ça n'a apparemment rien à voir, et pourtant :
« Le luxe est affaire d'argent. L'élégance est une question d'éducation. » Sacha Guitry

James Brown

1967

Durant ces huit jours passés avec James Brown, j'ai fait plusieurs voyages dans son jet privé pour rejoindre sa tournée. Comme je lui demandais pourquoi faire l'aller-retour jusqu'à la côte Est au lieu de dormir sur place, il me répondit que le coiffeur qui s'occupait de ses cheveux tous les matins ne pouvait voyager à cause de sa mère malade. Je le retrouvais généralement chez lui vers 15 heures ; là, on se rendait à l'aéroport d'où on décollait pour une ville lointaine. Une limousine l'attendait pour se rendre directement au concert. Son orchestre avait déjà chauffé la salle depuis une heure et lorsqu'il déboulait sur scène, il pouvait y en avoir pour deux heures et demie d'un spectacle ahurissant. Ensuite, il distribuait quelques autographes en coulisses ; après quoi il disparaissait durant une heure avec une fan ou une de ses choristes pour un « moment de détente ». Puis retour à Long Island. Avant que je rentre à Paris, il m'a demandé de lui rendre un service surprenant.

Il devait venir bientôt en France pour chanter à l'Olympia et il voulait que j'aille voir la direction de chez Citroën car il avait l'intention d'acheter six DS-19 de la même couleur. Il aimait beaucoup cette voiture qu'il trouvait futuriste et il pensait qu'elle resterait à la mode un certain temps. « Tu comprends, m'a-t-il dit, ici, je suis obligé de changer mon parc de chez Cadillac tous les ans pour rester dans le coup. Avec la DS, je serai tranquille pendant un bon moment. » Je revois encore la tête du type de chez Citroën. Je ne sais pas si l'affaire s'est faite ; lorsqu'il est passé à Paris, je devais encore être en voyage je ne sais où…

Charlotte Gainsbourg

1996

Autant j'ai très bien connu son père, autant je n'ai que rarement rencontré Charlotte. Le magazine *Elle* nous avait envoyés à Saint-Pétersbourg, l'idée étant un hommage au passé de sa famille. Le problème, c'est qu'elle est du genre réservé et que, contrairement aux apparences, je ne suis pas un parangon de la confiance en soi. Il est exact que ses origines viennent de cette ville, mais elle ne la connaissait pas vraiment ; quant à moi, je n'y avais mis les pieds qu'une seule fois, vingt ans avant, pour présenter *Sale Rêveur*, un film datant de mes années cinéma. Alors nous marchions un peu au hasard dans des rues magnifiques, des boulevards somptueux et des places royales, sans oser nous parler vraiment. Deux touristes silencieux. J'avais par moments l'impression qu'elle se demandait un peu ce qu'elle faisait là. Dieu sait si j'aime les gens plutôt discrets qui ne se dévoilent pas facilement ; en l'occurrence j'étais servi, car Charlotte est la reine de l'élégance silencieuse. Nous avons quand même fait quelques jolies photos car elle a vraiment la grâce, mais de retour à Paris, je compris que je n'en savais guère plus sur elle que le jour où nous étions partis. J'aimerais un jour avoir avec elle l'occasion d'une belle conversation, mais quelque chose me dit que ce n'est pas gagné.

Mon grand-père, ma mère et moi

1941

Ma mère me regarde, Jacques Porel regarde sa mère Réjane, et moi, je regarde l'avenir. Ce soir, je me sens un peu comme mon grand-père quand il disait : « J'aurai traversé ma vie en dilettante. » Avec une grande différence : l'idée de travailler ne lui est jamais venue, moi si, tout le temps, mais je n'ai jamais rien fait jusqu'au bout. Changeant tous les dix ans, de vie, de travail, de pays, de compagne, j'ai vécu en visiteur de mon existence, passant d'une occupation à l'autre sans avoir appris un métier autrement qu'en le faisant, quitte à n'en maîtriser que les contours. Ayant toujours abordé les choses par passion pour quelqu'un ou par plaisir, je n'ai jamais cherché à être un « grand ». Être un grand photographe est une épreuve constante d'attention à la lumière et du juste cadrage. La recherche d'un grand cinéaste est un effort de chaque minute pour la pertinence d'un plan ; celle d'un grand écrivain qui revient cent fois sur une phrase est une torture pour celui qui veut atteindre l'excellence. Moi ? Partout je fus en visite, ne cherchant jamais à devenir un « professionnel » ; je n'aurai été qu'un amateur de ces professions, sans jamais courir après la « réussite ». Effleurer ainsi les choses ne mène certes pas à l'excellence, mais ça m'aura fait une belle vie. Toute personne arrivant à mon âge se pose au moins une fois la question : que restera-t-il de ce que j'ai fait ? Quatre ou cinq photos sans doute, ce n'est pas grand-chose, mais pour un photographe, c'est déjà beaucoup. Il y en a tellement qui n'ont pas eu la chance de se retrouver par hasard au cœur de leur époque et dont le travail restera ignoré. N'oublions pas que dans les années 1960, si au lieu de croiser une poignée de jeunes chanteurs débutants, j'avais fait des millions de magnifiques photos de pots de fleurs, je ne pense pas qu'on se pencherait de nos jours sur mes jolies archives…

Sean Young

dans Blade Runner **1982**

Vous vous souvenez, l'actrice Sean Young ? Elle tenait un rôle mémorable dans *Blade Runner* de Ridley Scott. Vivant à l'époque à New York, lorsque j'allais tourner à Los Angeles, j'habitais au Château Marmont, hôtel mythique des années 1960-1970 où on croisait encore des égarés des belles années. Cette fois-là, j'habitais un bungalow proche de la piscine.
J'étais en ville pour tourner je ne sais plus quelle pub, mais ce dont je me souviens c'est que la personne qui s'occupait de mon casting était aussi la responsable de celui de *Flashdance*, le film d'Adrian Lyne. Durant l'après-midi, pendant que nous travaillions, la responsable du casting reçut un coup de fil qui la fit sauter de joie. Entre les deux dernières actrices pressenties, c'est Jennifer Beals que la production de *Flashdance* avait choisie, autrement dit celle qu'elle leur avait proposée. L'autre, c'était Sean Young. Je n'aurais sûrement pas accordé plus d'attention à cette nouvelle si, à la fin de l'après-midi, en passant par la piscine du Marmont, je n'avais pas justement aperçu cette actrice assise sur une chaise longue. Elle avait l'air absent, un livre fermé sur les genoux, le regard dans le vide. L'atmosphère était douce, l'odeur des eucalyptus chauffés par le soleil couchant me donna envie de m'asseoir de l'autre côté de la piscine et de commander une margarita. Tout en feignant de lire un journal, je la regardais de loin. Depuis combien de temps était-elle là ? Il y avait plusieurs verres vides à côté d'elle, et trois fois d'affilée elle regarda sa montre. Et là, connaissant bien la dureté des mœurs de cette ville, je compris. Elle attendait la réponse, son agent ne l'avait pas encore appelée, elle ignorait qu'elle n'aurait pas ce rôle. Je le savais mais ce n'était pas à moi de le lui dire. Pour les acteurs, attendre de savoir si on a été choisi, c'est l'angoisse, j'ai vu ça toute ma vie. Alors je suis parti. Comme le lendemain matin je retournais à New York, j'ai commandé un énorme bouquet de roses que j'ai fait déposer dans sa chambre, avec un petit mot : « Ne vous inquiétez pas, l'avenir est à vous ! » Si je la croise un jour, je suis sûr qu'elle s'en souviendra.

Azzedine Alaïa et ma sœur, Anne-Marie

1995

Oscar Wilde disait : « Le cynisme n'est rien d'autre que l'art de voir les choses comme elles sont, plutôt que comme elles devraient être. »
D'une certaine façon, Azzedine était donc le contraire d'un cynique puisqu'il passa sa vie à imaginer les choses comme il les rêvait plutôt qu'accepter qu'elles ne soient que ce qu'elles sont.

Une réflexion profonde de Jean Yanne : « Je crois que l'érotisme, finalement, est une notion typiquement féminine. Prenez par exemple Brigitte Bardot, mettez-lui un béret de parachutiste, un battle-dress, des rangers et un ceinturon, eh ben, elle est mignonne.
Prenez un colonel d'infanterie, mettez-lui des bas noirs, des cuissardes et un soutien-gorge transparent, il a l'air d'une andouille ! »

Jacques Porel

1918

Contrairement à tous ceux qui s'adonnent à la guéguerre des partis en critiquant le pouvoir, je ne crois ni aux promesses des rêveurs ni aux lubies des menteurs. Je ne crois qu'aux compromis, au calme et à la raison. Parole de vieux, je sais, il se trouve que j'ai donné vingt-huit mois de ma vie à l'armée française. On m'y a appris l'ordre et le respect des institutions. Vous ne m'entendrez donc jamais dénigrer ni le gouvernement ni le président élu, quel qu'il soit, car ça ne sert à rien d'autre qu'à faire plonger le pays. Tous les dogmes me rebutent et la mauvaise foi en politique me hérisse. Je ne crois qu'au milieu, c'est comme la vie, c'est fait d'équilibres et de compromis, ni noir ni blanc. Pardonnez-moi de parler politique, c'est un peu vulgaire, je sais. Mais quand je vois comment les gens se font trimballer par internet et par des médias terrorisés à l'idée de disparaître, soufflant sur les brindilles d'une haine qui se lit désormais même dans les yeux des passants... Parce qu'il s'agit de la vie des gens, je n'ai pas envie de rigoler. C'est pour cela que j'ai choisi l'Aveyron. Mes voisins paysans ne prennent pas de week-ends, pas de vacances, ils ne gagnent presque rien, ils ne râlent pas, ils se lèvent pour aller travailler. Je remercie le ciel d'avoir la chance d'être dans un environnement où on peut se bagarrer pour une loi travail ou une retraite correcte quand dans beaucoup d'autres pays il n'y a pas de lois, pas de travail, quant à la retraite, on se contente d'attendre d'être mort...

Une phrase de mon grand-père Jacques Porel :
« Quant au passage d'une époque à l'autre, est-il exagéré de dire qu'en peu de temps on a versé de l'inutilité de croire en quelque chose à l'impossibilité de croire en quoi que ce soit. » (Phrase prononcée dans les années 1950 !)

Hugues Aufray

1964 *dans le bureau de la maquette du journal* SLC

Cette pièce était l'endroit le plus important du groupe Filipacchi dont les bureaux étaient sur les Champs-Élysées, au coin de la rue Pierre-Charron. Au fond à gauche, avec la main sur le menton, c'est Régis Pagniez, le directeur artistique de tout le groupe, à sa droite je reconnais le photographe André Berg qui fut le premier à être engagé pour *SLC*, à sa gauche Joëlle Rolland fait semblant de réfléchir afin de décider où on va déjeuner. À droite, la jeune brune devant l'affiche de Claude François, c'est Élisabeth Duranteau et au premier plan à droite il y a l'inénarrable Andréa Bureau, le centre nerveux de l'endroit, petite femme énergique dont je regrette encore la présence. Bien sûr au premier plan vous voyez Hugues Aufray montrant son visage sur la couverture du journal. Les deux autres garçons, je ne les connais pas. Vous résumer l'époque est très simple. Tout le monde n'avait qu'une seule envie dès le matin au réveil, c'était d'aller dans ce bureau. Et ce grâce à l'unique façon qu'avaient Daniel Filipacchi de diriger les journaux de ce groupe et Régis d'en ciseler le style. Entre le bureau de *Lui* à côté et celui de ma sœur avec *Mademoiselle Âge tendre*, il y avait de l'humour partout. Il est quand même curieux que ce journal, tant méprisé par l'intelligentsia de l'époque, soit resté si présent dans l'inconscient collectif. Réflexion du jour qui n'a aucun rapport : je n'en peux plus des « gestes barrière ». Parler toute la journée à des Zorro qui bafouillent comme s'il bouffaient de l'aligot... Et mes mains, je ne les reconnais plus, je les lave tellement de fois par jour que bientôt elles auront trente ans de plus que ma tronche. Les lotions anti-crabe qu'on nous vend dans les pharmacies vont nous rider les doigts à vitesse éclair, dans un an Greta Thunberg aura les mains de Toutânkhamon. En plus, le produit vraiment utile, c'est l'alcool, le gel c'est pour faire joli ou plus médical, chaque fois que j'en mets c'est poisseux, ça colle, j'ai l'impression d'avoir branlé un pote...

Fabrice Luchini

2002

En général, les gens ont deux niveaux de lecture, celui qu'ils montrent et celui qu'ils sont. De Fabrice Luchini, on ne voit que le premier, celui qu'il accepte de dévoiler au grand jour. Le second, si j'ai bien compris, est réservé à sa mère, à sa femme et à sa fille.

Après quelques séances de photos avec lui, je ne peux pas dire que je le connaisse vraiment, cependant j'ai le sentiment de l'avoir « rencontré », et lorsque je l'entends ou que je lis ses propos, il me donne toujours l'envie de me rapprocher de lui.

Pourtant, nos vies sont à l'opposé l'une de l'autre. À l'instar de Françoise Hardy ou d'Eddy Mitchell, Fabrice Luchini est parti de rien, alors que j'ai grandi dans ce milieu privilégié du théâtre qui le fascinait tant avant qu'il n'en devienne un des rois.

Comme moi, il ne croit guère au couple, au mariage tel qu'on l'entend, peut-être même pas à l'amour. Quand il en parle, c'est toujours comme d'une jolie guerre.

Il y a de l'adolescent chez lui puisqu'il ne veut pas qu'on l'aime, mais qu'on le considère. Je n'aime pas beaucoup le théâtre, néanmoins Fabrice est un des rares dont je ne rate jamais les spectacles (avec Valérie Lemercier, évidemment).

Ses quatre heures autour de l'œuvre de Céline restent un de mes plus beaux souvenirs. Il passait du *Voyage* à *Mort à crédit* tout en s'offrant un petit saut par James Brown avec une aisance sidérante, transformant les mots en notes de musique d'une partition connue de lui seul.

Chaque fois, après la représentation, je suis allé boire un verre avec lui et, comme j'étais accompagné de femmes, généralement jolies, il m'a beaucoup parlé jusqu'à ce que je me rende compte qu'à travers moi, c'est à elles qu'il s'adressait.

Il communique d'abord avec les femmes, non pour les séduire mais parce que instinctivement sa conversation n'est réservée qu'à elles. Il n'a rien contre les hommes, simplement il n'a pas trop envie de les voir. Il fait partie de ces gens qu'on aimerait retrouver plus souvent, mais qu'on ne veut surtout pas déranger.

Le jeune Vincent Lindon entre Michèle Morgan et mon père, François Périer

1984

J'aime bien le côté enfant sage de Vincent sur cette photo. Il a toujours été bien élevé avec les gens pour lesquels il éprouve du respect. Je savais qu'il en ressentait pour mon père, l'homme de théâtre qui avait enflammé les salles de France depuis les années 1940, autant en donnant jusqu'à deux mille représentations de pièces « de boulevard », comme *Bobosse*, qu'en interprétant des chefs-d'œuvre comme *Le Diable et le Bon Dieu,* sans compter les plus de cent films tournés pour faire vivre sa famille... Quant à Michèle Morgan, que Vincent connaissait moins sans doute personnellement, il n'ignorait pas ce qu'elle fut pour le public du cinéma français, même si les gens ont un peu oublié à quel point elle représentait ce qu'on appelait une star dans un temps où ce terme n'était pas galvaudé à force de l'utiliuser à propos de n'importe qui. Elle avait fait rêver deux générations, et n'allez pas croire que ces carrières-là étaient des longs fleuves tranquilles. Si la méchanceté n'avait pas l'infernale efficacité actuelle des réseaux sociaux, les langues pouvaient néanmoins parfois être dures. À l'instar du grand Louis Jouvet, dont les saillies verbales étaient déjà légendaires, qui aimait à dire d'elle : « Sa position initiale est à quatre pattes dans un pré en regardant passer les trains. Arrive le cinéma, la voilà en tête d'affiche ! » Au fond, ce qui est touchant dans cette photo, c'est que chez Vincent, jeune acteur, on pouvait déjà percevoir l'honnêteté et l'amour du travail bien fait, qualités que mon père devait ressentir, lui qui avait commencé par Cocteau et fini avec Jean-Paul Sartre.

Anne-Marie Duval-Foulc

1925

Cette merveille était la femme de mon grand-père, Jacques Porel. Je ne l'ai pas connue, elle est morte bien avant ma naissance. Mais quand je regarde ce portrait, je vois la beauté, bien sûr, le charme, et dans les détails de son allure, par la coiffure, la parure, je devine aussi un sens de l'humour exacerbé. De toute façon, tel que je connaissais mon grand-père, je ne l'imagine pas ayant pour compagne une personne qui en fût dépourvue. Moi, si j'avais rencontré cette femme, je me demande si je n'aurais pas ajouté son nom au mien. C'est vrai, je ne comprends pas pourquoi c'est toujours aux femmes d'oublier leur nom pour adopter celui du mari. On exige ça comme si c'était normal alors que ça revient à leur demander de changer d'identité, de vie, de passé, et de rester dans leur nouveau rôle d'épouse. Ça m'aurait bien plu de faire le même chemin : épouser la vie de ma compagne tout en essayant de rester celui qui la soutiendra, le mec, l'artisan, mais en m'appelant désormais comme elle. (Jean-Marie Duval-Périer, pas mal. Et comme j'ai deux noms à cause de mon père, j'aurais pu aller jusqu'à Duval-Foulc-Pillu dit Périer. Ça aurait eu de la gueule, quand même ! En plus, vous la voyez, la tronche du douanier à l'aéroport ?) Tiens, je n'ai jamais pensé à essayer ça. J'ai fait comme tout le monde, quel manque d'imagination… Trop tard, dommage (voilà encore une idée qui va plaire aux hommes !).

Une phrase, justement, de mon grand-père, Jacques Porel :
« Je quitterai cette vie désolé de n'avoir pu rendre heureuses les seules femmes que j'ai vraiment aimées. »

Corinne Marchand

1962

Où sont passées les photos que j'avais faites de Corinne Marchand ? Elles étaient en noir et blanc, la nuit, dans Paris, je trouvais cette jeune actrice sublime et sur mes photos, effectivement, ça se voyait. En 1973, lorsque j'ai arrêté la photographie pour faire tourner Dutronc, j'ai décidé de laisser mes archives au journal parce qu'il me semblait normal que les futures publications de Daniel Filipacchi puissent les utiliser. Après tout, sans lui, je ne les aurais jamais faites et il avait tout payé, autant qu'il s'en serve plutôt que de les laisser dans des boîtes. À la fin des années 1990, Daniel ayant vendu le groupe, la nouvelle direction avait, comme souvent, décidé de faire le ménage parmi les employés. Michelle Duffort était l'archiviste des photos de *Salut les Copains*. Mais ce mot est un peu faible pour désigner cette gentille personne, c'était une fée, le genre artisanal qui rangeait tout jour par jour, décrivant dans le détail chaque lot d'images avec précaution et exactitude. Bref, à l'ancienne, comme le font les gens respectueux de leur travail. Un jour, elle m'appelle de sa petite voix fébrile : « Jean-Marie, la direction a décidé de me mettre à la retraite, bien que je n'aie pas encore l'âge d'aller soigner mes rosiers. Mais surtout, j'ai entendu dire qu'ils voulaient mélanger toutes les archives du groupe avec celles de *Paris Match* et je crains que tout ça disparaisse complètement. Tu devrais peut-être venir les reprendre. » Effectivement, durant une semaine, je vins chercher tous les cartons remplis de mes archives des années 1960. Il faut dire qu'en France, les photographes sont propriétaires de leurs images, même si elles ont été faites sur commande. Pour une fois qu'une loi de ce pays m'est favorable, je remercie le ciel. Et c'est donc grâce à Michelle Duffort que j'ai pu ressortir mes photos des années 1960 pour mon premier livre. Je ne la remercierai jamais assez pour le formidable service qu'elle m'a rendu.

Stella McCartney

1997

Quand elle est entrée dans mon studio, je ne lui ai pas dit que lorsque sa naissance n'était même pas en projet, j'avais parcouru le monde avec les Beatles dans des tournées surréalistes qui chamboulaient des stades remplis de jeunes filles affolées. Je ne lui ai pas raconté les soirées dans les clubs londoniens que la seule présence de son père rendait électriques. Je n'ai pas évoqué les nuits dans les studios d'Abbey Road où il jouait du piano, surveillé par un George Martin qu'une rigueur d'un autre siècle tenait à l'écart des fameuses boîtes magiques qui passaient de main en main, égrenant poudres rigolardes et autres expédients pour les membres du groupe. Je n'ai rien dit du tout. On a dû lui en parler si souvent, j'ai pensé qu'elle devait être lassée. D'ailleurs, elle l'était sûrement.

Une phrase de Serge Gainsbourg qui n'a rien à voir :
« Votre oiseau préféré ?
— L'hélicoptère. »

Michel Galabru

1996

(Bien sûr, ça n'a rien à voir avec lui !) Germain Pilon était un acteur dont la seule heure de gloire fut d'interpréter Satan dans le film d'un cinéaste tchèque adulé dans les années 1960, depuis que *Les Cahiers du cinéma* l'avaient mis au pinacle le temps d'une saison. Le film n'avait pas grand intérêt, comme souvent chez les adeptes du second degré de la Nouvelle Vague. Mais le monde du cinéma aimant coller des étiquettes, ce pauvre Pilon se trouva coincé des années durant dans des rôles sataniques de plus en plus navrants. Ce regard en coin qui avait fait sa gloire ne lui permit jamais d'être le nouveau Pierre Brasseur. Il tourna de moins en moins souvent, parfois dans des films italiens férus de personnages pittoresques, jusqu'à interpréter le diable dans un western spaghetti, vous voyez le genre. Ce navet mit fin à sa carrière. Sa femme l'a quitté depuis longtemps, il faut dire qu'au quotidien, il n'était pas drôle. On le vit bientôt traîner, parfois la nuit, du côté de Pantin, fourche en main dans son costume ridicule. Aujourd'hui, un ancien journaliste intello devenu metteur en scène de films publicitaires, se souvenant de son ancienne gloriole, l'a engagé comme figurant pour interpréter Satan dans un spot à la gloire d'une forte moutarde. Sur le tournage, on l'évite, on rit sous cape. Quand le directeur artistique lui demande de danser, il s'écroule en larmes. « Vous n'êtes pas professionnel ! » crie le producteur. Alors, vexé, Pilon quitte le tournage dans son costume rouge. Dans les rues de Paris les gens rigolent sur son passage. Il croise une classe d'enfants qui reviennent de la gym, ils l'applaudissent en se moquant un peu. Maintenant les pigeons peuvent voir le diable marchant le long de la Seine. C'est l'automne, les feuilles des arbres tombent comme pour le saluer, mais il ne les voit pas...

Hélène Grimaud

2003

Cette merveilleuse pianiste m'est particulièrement chère. Il faut savoir que Françoise Hardy fut très intéressée durant une bonne dizaine d'années par l'astrologie. J'espère qu'elle ne m'en voudra pas de vous avouer que, comme elle ne fait jamais les choses à moitié, j'étais parfois dérangé par cette obsession qui avait tendance à se mêler à toutes ses conversations. Un jour, le hasard voulut que, regardant une émission de télévision à laquelle prenait part Hélène Grimaud, la Grande plonge littéralement dans les méandres de la musique classique, cette nouvelle mélomanie s'accompagnant d'une passion pour la pianiste, tant pour son talent que pour sa personnalité (c'était par exemple une grande amoureuse des loups). Fin de l'épisode astrologie, non qu'elle se soit lassée, mais disons qu'elle en parlait moins. J'ai donc rencontré Hélène Grimaud grâce à Françoise et Dieu sait si je lui en sais gré. Un jour que j'étais allé la retrouver à Strasbourg afin de la photographier pour *Elle*, je me retrouvai dans une situation des plus absurdes. Nous étions à la terrasse d'un café, Mlle Grimaud appuyée à une table pendant que, debout, je l'immortalisais avec un plaisir non dissimulé, et voilà que deux dames d'un âge certain m'abordent très gentiment en me lançant dans un français teinté d'un accent local assez prononcé : « C'est pas vous le photographe des yéyés, c'est comment votre nom déjà ? » Elles semblaient sympathiques, mais le moment était quelque peu inapproprié. J'étais à trente centimètres d'une des plus belles artistes au monde et d'anciennes fans des sixties me demandaient un autographe sans reconnaître celle dont la signature aurait eu une valeur bien plus estimable. Le rouge qui m'est monté au front a dû éclairer le quartier durant au moins deux minutes.

Tony Krantz

1980

Pour les gens qui lisent les journaux, écoutent la radio ou regardent la télé, le métier d'attaché de presse est assez obscur. En réalité, surtout depuis le triomphe de la publicité dans les années 1970-1980, laquelle avait mis au pinacle le dicton selon lequel « le faire savoir a autant d'importance que le savoir-faire », les attachés de presse étaient à la carrière d'un artiste débutant ce que le revolver est au départ d'une course à pied, avec en plus un sens aigu de la subtilité stratégique. Dans cette profession restreinte condamnée à rester dans l'ombre, la reine incontestable était à mes yeux la formidable Tony Krantz. Cigarette coincée entre ses doigts dix-huit heures sur vingt-quatre, elle choisissait ses « clients » en suivant d'abord les élans de son cœur, et une fois que vous étiez entré dans son clan, vous n'en sortiez jamais. Mon amie Dani en faisait partie depuis longtemps. Je dois à Tony les succès incroyables de mes trois campagnes antidrogue avec lesquelles elle a secoué la France sans jamais gagner un rond, évidemment. Mais, attention, contrairement à l'époque actuelle où, efficacité numérique oblige, on se contente d'envoyer deux cent cinquante e-mails à des journalistes en attendant que le téléphone sonne, elle pouvait transformer ses emballements en harcèlement charmeur dans toutes les salles de rédaction parisiennes terrorisées à son arrivée, car Tony ne lâchait jamais. Et lorsqu'elle préparait la première d'un film de Maïwenn ou d'une pièce de Muriel Robin, accompagnée de sa fidèle associée Dominique Larmoyer, elle pouvait envoyer au Tout-Paris qui chante et qui ricane mille invitations écrites à la main (je l'ai vue faire). Sa passion pour ceux qu'elle aimait ne connaissait pas la paresse, ses élans ne toléraient pas le refus. Elle est partie depuis longtemps maintenant, là où elle est j'espère qu'on lui avait préparé un cendrier à son nom. Ses emballements me manquent, jamais elle ne sera remplacée.

Sylvie Vartan

du temps où elle était la plus belle pour aller bronzer

1967

Ce que je vous raconte n'a rien à voir avec cette photo. À part que vous ne verrez jamais plus Saint-Tropez comme ça. Dans la vie, si j'avais pu, je me serais marié tout le temps. D'abord parce que j'aime l'idée de croire que c'est pour toujours. Je ne l'ai fait que deux fois, et systématiquement seul avec ma belle et très loin de chez nous. Le premier, c'était en 1973, nous étions partis avec Nathalie à Los Angeles passer quelques jours au Château Marmont en attendant la cérémonie civile à la mairie de Santa Monica, au bord de l'océan. Ensuite, on avait loué une décapotable pour descendre tranquillement au Mexique, nous pensions qu'un mariage n'était complet qu'avec une cérémonie religieuse – or nous n'étions croyants ni l'un ni l'autre, alors autant choisir un pays peuplé de catholiques convaincus. En arrivant dans les faubourgs de Cuernavaca, nous repérons une petite église blanche, comme dans les westerns. On entre et on tombe sur le prêtre, un type très gentil à qui nous demandons s'il accepterait de nous marier. Notre question ne lui pose aucun problème, il nous dit de revenir huit jours plus tard, un dimanche matin. Donc, une semaine à passer dans un endroit dont on ne connaissait pas grand-chose : le rêve absolu. Je trouve un hôtel qui loue des suites dans les arbres, c'est génial, on se fait la lune de miel en même temps. Le jour J, nous nous habillons le plus élégamment possible, Nathalie a apporté de Paris une très belle robe toute de dentelle, couleur crème. Quand nous pénétrons dans la petite église, l'endroit est rempli de Mexicaines en robe blanche tenant chacune une bougie, c'est très émouvant. Lorsqu'on rejoint le prêtre dans sa sacristie, il s'excuse dans un anglais approximatif, s'il nous a demandé une semaine de patience, c'est parce qu'il s'est donné le mal d'apprendre la messe en français. Vous vous rendez compte de l'élégance ? Ce jour-là, j'ai vraiment regretté de ne pas croire en un dieu.

Gérard Oberlé

2004

À Paris, il y a deux écoles, ceux qui vont au Café de Flore et ceux qui préfèrent celui des Deux Magots. Ce jour-là, je m'étais rendu au second parce que l'on y remettait un prix littéraire à Gérard Oberlé.
La chance a mis sur mon chemin cet esthète voyou dont le talent d'écriture échappe aux pratiques en vogue dans les antichambres des maisons d'édition du VIIe arrondissement. Pas d'obsession du *page turner*, pas de scandale pour vendre, pas de vulgarité pour faire branché, pas de langage « jeune » pour grimper dans les modes du moment, juste de la belle littérature pour le plaisir des mots. Je l'ai rencontré au cours du Salon du livre de Montmorillon de Régine Deforges, nous nous sommes tout de suite reconnus. D'ailleurs, bien que plus jeune que moi de six ans, il m'a désigné aussitôt comme étant son fils, aussi lorsque je m'adresse à lui, je l'appelle « Maman ».
Ses livres ressemblent à son parcours, ils sont habités par les excès du jeune homme aventureux qu'il fut, et que le destin chamboula par la rencontre des livres. Passionné de beaux ouvrages, il en deviendra un des plus grands collectionneurs. Son manoir du Morvan, merveille à la fois classique et généreuse, s'il est rempli d'éditions rares est aussi une pierre immuable sur le chemin de jour en jour plus hasardeux de l'art culinaire français. Dans sa cuisine comme dans ses écrits, Gérard Oberlé ne chipote pas.
Je vous prie de lire, entre autres, son roman *Retour à Zornhof*, vous ressentirez l'humour et l'émotion qui se terrent dans ses mots. Comme toute belle littérature, c'est facile à lire. Vous retrouverez l'odeur des champs du temps passé, en croisant des personnages d'une France intacte, loin des américanisations mal digérées qui, doucement, s'immiscent sans vous consulter dans le paysage d'un avenir incertain. C'est bien simple, il parle de vous. Vous pouvez me faire confiance, je le connais.
Après tout, il est la mère que je me suis choisie.

Le mont Rushmore

1972

Bob et moi nous avions projeté de faire venir Dutronc aux États-Unis pour réaliser un sujet sur un Français moyen dans le Colorado. Pour ce faire, on avait apporté des costumes et autres accessoires, genre un béret, une baguette, des sabots, bref, une caricature. On voulait rouler jusqu'au mont Rushmore pour le photographier en train de lire *L'Équipe*, tournant le dos aux statues des quatre présidents sculptés dans la roche. Vous la voyez, la photo ?
On avait fait la tournée des Stones pendant une dizaine de jours dans leur jet privé et à se retrouver dans un avion normal, on avait l'impression d'être dans le métro. Arrivés à Denver, nous trouvons un message de Dutronc : il ne viendra pas. On est déçus mais pas surpris, il est assez coutumier du fait. On a donc huit jours avant de retrouver Sylvie Vartan à Los Angeles. Glander sur les routes américaines, on adorait ça, on loue un monstre chez Avis et on se barre. C'était tellement beau le désert américain, tout nous fascinait. On doublait des Dragsters et des Dune Buggy dans un décor sorti de *La Planète des singes*. Les camions jaune vif, les caravanes *air stream* en acier arrondi, les enseignes Pepsi nous faisaient faire des bonds. Bob nous roulait

des joints au son de *Cricklewood Green* des Ten Years After. Arrivés à Pikes Peak dans un motel miteux, on enfile aussitôt les habits français emportés pour Dutronc. Puisqu'il ne viendrait pas, autant qu'on rigole. On s'assoit sur des rocking-chairs à l'extérieur du bar pendant qu'un orage éclate. Au loin, devant les barrières d'un corral, des types se battent comme des chiens. On est tellement givrés qu'on pense que c'est un film. « Où sont les sous-titres ? » Un shérif freine, tous gyrophares dehors, faisant fuir les bagarreurs. En se dirigeant vers le bar, il nous toise, l'air surpris. Il faut dire qu'avec nos bérets français, on fait tache. En se penchant vers nous avec des lenteurs d'Actors Studio, il nous dit : « Si vous voulez mon avis, des types dans votre genre ne devraient pas traîner par ici très longtemps un samedi soir. » Et il pousse la porte d'un coup de pied. Incontestablement, on est très loin de chez nous.

Jacques Dutronc

1992 *au Casino de Paris*

Jacques m'a toujours plu car dès son arrivée en 1966, contrairement à la mode américaine du moment, il débarque en costume-cravate et arbore une insolence incroyable. Tous les artistes des années 1960 venaient le voir en concert au moins une fois pour le croire. Mais à mon sens, là où il atteignit le summum du genre, c'est lors de son retour sur scène en 1992. Vous pensez bien qu'après vingt-cinq ans de carrière au cinéma, les attachés de presse de l'événement et de la maison de disques étaient sur les dents. Tous les journaux s'arrachaient l'exclusivité. Le téléphone n'arrêtait pas de sonner, jusqu'au moment où Jacques a lancé : « Il n'y aura pas de promotion. S'ils veulent m'interviewer, il faudra qu'ils viennent sur scène. » Branle-bas de combat dans les rédactions, qui prendrait le risque de se ridiculiser en s'exposant devant une salle pleine pour lui poser des questions ? Eh bien, ils sont venus et, tous les soirs, Jacques interrompait le concert et demandait qu'on apporte un canapé pendant que les musiciens allaient en coulisses. Un membre de la presse ou des médias arrivait alors sur scène sous les applaudissements d'un public enthousiaste. Mais conscient de leur gêne éventuelle, Jacques faisait en sorte de mettre à l'aise les journalistes tout en leur disant : « Vous voyez, vos lecteurs sont là, donc allez-y, on a le temps ! » Franchement, dans le monde du spectacle que je fréquente depuis toujours, Dieu sait si j'en ai vu, mais je crois que c'est la plus belle insolence à laquelle j'ai assisté. Même Sinatra n'est pas allé jusque-là !

Michel Serrault

1995

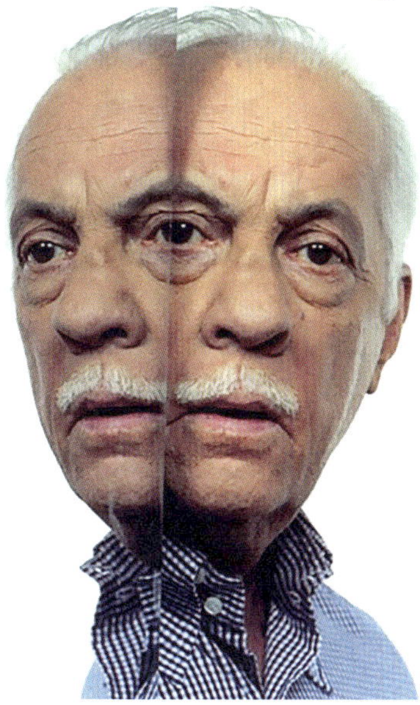

Arrivé à un certain âge, on aime un peu vivre avec les morts. Qui me parle aujourd'hui de Paul Gégauff, d'Étienne Roda-Gil, de Michel Serrault, de Pascal Jardin, de Charles Matton, de Jean Demachy ou de Jean-Michel Lacor (et il y en a d'autres) ? Ce sont des amis chers qui m'ont fait la vie belle, vous ne les connaissez pas tous mais ils restent des rencontres rares qui m'auront donné l'envie de ne surtout pas perdre la merveilleuse faculté d'admiration. Ils ne changent pas, les morts, ils ne vieillissent pas, ils sont comme l'océan. Aller s'asseoir en hiver sur une plage et se souvenir de leurs rires, de leurs mots, de leurs gestes quand ils s'allumaient une cigarette… Et puis je peux les voir quand je veux, mes amis disparus. Avec les vivants maintenant c'est souvent beaucoup plus compliqué. Ils sont, comme moi, très occupés à survivre en ces temps effrayants où l'on n'a plus le loisir de se consacrer aux conversations inutiles dans des cafés bondés, aux envolées sans but sur les rivages d'Ouessant, aux délires enivrés au fin fond de la forêt de Paimpont, aux fous rires dans les neiges de Combloux ; ils rament dans cette étrange époque, les vivants, ils font comme ils peuvent. Tandis que mes morts, ils ne me parlent pas de Covid, de politique ou d'arthrose. C'est pour ça que les vieux dans mon genre évoquent leur passé, c'est leur petite bible à eux. Ne comptez pas sur moi pour avoir honte de la nostalgie juste pour « faire moderne ». Comme l'écrivait mon grand-père Jacques Porel :
« Mourir ne serait rien si, de temps en temps, ceux que nous avons aimés pouvaient penser à nous. »

Laetitia Casta

1996

Il n'y a pas de plus beau visage que celui de Laetitia Casta. Lorsque je l'ai croisée, c'était une adolescente qu'on avait envie de protéger ; il était impossible de deviner la force de caractère cachée derrière ce visage enfantin. Car le métier de mannequin est non seulement un miroir aux alouettes pour beaucoup de jeunes filles, mais c'est surtout un cul-de-sac pour la plupart d'entre elles, l'âge mettant bientôt fin au tourbillon des défilés et autres campagnes vantant des parfums. Aussi, croyez-moi, passer au métier d'actrice et tenir sur la longueur demande une humilité et une détermination à toute épreuve. Et puis, j'aime sa discrétion. Pas d'étalage de sa vie privée, ceux qui veulent fendre l'armure se cognent à son silence. Pas étonnant qu'elle ait décidé d'aller vivre en Corse. Elle est de ces gens qui chérissent les secrets. En réalité, je vous parle d'elle de loin, je ne l'ai rencontrée qu'une seule fois et, comme le commun finalement, je ne la connais pas. Mais ma longue vie passée dans les coulisses du succès des autres me permet de traverser l'image pour ressentir la volonté de fer cachée derrière les apparences les plus innocentes.

Pourquoi internet est-il devenu un nid de pompiers pyromanes : « Chouette, une mauvaise nouvelle ! Soufflons vite sur les braises » ?
« Ceux qui essayent de mener le peuple ne peuvent que suivre la foule. »
Oscar Wilde.

George Harrison

1965

Ce jour-là il était déjà perdu dans ses pensées. Peut-être pressentait-il que ses potes, même s'ils l'aimaient beaucoup, allaient se passer de ses talents de compositeur. Il était toujours un peu à part, et tandis que John et Paul étaient célébrés par une émission de télévision hebdomadaire clairement nommée « The music of Lennon and McCartney », George attendait l'inévitable fin du groupe pour montrer au grand jour que ce titre aurait pu ajouter « ... and Harrison ! » Lorsqu'ils se sépareront plus tard, on découvrira à quel point George était doué et sensible, notamment par la beauté de ses mélodies. Il parlait peu mais il était mon préféré... J'ai néanmoins le sentiment que l'excès de spiritualité, par l'attention et le temps qu'elle requiert, peut être une arme à double tranchant. J'espère que la sienne l'aura conduit vers l'éventuel ciel auquel il voulait croire.
Réflexion qui n'a qu'un vague rapport : C'est dommage mais je ne crois en aucune religion ni en aucune théorie d'un « après ». Les jours où, habité par un optimisme débordant, si la conversation dérape vers une quelconque spiritualité, pour ne pas être méprisant, je réponds que j'imagine au mieux que notre système solaire dans son entier n'est qu'une poussière posée par hasard sur le genou d'un géant qui s'ennuie. Généralement, c'est suffisamment absurde pour clore toute conversation...

Voici une phrase hélas en rapport : « La vérité n'est jamais amusante sinon tout le monde la dirait. » Michel Audiard

Sandrine Kiberlain et Fabrice Luchini

1999

Durant mes années *Elle*, Sandrine est certainement une de mes plus belles rencontres avec celle de Valérie Lemercier. Il m'est souvent arrivé de tomber amoureux d'une femme à cause de son prénom, Céleste, Constance, France, Louise, Prudence... Surtout lorsque je vivais aux États-Unis où, pour le dire simplement, les femmes manquent parfois de mystère (les hommes aussi, mais ça, je m'en fous). Là-bas, j'étais pourtant heureux à beaucoup d'égards, mais rien à faire, je restais terriblement français, éventuellement européen. Ces prénoms empreints de poésie m'ont donné à rêver, ce qui finalement est le plus beau des cadeaux, les rêves mentent moins que la réalité. Où sont-elles toutes maintenant ?

Covid *times*. Une réflexion en passant, ou les joies du confinement.
La maison, les courses, la maison, les courses, la maison. Je crois que la solitude est en train de me vriller le mental. Et pourtant, ça fait longtemps que je ne fume plus de cigarettes qui font marrer. J'ai croisé un pote l'autre jour au marché, un vieux avec son cabas, et alors qu'il se dirigeait vers la boucherie, j'ai eu comme un flash, je l'ai vu avec des porte-jarretelles se retournant vers moi en me disant : « Maintenant, appelle-moi Denise ! » Monsieur le ministre de la Santé, il va falloir sérieusement envisager un déconfinement.

Ma pomme à seize ans

1956

Quand j'étais adolescent, et avant de rencontrer Daniel Filipacchi, je me sentais complètement perdu depuis que j'avais abandonné la musique ; aussi je cherchais sans cesse dans quelle direction aller. Tout me semblait vide, les choses, les gens, les arbres. Nuit et jour, je tournais en rond, je cherchais, je cherchais et puis un jour, dans un journal que mon père avait laissé sur une table, je vois un article annonçant d'une façon rassurante : « Symposium sur la recherche à l'abbaye de Royaumont ». Je n'étais donc pas seul au monde en recherche, il y avait quelque part une abbaye remplie de gens qui, comme moi, *recherchaient*. Je me rendis donc un dimanche à Royaumont ; l'endroit était majestueux, il me semble qu'il y avait un parc rempli de gens, des chercheurs qui sans doute comprendraient mon problème. Cette assemblée de savants perclus de hautes études a dû être très étonnée de voir un gamin (à seize ans j'en faisais dix, au mieux) égaré au milieu de ces éminents praticiens dont le propos devait probablement tourner autour de l'avenir des sciences humaines au XXe siècle. Moi, je cherchais juste un boulot. Une fois mon erreur comprise, j'ai décampé vite fait. Peut-être que certains parmi ces cerveaux se sont demandé ce que ce prépubère foutait là – et si ce gamin était un génie des sciences ? Et si, en refusant de lui adresser la parole, ils avaient méprisé un éventuel Einstein, un Pasteur ? Non, j'étais juste un petit musicien qui venait de fermer son piano pour toujours.

Charles Aznavour et sa femme Ulla

1967

Je me souviens de la première fois que je l'ai vu, je ne le connaissais pas encore. J'avais quinze ans, il passait à l'Olympia et il chantait « Je me voyais déjà ». À la fin de la chanson, la scène était plongée dans le noir et il tournait le dos au public. Puis une rampe de lumière s'allumait au fond, face à nous, et par la magie de cette mise en scène, le public, tous ces gens qui dans la salle avaient payé leur place, se retrouvaient subitement et pour un court instant dans la situation de l'artiste. Nous étions tous avec lui sur une scène imaginaire. Il nous faisait le cadeau de nous inviter à être lui. Ce fut mon premier choc au music-hall. Plus tard, j'eus la chance de le rencontrer et de faire partie de ses amis. Je n'oublierai jamais qu'il fut le premier à croire en Johnny Hallyday.

Le jour de la générale de Raymond Devos à l'Alhambra, Jojo faisait la première partie. Tout le gratin du spectacle était dans la salle. Les plus grandes vedettes de la chanson étaient présentes et elles se moquèrent allègrement de Johnny et de sa gestuelle qui tranchait avec les codes de l'époque. Il y en a même un, dont je tairai le nom, qui le siffla en hurlant : « Dégagez-moi ce connard ! » En le huant, tous ces privilégiés ne se rendaient pas compte qu'il représentait déjà l'avenir. Le seul qui prit parti pour lui fut Charles Aznavour. Il l'invita à vivre dans sa maison, il lui donna des conseils et lui écrivit aussitôt des chansons.
Charles était vraiment un type bien. On se voyait pour déjeuner deux fois par an, chez lui ou à Arles… Il était mon ami.

Une femme que j'attends encore

Après quatorze mois d'armée en France, l'heure approchait de partir pour l'Algérie. J'avais vingt et un ans et je ne vous cacherai pas que, comme tous mes amis, j'étais très angoissé à l'idée d'être confronté à la guerre. Après avoir passé quelques jours de permission sur la Côte d'Azur, je remontais vers Paris dans ma Dauphine bleu marine lorsque je m'arrêtai à Aix-en-Provence pour dîner. Aux terrasses du cours Mirabeau, l'atmosphère sentait encore les vacances. Assis à ma table, je regardais tous ces gens dînant, parlant, riant, ignorant que dans trois jours je serais sur un bateau en partance pour Alger. Comment pouvaient-ils ne pas percevoir mon angoisse, vaquer à leurs occupations, bref vivre leurs vies de civils ? Elle ne se voyait donc pas, mon angoisse ? C'est alors qu'à une table non loin de la mienne, je croise le regard d'une femme sublime. Elle est accompagnée d'un couple et, durant tout le dîner, elle ne me quitte pas des yeux. L'imminence de mon départ pour l'inconnu me fait d'autant plus battre le cœur que je ne suis pas encore habitué à ce genre de situation. À la fin du dîner, elle se lève et part seule vers la porte. Avant de sortir, elle se tourne vers moi et disparaît. Laissant de l'argent sur la table, je quitte les lieux en la cherchant des yeux. Je l'aperçois montant dans une Porsche. La suivre avec ma Dauphine, ça ne va pas être évident. Effectivement, sa voiture démarre en trombe. Pied au plancher, je demande à ma petite Renault des efforts nettement au-dessus de ses moyens, à coups de doubles débrayages parfaitement inutiles, bref, je fais le maximum. Mais elle s'éloigne et, dans un virage, ses feux arrière disparaissent dans la nuit. Virage à peine contrôlé et je me retrouve devant un croisement de trois routes. Je descends comme un fou pour tenter de guetter un son. Rien. Je vais aller et venir dans les trois directions sans la retrouver. Mon retour vers Paris fut obsédé par le souvenir de l'inconnue. Soixante ans plus tard, je la regrette encore. Je suis désolé de vous raconter une histoire aussi décevante mais, croyez-moi, je fus à l'époque encore plus déçu que vous...

Caroline Cellier

2000 *la silencieuse*

Malgré sa longue carrière au théâtre, voilà une belle actrice que le cinéma a laissée passer. Elle était le contraire d'une arriviste, trop de recul pour chercher à se faire remarquer, elle n'était d'aucun club et prendre la parole à tout prix n'était pas son genre. Je l'ai croisée très souvent, j'ai passé plein de moments à la même table qu'elle dans les volutes des cigarettes propres aux endroits de la nuit, chez Castel ou au Mathis.
Mais je n'appelle pas ça connaître. Ce dont je me souviens, c'est que lorsqu'elle entrait quelque part, il y avait de l'humour, de la séduction et du mystère… Voilà. Au fond, ce que j'aimais, c'est être dans la même pièce qu'elle. Adieu, mademoiselle.

Sylvie Vartan et moi

au Japon **1964**

Cette photo n'a évidemment rien à voir avec l'histoire qui suit.
Petite histoire édifiante à l'intention des belles âmes anti-IVG.
En 1958, j'ai dix-huit ans et je n'en n'ai pas l'air. Je suis dans le métro à une heure de pointe. Au milieu des quidams qui tanguent au rythme des wagons, il y a une jeune femme de vingt ans accrochée à la barre centrale. Ses yeux mi-clos trahissent un mal-être évident, elle commence à glisser le long de la barre et sur ses jambes je vois du sang couler. Les gens se détournent d'elle, subitement fascinés par le plafond. Je m'approche et je la rattrape avant qu'elle ne s'écroule. À l'arrêt, je descends en la soutenant difficilement. « Je vous emmène à l'hôpital ? » Avant de s'évanouir, elle dit : « Oh non, surtout pas l'hôpital ! » Et elle me donne un numéro de téléphone. « Appelez ce numéro, elle viendra... » J'habite un tout petit studio à Auteuil, alors je l'emmène chez moi. Assis sur mon lit où la fille s'est évanouie, j'appelle le numéro. Une voix sèche répond et me demande mon adresse. Je suppose qu'il s'agit de sa mère. Il faut savoir qu'à l'époque, plus puceau que moi, c'est impossible. Sans savoir quoi faire, je regarde l'inconnue. Je n'ai bien sûr aucune idée de ce qu'est une « faiseuse d'anges ». Une vieille dame arrive, très désagréable, elle m'intime d'aller dans mon cabinet de toilette. Assis sur le trône, j'entends des pleurs et des gémissements inquiétants. Puis d'un seul coup, plus rien, silence. Je n'ai pas bougé jusqu'à ce que la dame entre, les mains rouges de sang tenant des sortes d'aiguilles. En se lavant dans le lavabo, d'un œil noir elle se tourne vers moi et me lance haineusement : « Ah, vous pouvez être fier, vous avez fait du propre ! » Sur l'instant, je n'ai rien compris, j'ai mis du temps à saisir qu'elle me voyait comme une sorte de Belzébuth avec des pattes de chèvre alors que je ne connaîtrais les joies du dépucelage qu'un an plus tard. La fille est restée dormir, et au matin, lorsque je me suis réveillé sur le tapis de ma chambre, elle était partie. Je ne l'ai jamais revue...

Mick Jagger

1965 *dans une rue de Londres*

Mick a toujours su se mêler à la foule sans attirer l'attention. Lui qui est sans aucun doute un des types les plus célèbres au monde aime observer les gens incognito. Je me souviens, un soir, à la fin des années 1960, j'étais avec Dutronc en voiture pour aller dîner et, au milieu des passants dans une rue de Saint-Germain, je reconnais Mick avec une casquette, une chemise en velours frappé et des lunettes noires. Il habite un appartement dans le coin, mais personne ne le reconnaît ou ne fait attention à lui. À l'époque, il est déjà au pinacle de la planète rock. Le plus amusant, c'est que comme beaucoup de gens veulent alors ressembler aux groupes anglais, la rue est remplie de copies des Beatles et des Stones cheveux au vent, un hommage à la mode hippie – on se croirait à Londres. À ce niveau de célébrité, les gens ne peuvent imaginer que le leader des Rolling Stones se balade tranquillement à leur côté. Je l'appelle et il se penche à la fenêtre de ma bagnole. Je lui présente Jacques, courte conversation banale en compagnie de deux types très rares qui ne se connaissent pas, et on reprend chacun notre chemin. Jacques remonte la vitre de la voiture en regardant les passants. « Au moins, lui, c'est le vrai ! » me dit-il en s'allumant un cigare…

Carla Bruni

1995

En 2010, j'ai publié un livre (*Casse-toi !*, chez Oh ! Éditions) qui donnait la parole à des jeunes gens virés de chez eux parce qu'ils étaient homosexuels. L'idée qu'on jette son môme à la rue parce qu'il ne correspond pas à ce qu'on a imaginé me révulse. Donc, je suis descendu à Montpellier pour rencontrer ces gens formidables qui ont courageusement pris le problème en main. À l'époque, ils ne disposaient que d'un bureau de quarante mètres carrés et de très peu de moyens, or ils recevaient des centaines d'appels au secours chaque année. Mon but était de donner de la visibilité à cette association afin d'obtenir des fonds pour élargir leur action. Curieusement, l'idée d'un adolescent jeté dehors en plein hiver avec un sac-poubelle pour tout bagage n'intéressait pas grand monde. Parmi les connaissances haut placées que j'avais, gauche-droite confondues, à cette évocation tous avaient subitement tendance à prendre leur téléphone pour un coup de fil urgent. Connaissant Carla depuis mes années *Elle*, je l'appelai au secours ; en tant que Première dame, elle pouvait peut-être m'aider. Elle me reçut aussitôt chez elle en compagnie de son président de mari qui s'apprêtait à partir au travail. Après qu'il eut quitté la maison pour s'occuper de la France, Carla décrocha son téléphone pour appeler la ministre responsable, en l'occurrence Nadine Morano. Eh oui, mes amis, ces temps-ci il est de bon ton de se moquer d'elle, mais même si je ne suis pas toujours en phase avec ses propos, je n'oublie pas que la seule personne des hautes sphères à avoir essayé de m'aider en 2010, c'est Nadine Morano. Je la remercie d'autant que, croyez-moi, pour elle, électoralement, le sujet n'était pas porteur. Aujourd'hui, l'association Le Refuge a des points d'ancrage dans beaucoup de villes du pays. Je n'ai pas la prétention d'en être le responsable, un livre ne fait pas le printemps, mais s'il a pu rendre service aux gens qui, partout en France, accueillent ces adolescents, alors égoïstement, ça me fait plaisir.

Valérie Lemercier et Michel Serrault

1994

Valérie était prête, debout sur le fond blanc, autrement dit sur rien. Ça tombait bien, avec elle je m'attendais toujours à tout. Vous connaissez ma tendresse pour elle, c'est une merveille. Ce que Michel préférait lors de nos séances en studio, c'était retarder les choses sérieuses en loge, parler pour rire, dire des bêtises, puis lambiner encore un peu de nouveau dans le studio, bref, s'amuser. Cet homme était un enchantement. Et maintenant ils sont l'un à côté de l'autre, debout sur un fond blanc. Que faire ? Pour un photographe, le moment est toujours délicat, oser donner des directives à ces gens-là est un peu présomptueux. Je les regarde dans mon viseur debout l'un à côté de l'autre, je cherche à gagner du temps. Je les connais bien tous les deux, alors j'attends un peu. Et, d'un seul coup, ça va vite. Valérie dit à Michel en tendant les bras : « Viens ! », comme si elle parlait à un enfant. Il saute dans ses bras, elle l'attrape, et le voilà, bébé. Il faut dire qu'on n'a pas toujours autant de talent dans une seule pièce !

La grande dame et le sculpteur

1978

Cette image me rappelle ce que j'ai vécu en URSS, à Moscou, en 1978. Je venais présenter un film (*Sale Rêveur*) dans un festival. Avant que je quitte Paris, un ami m'avait demandé de rendre visite à un sculpteur dont une œuvre était exposée au Grand Palais, tout en me communiquant l'adresse d'une dame chez qui il vivait. « Tu verras, sa vie là-bas est très difficile ! » avait-il ajouté. Arrivé à Moscou, je me rendis donc chez cette dame (j'ai oublié les noms, bien sûr). D'après mon ami parisien, elle tenait dans les années 1920-1930 un salon très prisé des intellectuels de l'époque. Comme elle appartenait à une aristocratie maudite par les tenants de la « pensée unique », le pouvoir avait mis fin à ses activités par trop libertaires, ne lui concédant que le droit de garder un petit appartement. Elle avait depuis quelques années recueilli ce sculpteur, lorsque le Kremlin avait décidé que ses œuvres étaient interdites de toute exposition. La dame qui m'ouvre la porte est très âgée, sa tenue noire et ses mitaines témoignent d'une élégance ancienne. Pour nous rendre jusqu'au salon, il nous faut avancer entre plusieurs grandes statues serrées les unes contre les autres, nous obligeant à nous placer de profil. Dans ce petit salon sombre, elle me présente son protégé, le sculpteur maudit. Mon annonce concernant son œuvre exposée à Paris le laisse froid. « Ces histoires de marchand ne m'intéressent pas ! » me dit-il. Et le voilà qui développe une théorie selon laquelle exposer ses œuvres est en soi une trahison. Depuis des années, il créait ses sculptures sans jamais les montrer et les détruisait au fur et à mesure. Tout en me parlant, il évitait la fenêtre, la dame m'expliqua qu'en face, l'immeuble appartenait au KGB. Je ne sais pas si vous vous rendez compte du carcan que le système avait imposé au cerveau de cet artiste. Ne pouvant montrer son travail, il s'était persuadé que ses sculptures n'étaient belles que parce que personne ne pouvait les voir. Je suis rentré en France empli d'un scepticisme forcené envers ceux qui vous promettent un monde meilleur.

Françoise Hardy

1962 *en septembre*

Françoise était une jeune fille très réservée, vivant avec sa sœur et sa mère dans un petit appartement de la rue d'Aumale, à Paris. L'endroit était rangé, bien tenu, mais il n'y avait rien de trop. Elle semblait un peu timide et, sentant qu'elle n'aimait pas beaucoup son physique, elle m'avait tout de suite ému. Parce que sa grand-mère lui avait répété durant toute son enfance qu'elle était laide, Françoise, qui était la beauté même, n'en avait aucune conscience. Inutile de vous dire que pour un photographe, c'était déjà très séduisant, mais pour le jeune homme que j'étais, c'était carrément irrésistible. C'est dans sa chambre que je fis sa première photo. Au mur, il y avait cette étagère qui me fit comprendre l'écart de nos enfances. La mienne s'était déroulée au milieu de comédiens, d'artistes célèbres, dans une grande maison, dans des théâtres, alors qu'elle, tout son univers se résumait à cette petite étagère : des livres, un dictionnaire, quelques feuilles griffonnées. Comment aurais-je pu savoir que cette première image symbolisait à ce point son avenir ? Nous sommes allés faire des photos dans Paris, marchant l'un à côté de l'autre, sans trop oser se regarder ni se parler ; c'est souvent ce qui se passe lorsqu'on va aimer quelqu'un. On ne s'est plus quittés. Aujourd'hui encore, elle est ma meilleure amie.

Une pensée pour Françoise :
« Il est deux choses des plus émouvantes dans la vie : la laideur qui se sait, et la beauté qui s'ignore. » Oscar Wilde

Sylvie et Johnny

en voyage de noces aux Canaries **1965**

Imaginez le mariage à Loconville. Au milieu de nulle part, un petit château aux allures de princesse, entouré de milliers de fourmis venues pour grappiller un peu de ce bonheur rêvé. Dans le boudoir du bas, Sylvie contemple en silence sa robe de crinoline digne d'*Autant en emporte le vent*.

Dans une chambre du premier, Jojo se prépare à assumer toutes les décisions, sauf celle du choix de cette maudite cravate.

Comme toujours, la foule omniprésente a décidé qu'elle est chez elle puisque Sylvie et Johnny sont dans sa tête, dans son cœur, dans son salon. La mince distance qui sépare la mairie de l'église est inondée d'un dangereux enthousiasme, de regards affolés par peur d'en perdre une miette, de mains tendues par trop d'amour. C'est connu, la foule peut finir par écraser ceux qu'elle aime.

Sylvie voulait un moment secret, avec un peu de vent, quelques gouttes de pluie pour un mariage heureux. Seulement voilà, il fait beau et le soleil éclaire la violence de ceux qui veulent tout voir.

Il n'y a pourtant pas de quoi rire, un grand blond s'invente une famille, une envie qui lui vient de loin, et une jeune émigrée convole avec le futur du pays de son choix. Tous deux viennent d'ailleurs, mais représentent la France. Et moi, parce qu'ils m'ont pris pour témoin, je souris bêtement ainsi que le font les photographes lorsqu'ils sont photographiés. Et le plus beau, c'est qu'après ils m'ont emmené en voyage de noces. Qui a fait cette photo ? Un type qui tenait le bar ? Mais y avait-il un bar ?

Mick Jagger

1972 *aux États-Unis*

Mon Dieu, ce que j'ai pu aimer voyager. Bon, d'accord, avec les Stones c'étaient des conditions particulières, mais là je parle des voyages normaux, ceux d'Air France ou de la TWA, quand cette compagnie existait encore. Il fut un temps où je vivais dans les avions. Il faut dire que l'ambiance était très différente il y a cinquante ans. Rendez-vous compte, j'ai même connu le temps des Super Constellation, lorsque cet avion représentait l'avenir ultime. Après l'atterrissage, tandis que les passagers descendaient l'échelle, vous pouviez voir l'équipage dans son entier en rang, attendant les passagers pour leur dire au revoir. Il y avait d'abord les hôtesses au regard qui frisait, puis les stewards au sourire un peu plus condescendant, pour finir par les pilotes et enfin le capitaine qui, lui aussi, vous faisait l'honneur de vous serrer la main. Je me souviens de Francis Blanche, un des rares comiques à aimer faire des blagues pour rien, juste pour lui-même, sans caméra cachée bien sûr. Après avoir salué tout l'équipage, il prenait un malin plaisir à mettre un petit billet dans la poche du veston du capitaine en lui disant : « Merci monsieur, vous conduisez très bien ! » Tronche de l'oiseau. Aujourd'hui, les aéroports sont des endroits désagréables, on vous traite comme du bétail. En plus, à la moindre destination lointaine, il faut retirer ses chaussures et pratiquement tous ses vêtements avant de passer la douane ; bientôt, vous verrez, on aura droit au toucher rectal. Non, désormais, je ne voyage plus qu'en France, et en voiture…

Jacques Dutronc et Vincent Lindon

1996

Dans cette triste époque, essayons de rire un peu.
Ils avaient tourné ensemble dans *Les Victimes* de Patrick Grandperret et c'est avec un plaisir non dissimulé que j'ai sauté sur l'occasion de photographier ces deux-là, car ils font partie des amis avec lesquels je me suis le plus amusé. La séance a dû prendre au maximum huit minutes, après quoi nous sommes passés à table pour les choses sérieuses pendant deux heures trente de rigolade durant lesquelles on ne buvait pas que de l'eau. C'était judicieux de le faire dans cet ordre, car après les agapes, je pense qu'ils auraient eu un mal de chien à se concentrer – quant à moi, c'est simple, je voyais tout flou. Si j'avais osé appuyer sur le bouton, je pense que les photos de Sarah Moon seraient passées pour des radios chirurgicales par leur précision à côté de mes « œuvres »…

Yohji Yamamoto et Charlotte Gainsbourg

1999 *à Paris*

En voilà deux qui prouvent que l'on peut être très fort en ayant l'air fragile.
J'étais allé retrouver Yohji Yamamoto à Tokyo, en 1995.
Tous les matins, ce grand couturier faisait une heure de karaté avec son fils et des amis.
Ensuite, il dessinait seul dans son bureau. Déjeunant sur le pouce, il passait le reste de la journée entouré d'une armée d'assistants à travailler à l'élaboration de ses robes. Tous les jours, sans relâche, sa vie était entièrement consacrée à l'excellence.
En rentrant à l'hôtel, je me suis regardé avec pitié dans la glace, en pensant : « Tu ne seras jamais Yohji Yamamoto ! »

Françoise Hardy et Jacques Dutronc

1967

Je n'ai aucun sens des affaires lorsqu'il s'agit des miennes, en revanche, au début des années 1960, celles de Françoise me préoccupaient un peu. Partie de rien, elle n'était pas préparée à gérer une réussite aussi rapide. Je lui ai donc suggéré d'acheter un terrain en Corse pour y faire construire une maison. Par chance, l'architecte Jean Billon vivait là-bas et il était de ma famille. C'est donc lui qui trouva le terrain, nous avons dessiné les plans et c'est lui qui s'occupa de la construction de la maison. Ce qui est assez cocasse, c'est que je n'ai jamais habité cette maison avec elle, notre séparation ayant eu lieu avant la fin des travaux. En revanche, j'y ai passé trente ans avec Jacques. La vie a parfois le sens de l'humour.

Petite phrase du jour de Jacques Dutronc : « Françoise et vous, trente ans de vie commune. — Non, trente ans de vie peu commune ! »

Delon et Belmondo

1970 *ou la nostalgie des coups de poing rassurants*

Les médias nous abreuvent de plus en plus souvent de la violence répandue entre « jeunes des quartiers ». Effectivement, l'imagination des bambins du monde moderne tend à recourir à des pratiques dignes de régimes totalitaires et autres formes de l'art de tuer son prochain de façon sophistiquée.
De mon temps, il y avait au cinéma des acteurs qui se battaient à coups de poing. Quand on voit les bagarres des films d'aujourd'hui, on se rend compte qu'à l'époque, elles étaient empreintes d'une certaine chevalerie. Une rixe entre Delon et Belmondo dans *Borsalino* ne manquait pas de virilité, mais à côté des lynchages actuels, on frisait l'échange amical. Frapper un homme à terre n'était pas pensable.

Puis, au début des années 1990, avec notamment l'arrivée de films comme *Reservoir Dogs,* on a commencé à couper l'oreille d'un type en dansant le fox-trot... Les choses allaient sérieusement se gâter. Depuis, le règne de la violence gratuite est partout.
Et encore, c'était du cinéma, on se déplaçait, on payait sa place, le choix était pensé. Aujourd'hui, dans les séries que les adolescents peuvent voir sur l'écran plat familial ou sur leur téléphone (particulièrement celles traitant des barons de la drogue), il est possible d'apprendre dans le détail les mille et une manières de tuer quelqu'un en le torturant des jours durant. De même, toute bagarre de rue qui se respecte se doit d'offrir un florilège allant de la batte de base-ball aux crans d'arrêt, sans oublier les coups de tatane dans la tronche, synonymes d'envie de tuer. Et je ne me penche pas sur les jeux vidéo. Ce que l'on voit depuis le début de ce siècle sur certains écrans n'est rien d'autre que la grammaire de l'horreur.
Alors comment s'étonner après ça qu'un môme de treize ans balance un coup de couteau pour un regard de travers ?

Le mime Marcel Marceau

2000

Incontestablement, Marcel Marceau est un Monsieur. Tandis qu'il entre dans le studio, on sent une patience un peu lassée par des années d'admiration. Ce n'est pas qu'il s'y est habitué, mais disons qu'il en connaît toutes les phrases. Des années de succès, ça peut limer les enthousiasmes. Mais il suffit qu'il se maquille, et c'est comme au premier jour. Il n'y a pas de hasard, aucun public au monde ne s'y trompe. La photo est un montage. Je l'ai d'abord photographié debout tenant mon assistant par l'épaule, puis, une fois démaquillé, il est venu s'asseoir à la place de mon assistant, j'ai effacé ce dernier puis j'ai recollé les deux images. Merci, Photoshop. C'était la première fois qu'il acceptait de se montrer à côté de son personnage. Il ne me connaît pas et je ne suis qu'un photographe de plus qui veut utiliser son talent pour en avoir un peu.

Une pensée de Jean Yanne :
« Ce que je pense de Dieu ? Franchement, vous trouvez normal, vous, un mec qui crée un homard ? Pour inventer ça, faut quand même être fou à lier. À mon avis, il a réalisé la connerie qu'il avait faite et c'est pour se rattraper qu'il a créé l'homme ensuite. Pour qu'il bouffe le homard. »

Les Bee Gees

1977

Bien sûr, je n'ai jamais été sensible à la musique disco, sans mépris aucun, mais ma culture musicale ayant démarré par le jazz, même pour le rock il m'a fallu au départ opérer une sorte de torsion de mes émois d'enfance. Heureusement, on voyait bien que ça venait du blues, lequel était issu d'une détresse profonde. Et pour moi les Stones interprétant « I'm a King Bee », c'était comme des mômes à la recherche d'une respiration que la colère pousserait à écouter Mozart. Et puis, grâce à quelques-uns, dont Johnny et Eddy, puis Jagger-Richards, les Beatles, Led Zep, les Who et surtout Eric Clapton, je me suis rendu compte que cette fougue-là me gagnait petit à petit, comme si à vingt-trois ans leur colère musicale me donnait un coup de jeune, moi qui n'avais que quatre ou cinq ans de plus qu'eux. Et maintenant que j'ai quatre-vingt-un ans, je me surprends à retenir une larmichette en entendant par hasard en voiture la bande-son de ce film dans lequel John Travolta arborait son obsession du machisme vainqueur sur une piste de danse à la touchante vulgarité. Aussi, loin des branchitudes du beau monde, je vous engage à réécouter la bande son du film *Saturday Night Fever*, et vous aurez peut-être comme moi ce petit pincement au cœur qui vous rappelle gentiment qu'être jeune et fou d'amour pour celle qui passe, ce n'était quand même pas mal. Quelle joie, quelle gentillesse, quelle insouciance dans ces chansons. Je me souviens, la seule fois où je les ai entendus sur scène, c'était grâce à l'invitation pressante d'Eddie Barclay. Pendant le concert, alors que je me tournais vers lui, l'ex-pianiste de bar fou de jazz, je l'ai surpris avec les larmes aux yeux. Je comprends aujourd'hui pourquoi.

Sheila et les grands musiciens

1966

Je n'ai pas le souvenir que Sheila m'ait jamais refusé une idée de photo. J'avais imaginé une série dont le thème était « Ce qui leur arrivera lorsque les chanteurs iront en enfer ». En l'occurrence, la jeune Sheila se retrouvait assise, un verre vide à la main, entourée des plus grands musiciens classiques, tenant tous quant à eux un verre plein. Et la légende disait que ces derniers refusaient de trinquer avec elle pour l'éternité parce qu'ils n'aimaient pas sa musique. Bien sûr, elle était au courant et, comme d'habitude, elle avait accepté mon idée avec joie, prouvant ainsi qu'elle avait beaucoup plus d'humour et de recul que le prétendaient les journalistes de l'époque. Du reste, elle était toujours d'accord pour tout, pourvu qu'on rigole. Aujourd'hui, il serait inimaginable de proposer une idée pareille, les entourages, les managers ou autres conseillers en communication feraient barrage aussitôt. La voilà, la grande différence entre les années 1960 et aujourd'hui. Nous disposions d'une totale liberté, nous n'avions peur de rien, les artistes n'étaient pas obsédés par leur « image ». Bref, on savait surtout que tout ça n'était pas sérieux. Sur l'étiquette de la bouteille, vous pouvez voir Dick Rivers qui incarnait le diable sur toutes les photos de la série.

Axelle Red

1999

La dernière fois que je l'ai photographiée, c'était ce jour-là, en octobre 1999. Je ne connais pas grand-chose d'elle, je ne l'ai jamais revue depuis. Ce n'est pas une raison pour l'oublier. Vous voyez, il y a parfois un côté frustrant dans la photographie. Le temps de comprendre une personne ou plutôt l'idée qu'on s'en fait, de chercher comment la mettre en valeur, sans oublier les problèmes techniques, la séance est finie et on ne se connaît toujours pas. Je découvre, en revoyant mes archives, que je n'ai fait que des photos utiles, donc publiées, rarement pour rien. Je ne me savais pas l'âme si mercantile. Mais il semble que le monde appartient aux marchands. Bon, alors disons que je suis à vendre. Je m'en fous, aujourd'hui ce que j'aime, c'est écrire. Il paraît que les vrais écrivains accouchent dans la souffrance et parce qu'ils ne peuvent pas faire autrement. Moi, j'écris par plaisir et je m'en suis passé pendant soixante ans. Faut-il en rougir ?
Certains me reprocheront peut-être l'excès d'éloges contenu dans mes chroniques, mais l'exercice qui tend à feindre la louange pour démolir en sourdine n'est pas ma tasse de thé, et si je parle de quelqu'un, c'est pour en dire du bien. Ceux que je n'aime pas, je n'en parle pas.

Proverbe chinois qui n'existe pas :
« Dans le train, si on s'assoit sur un siège à contresens, c'est amusant, par la fenêtre on voit le temps qui passe. »

John Lennon

1965

Pensées du jour qui n'ont rien à voir. Souvent, lorsque j'évoque l'éternel va-et-vient entre amour et sexualité, je m'étonne de certaines réactions par trop politiquement correctes, comme si mon propos était méprisant envers les femmes alors que c'est exactement le contraire. J'ai toujours compati vis-à-vis des épouses enfermées dans des vies contraintes, subissant le carcan des religions, la lourdeur des hommes et les usages complètement dépassés. Et encore, on est en Occident, parce que ailleurs c'est bien pire. Je me souviens, cette question m'est apparue alors que j'étais très jeune, dans un train qui partait de Paris pour les sports d'hiver. Au début du voyage, dans le bleu du petit matin, alors que le rythme des roues sur les rails était encore lent, à travers la fenêtre d'une maison en pierre meulière, je vis une dame assise sous une ampoule blafarde, le visage sur la main, le coude posé sur une nappe à carreaux plastifiée, le regard perdu vers un bol triste. J'imaginai la forme sombre dans la chambre, recroquevillée sous les draps froissés, le mouvement de son dos rythmé par son envie de prolonger la nuit pour quelques minutes encore. Perdue dans ses pensées, à quelle vie cette dame rêvait-elle à cette minute précise ? Aux promesses du début, aux serments oubliés d'un mariage tant rêvé, aux enfants partis vers des jours meilleurs ? Des échanges endiablés aux conversations utiles, puis plus grand-chose à se dire…

Une pensée de Michel Audiard :
« Pendant douze ans on a fait chambre commune mais rêve à part. »

Pierrette Logé

2020

Dans la série : « Les gens de ma région » (extrait de mon livre *Loin de Paris*). Marcilhac-sur-Célé, dans le Lot, est un joli village allongé sur les bords d'une rivière. Lorsque je suis venu m'installer à la campagne, le premier restaurant où je suis allé fut l'Hôtel des Touristes. Sur la place, vers midi, vous aperceviez une tonnelle fleurie avec sa vingtaine de tables joliment arrangées et curieusement vides pour un mois de juillet. D'autant que si vous leviez les yeux, un panneau vous affirmait de façon péremptoire que l'endroit était « COMPLET ». En fin de compte, ce lieu était une sorte de club, et ce toute l'année, un peu comme chez Lipp à Paris. Car à l'instar de M. Cazes, le propriétaire maintenant décédé du célèbre établissement de Saint-Germain-des-Prés, Pierrette Logé ne recevait chez elle que les gens dont la tronche lui revenait. Que vous soyez routard, pèlerin ou ministre, si votre attitude respirait la vanité, la prétention ou le snobisme, vous pouviez aller faire un grand tour, car malgré les tables vides, il n'y avait pas de place pour vous. Je l'ai vue un jour refuser un car entier d'étrangers enjoués. Comme je lui demandais les raisons de ce rejet, elle répondit avec l'accent musical de la région, sans me regarder : « J'aime pas les Anglais ! » Pourtant, l'endroit était désert. Une demi-heure plus tard, le restaurant était plein et le rituel commençait. Pierrette régnait en cuisine et elle décidait de l'unique menu, son mari Claude veillait à l'intendance et à la propreté des lieux. Les tombées de champignons et rôtis en tous genres se suivaient sans discussion possible, sans compter le vin renouvelé qu'on laissait sur la table. Tarte aux pommes et clafoutis vous mettaient une dernière claque, soulignée par un « pousse-café » pour réveiller les esprits repus, et si l'addition approchait les 15 euros, c'est que vous aviez repris du pain. Partout en France, ces maisons-là disparaissent.

Pierre Arditi
2000

La suite n'a rien à voir avec ce grand acteur. Les sièges de velours sombre me rappellent un souvenir assez stupide, à savoir ma seule contribution à la politique américaine. En 1988, dans le milieu publicitaire des agences new-yorkaises, le grand problème était de trouver des réalisateurs acceptant de filmer des spots pour le Parti républicain. C'était mal vu évidemment, comme souvent dans les milieux politiquement corrects. À l'époque, je n'avais strictement aucun sens politique, je savais seulement que la gauche m'exaspérait et que la droite me dégoûtait, je n'aimais que le milieu, comme toujours. Mais je présentais un avantage certain pour les prudents des deux bords : je n'étais pas américain. Ma productrice me demanda donc du bout des lèvres si j'accepterais de tourner une pub pour les républicains. Moi, l'idée de filmer George Bush me faisait plutôt marrer, j'acceptai donc, ignorant quel serait le scénario du film. Quinze jours plus tard, j'appris qu'il s'agissait d'une commande concernant la Chambre des représentants. Le scénario était un des plus bêtes que l'on m'ait jamais proposés. Dans un décor reconstituant cette aimable assemblée, il y avait d'un côté les gradins de la droite avec des acteurs pointant du doigt l'autre partie de la salle, celle des « progressistes » remplacés par des autruches. Ils étaient censés se mettre la tête dans le sable, vous suivez la finesse du message ? Mais, je ne

plaisante pas, c'étaient de vraies autruches. J'aime autant vous dire que faire grimper ces énormes volatiles dans des gradins de velours carmin n'était pas une partie de plaisir. Un après-midi entier à regarder des dompteurs planquer des céréales derrière les sièges afin que ces oiseaux de la taille d'un Mickey de Jeff Koons daignent mettre la tête vers le sol (c'est-à-dire « dans le sable ») reste une des situations les plus stupides dont le monde de l'*advertising* m'ait fait cadeau. Je ne sais quel fut le résultat de ce chef-d'œuvre, je n'assistai pas au montage, et je ne sus jamais s'il fut montré aux téléspectateurs férus de militantisme. Qu'est-ce qu'il ne faut pas faire pour nourrir sa famille !

Christophe

1966

Tel que je le connaissais, j'ai le sentiment que ma théorie ne le laisserait pas indifférent. Appelons-la « Amour, sexe et autres balivernes ».

D'abord, il y a celles que l'on aime et puis il y a le sexe, cette troublante obsession qui vous attire irrémédiablement vers l'être, aimé, et qui un beau jour vous sépare. Faire l'amour serait donc l'ennemi de l'amour ? Car, en revanche, il y a celles qui vous obsèdent physiquement sans qu'un quelconque sentiment intervienne. C'est l'insupportable choix cornélien très bien décrit dans *L'amour dure trois ans* de Frédéric Beigbeder, auquel j'ajouterais un détail : trois ans, ça me semble même un peu présomptueux. TOUT demander à une seule personne frise le pari impossible. Peut-être l'idéal pour un homme serait-il de vivre à trois, une femme près de lui pour la tendresse, une autre hors les murs pour les galipettes. Que #MeToo ne monte pas le son, cet arrangement étant parfaitement valable pour les femmes. Mesdames, deux hommes tout à votre dévotion, un à distance pour grimper aux rideaux, l'autre disponible pour une épaule et les pensées profondes. Mais le mariage, imposé, pour la vie ? Dieu sait si j'ai essayé, pour moi c'est le mont Blanc par la face Nord et, en plus, en charentaises. La tendresse imposerait-elle des limites à l'érotisme ? Car durant ma vie à l'horizontale, les expériences sexuelles les plus folles furent souvent le cadeau de rencontres sans lendemain. Quant à celles que j'ai aimées, c'est pour toujours mais comme mes meilleures amies... Alors, on fait comment ? Petit Jean-Marie, pourquoi se pencher sur ces questions sur la fin du parcours alors que ce n'est plus d'actualité ? Facile, c'est parce que se retrouver avec du un courant d'air entre les cannes n'empêche pas le plaisir de se souvenir !

(Là, je sens que je vais prendre cher : « Lamentable, stupide, machiste et des poussières. » Peu importe, je me marre. Et ça, dans la vie actuelle qui est en train de se transformer en plat pays sans bistrots, franchement, ça frise l'héroïsme.)

Jean Yanne :

« Quand vous mourrez, que voulez-vous emporter dans votre cercueil ?

— Un deuxième costume. On ne sait jamais. »

Odette Aubertin

2019

Lorsque je m'installai dans l'Aveyron, Odette fut la première personne que je rencontrai dans la région. Dite la « duchesse de Cambes », c'est à cause d'elle que l'Aveyronnais qui sommeillait en moi a dû mettre de l'eau dans son vin et accepter le Lot dans le panthéon de ses amours bucoliques. Dans l'accueillant salon de sa maison du Rocassou, il y avait au mur une sorte de mausolée, preuve de sa fidélité envers son mari défunt. La photo de cet ancien militaire trônait à côté de l'appel du 18 Juin, offrant à quiconque entrait dans la pièce le cocon rassurant d'une vie bien tenue. Dès notre première rencontre, Odette me confia ses deux références de base, ses repères dans le monde moderne, à savoir *Paris Match* et Michel Sardou. Ma vie professionnelle ayant commencé dans les couloirs de cet hebdomadaire et ma sœur ayant épousé le célèbre chanteur, je me sentis aussitôt accepté par la dame, ce qui n'était pas gagné d'avance, comme je le verrais par la suite. En effet, si la table d'Odette était aussi large que son cœur, il n'était pas donné à tout le monde de venir s'y asseoir. Du reste, certains, ayant abusé de sa générosité avec inélégance, se sont retrouvés aussi sec au rayon des souvenirs.

Quelques ânes, quelques poules, Odette aimait sa vie simple habitée par les évocations d'une existence parfois difficile sur laquelle elle ne s'étendait pas, et les réminiscences de ses années tahitiennes, du temps où les voyages l'amusaient encore. La grande passion d'Odette, c'était la cuisine, elle aimait à en parler autant qu'à la faire et se retrouver chez elle était toujours une fête. Mon amie Julie Andrieu ne s'y est pas trompée : en imaginant avec Odette un livre de recettes autour du canard, elle eut plus de succès que moi avec mon premier livre sur les années 1960 (Johnny Hallyday détrôné par un colvert, c'est un comble). Odette incarnait en effet des valeurs et une gentillesse qui tendent à se raréfier aujourd'hui.

Le dernier mot pour Jean Yanne :
« Quand j'étais môme, la chaîne météo, ça existait déjà – on appelait ça la fenêtre. »

Keith Richards

1965 *à Los Angeles*

Le regret de ma vie, c'est de n'avoir pu vraiment parler avec Keith à l'époque à cause de mon anglais hésitant. Mick et Brian faisaient des efforts, mais de tous les Rolling Stones, Keith était celui dont l'accent était le plus incompréhensible. Je me souviens surtout d'une conversation entre Lyon et Paris, alors qu'on s'était arrêtés dans un routier en plein milieu de la nuit : j'avais tenté de leur expliquer que l'envol de Johnny au début des années 1960 avait un peu ouvert la voie aux groupes anglais sur le marché français. Déclaration moyennement appréciée. Certes, c'était audacieux, mais pas si faux qu'on pourrait le penser.

Ceux parmi vous qui ont envie de comprendre ce que les Rolling Stones doivent aux chanteurs de blues afro-américains ou noirs américains devraient absolument regarder le documentaire Netflix sur Keith Richards, *Under the Influence*. La simplicité et l'enthousiasme avec lesquels il raconte sa jeunesse bouleversée par la découverte d'un disque de Muddy Waters dans les mains de Mick Jagger. Ou encore sa première rencontre avec le même Muddy Waters chez Chess Records, le studio dans lequel les Stones ont enregistré en 1964. Ils avaient tenu à travailler là car c'était l'endroit où la plupart des artistes de blues avaient démarré. Chuck Berry, Howlin' Wolf, Bo Diddley, Buddy Guy, tous y avaient un jour mis les pieds. Et alors qu'il déambulait dans les couloirs du studio, Keith aperçoit un type sur une échelle en train de repeindre le plafond ; le directeur le lui présente, c'était Buddy Guy. Vingt ans plus tard, on assiste à cette scène incroyable où ce dernier remercie les Rolling Stones d'avoir fait connaître sa musique à la jeunesse américaine… C'est surréaliste.

Patti d'Arbanville

1970

Cette fille était formidable, je la retrouvais souvent au temps où mes nuits parisiennes commençaient par des dîners en ville chez Alain Demachy ou à Vauréal chez Paul Gégauff. Ensuite, commençait la tournée entre les rupins de chez Régine et la faune magnifique des obstinés de la conversation inutile chez Castel, pour finir en beauté à La Calavados, ce bar des courageux vivant jusqu'à la dernière goutte avant de se diluer dans l'air des matins frais du Paris qui s'éveille. Patti faisait partie de celles qu'on retrouvait par hasard au milieu de ce parcours. Bref, c'était une amie. Il y a comme ça des gens dont le sourire engendre la fête. Je n'ai pas eu d'aventure avec elle, j'aurais dû peut-être... Mais finalement non, puisque ainsi que le chantait le merveilleux couple des Rita Mitsouko, « les histoires d'amour finissent mal... EN GÉNÉRAL ! ». Il est préférable que Patti reste pour toujours un des joyeux sourires de mes nuits de jeunesse. Alors actrice débutante, il est vraiment dommage qu'elle soit allée vivre en Amérique, elle aurait pu obtenir des rôles formidables dans le cinéma européen des années 1960-1970, du temps où ce cinéma existait encore. Il est peu probable que l'on se croise un jour, aussi je lui embrasse la main de mon lointain Aveyron en lui souhaitant que les eucalyptus de Laurel Canyon aient gardé le charme de mes souvenirs.

Greta Garbo

1931 *dans le rôle de Mata Hari*

Elles sont rares les stars qui ont juré de ne plus jamais tourner un film et qui ont tenu parole. Finalement, Brigitte Bardot est la seule à n'être jamais revenue sur sa décision. Greta Garbo également, encore que celle qu'on nommait la Divine dix ans après avoir mis fin à sa carrière cinématographique, avait été tentée par la proposition d'un grand producteur. Après moult hésitations, alors que ce dernier l'avait presque convaincue, elle demanda néanmoins à faire un essai avec son chef-opérateur favori, celui avec lequel elle avait tourné ses plus beaux films. Le tournage fut réalisé dans le plus grand secret, puis arriva le jour où une projection archiprivée des tests fut organisée. Ce jour-là, dans la salle, l'atmosphère est tendue. Ne sont présents que Garbo, le producteur, l'agent de la star et le chef-opérateur. On fait le noir et, sur l'écran, la comédienne apparaît dans toute sa splendeur. La séance n'est pas longue, mais au moment où la lumière se rallume, un lourd silence s'installe. Puis la Divine se tourne vers son chef-opérateur et, avec un air triste, elle lui glisse : « Mon ami, je suis un peu déçue, vous m'aviez habituée à mieux. » Et l'homme, en lui faisant cadeau d'un sourire plein de gentillesse et de regrets, lui répond : « Je vous prie de m'excuser, ma chère, mais voyez-vous, j'ai un peu vieilli ! » C'est une des phrases les plus élégantes que j'ai entendues de ma vie. Après quoi, il n'y eut plus jamais de films avec Greta Garbo.

Gérard Depardieu

en photo entre les mains des agents de la sécurité pendant les Rencontres d'Arles **2000**

Lorsqu'on entend ceux qui, en France, comparent la police d'ici avec les flics américains, on voit qu'ils n'ont jamais habité là-bas. Je me souviens que pendant le tournage d'un film publicitaire dans une avenue de Los Angeles, nous avions des policiers pour aider l'équipe à réguler le trafic. J'habitais alors en haut des collines de Mulholland Drive.

Au déjeuner, un flic me dit : « Vous habitez là-haut ? J'espère que vous avez un flingue ! » Je lui répondis que non, je n'ai jamais aimé les armes. « Eh bien, il faut en acheter un tout de suite. Et si un type pénètre d'un mètre dans votre jardin, tirez et visez bien la tête, s'il n'est que blessé, vous vous retrouverez avec un procès. » C'était un policier qui parlait ! J'ai acheté un Browning très beau qui est resté au-dessus d'une armoire sans que j'aie eu à tirer une seule fois. Et puis, avant de revenir chez nous, je l'ai donné à un ami américain. Il faut savoir qu'à l'époque, si vous mettiez un pied à Watts ou South Central, des banlieues au sud de la ville dont la taille doit avoisiner la moitié de Paris, vous aviez intérêt à ne pas avoir attrapé un coup de soleil, un regard un peu trop long à un *cop* et vous vous retrouviez vite fait à l'horizontale, une tronche dessinée par Francis Bacon, quand il ne vous tirait pas dessus direct à balles réelles. Tout ça avant d'avoir dit un mot.

Je n'ai pas vocation à être un amoureux béat de la force publique et rien n'est parfait nulle part, mais s'il vous plaît, ne mélangeons pas tout.

Sonia Rykiel

1998 *à Paris*

J'avais pour Sonia Rykiel la tendresse qu'on a pour une voisine (elle l'était). Et puis j'aimais sa tribu, sa fille qui avait repris le flambeau et son fils qui a la mémoire de toutes les musiques.
Fille de Saint-Germain-des-Prés, dans les années 1980-1990 elle en était devenue la reine. Parfois je la voyais arpenter les rues en compagnie de son amie Régine Deforges, deux rouquines imposant le respect aux machos du coin. Je l'ai moins connue que Régine. Dommage. (C'était le temps de mes débuts avec Photoshop, mes tâtonnements étaient encore approximatifs. Je remercie les gens du studio *Elle* qui ont eu la charge de fournir les pavés et la gentillesse de les remporter.)

Anne Sylvestre

1970

Je suis passé à côté d'Anne Sylvestre à cause de mes années 1960 consacrées à ces jeunes artistes américanisés qui osaient donner naissance à l'adolescence. Aujourd'hui, je le regrette lorsque j'entends cette chanson :

« J'aime les gens qui doutent, les gens qui trop écoutent leur cœur se balancer. J'aime les gens qui disent et qui se contredisent et sans se dénoncer.

J'aime les gens qui tremblent, que parfois ils ne semblent capables de juger. J'aime les gens qui passent moitié dans leurs godasses et moitié à côté.

J'aime leur petite chanson même s'ils passent pour des cons. J'aime ceux qui paniquent, ceux qui sont pas logiques, enfin, pas comme il faut. Ceux qui, avec leurs chaînes pour pas que ça nous gêne font un bruit de grelot. Ceux qui n'auront pas honte de n'être au bout du compte que des ratés du cœur. Pour n'avoir pas su dire "délivrez-nous du pire et gardez le meilleur". J'aime leur petite chanson même s'ils passent pour des cons.

J'aime les gens qui n'osent s'approprier les choses, encore moins les gens. Ceux qui veulent bien n'être, qu'une simple fenêtre pour les yeux des enfants. Ceux qui sans oriflamme et daltoniens de l'âme ignorent les couleurs. Ceux qui sont assez poires pour que jamais l'histoire leur rende les honneurs. J'aime leur petite chanson même s'ils passent pour des cons.

J'aime les gens qui doutent mais voudraient qu'on leur foute la paix de temps en temps. Et qu'on ne les malmène jamais quand ils promènent leurs automnes au printemps. Qu'on leur dise que l'âme fait de plus belles flammes que tous ces tristes culs.

Et qu'on les remercie qu'on leur dise, on leur crie "merci d'avoir vécu !"

Merci pour la tendresse
Et tant pis pour vos fesses
Qui ont fait ce qu'elles ont pu. »

C'est bien d'être jeune, mais il faudrait aussi savoir être vieux de temps en temps !

Édouard Baer

2010 *en tournage*

J'ai entendu un jour Édouard Baer dire à Michel Denisot : « Je n'écris pas parce que si on ne pense pas être capable d'être Marcel Proust, alors on n'écrit pas ! » Peut-être a-t-il raison. Le propos m'a beaucoup intéressé car, tout bien réfléchi, c'est exactement le contraire de mon existence. Puisque n'ayant pas pu faire de musique, à savoir la seule chose dans laquelle je suis certain que j'aurais accompli des merveilles, j'ai sauté sur toutes les occasions d'exercer les métiers qui me tentaient. Après l'obligation de gagner ma vie et faire vivre ma famille, les raisons de ces choix n'étaient pas très raisonnables. Souvent j'ai changé de métier, disons plutôt d'occupation, pour séduire l'une ou magnifier l'autre. Jamais l'obsession de la réussite ne fut un but en soi. Par exemple, l'idée de faire partie des « grands photographes » ne m'a jamais effleuré. Je n'ai jamais réalisé un film en rêvant d'être un grand metteur en scène (d'aucuns vous diront : « tant mieux ! »), ce fut toujours dans le but de mettre quelqu'un en valeur. Mon tour dans la photo de mode n'exista que grâce à l'envie de ma sœur Anne-Marie et pour le plaisir de la retrouver. Je prends conscience que toutes ces décisions furent d'abord dictées par des coups de cœur, des histoires d'amour ou d'amitié. Et c'est parce que j'ai souvent pensé que, hors de la musique, je n'étais « rien » que j'ai osé aborder « tout », au grand dam des puristes, des spécialistes et autres professionnels de la profession.
Finalement, écrire est le seul plaisir que je me suis égoïstement offert, sans doute parce qu'à mon sens, avec la grammaire pour solfège, les phrases ressemblent curieusement à des mélodies. Vous me direz : « De toute façon, aujourd'hui, n'importe qui écrit ! », c'est vrai. On se croit exceptionnel et on fait comme tout le monde…

Une phrase de mon grand-père, Jacques Porel :
« On devient romancier. On naît écrivain. »

Josiane Balasko

1990

Une réflexion pertinente de cette formidable actrice :
« J'ai fait un régime pendant deux semaines. Vous savez combien j'ai perdu ? Deux semaines. »

Bashung aux prises avec Françoise Hardy

1995

La frêle apparence de la Grande cache vraisemblablement des trésors musculaires insoupçonnables.

Conversation posthume avec mon grand-père, Jacques Porel :

LUI : « Dès l'instant qu'une femme mariée est infidèle à son amant, le mari cesse d'être trompé. Juste revanche de ce dernier, l'amant devient le cocu. »

MOI : « D'où l'importance de ne surtout pas se marier. Ou alors on devrait renouveler le contrat tous les ans. Ainsi la peur d'être quitté calmerait la désinvolture, il y aurait beaucoup moins de divorces. »

Patrick Bruel

1994

Je répugne à l'avouer, mais je n'ai jamais été un fou de la chanson française en général. Amateur forcené de musique ou du son d'une voix, comprendre les paroles me dérangeait plutôt, d'où ma préférence pour les Anglo-Saxons dont je comprenais très mal les textes. Au début des années 1990, le journal *Elle* me demanda de faire une séance de photos avec Patrick Bruel. Il avait un succès fou, j'étais très content pour lui mais je n'étais pas attiré par ce qu'il chantait. Rendez-vous est pris dans son bel appartement. Faisant surtout des photos autour des couturiers, en me retrouvant face à lui, je suis pris par un sentiment étrange. La situation me rappelle furieusement certains rendez-vous avec des jeunes chanteurs que je ne connaissais pas encore dans les années 1960. J'ai beau mettre l'œil dans le viseur, le cœur n'y est pas. Sentant mon désarroi, il me propose de me faire écouter son disque. Et là, je ne sais comment le lui avouer, mais le moment où un artiste me passe ses chansons en me regardant bien dans les yeux a toujours été une épreuve insupportable ; ça me gêne beaucoup, je ne sais pas pourquoi. Quand Johnny ou Claude François me faisaient ce coup-là, je ne savais pas où me mettre. Aussi je le lui dis franchement et je lui propose d'aller déjeuner pour faire connaissance. « OK, me dit-il, prenons ma voiture, je sais où on va aller ! » Lorsque sa Mercedes sort de son garage, il avance son doigt vers la hi-fi et met très naturellement son nouveau disque en entier. Piégé. Eh bien, à ce moment précis, il m'a plu. Il se foutait complètement de ce que je lui avais dit ; il était fou de joie de me faire écouter ses chansons, un point c'est tout. J'ai aussitôt pensé : « Ce type-là mérite ce qui lui arrive, son succès, il l'a vraiment voulu, il n'est pas là par hasard, chapeau mon gars, moi je n'aurais jamais osé. » Bien sûr, mal à l'aise dans cette situation, j'ai passé un moment moyen jusqu'au restaurant, mais ça m'a touché. Nous avons passé un déjeuner très sympathique et j'ai pu faire les photos.

Jacques Lanzmann et Jacques Dutronc

1992

Ils se connaissaient depuis 1966, c'est même moi qui les avais présentés à Jacques Wolfsohn, le mentor de Dutron. Ensuite je les avais accompagnés durant leurs six ou sept ans de succès communs. Hélas, ils s'étaient fâchés dans les années 1970. Vingt ans plus tard, comme une séance était prévue avec Dutronc, je leur proposai de les réunir pour les photographier ; je trouvais regrettable qu'il n'existe aucun vrai portrait d'eux ensemble. Le jour de la prise de vue, l'atmosphère était plutôt tendue. Néanmoins, je ne regrette pas de les avoir convaincus. Leur collaboration restera quand même comme l'une des belles pages de la chanson française...

Petula Clark

1965

Elle fait partie des premières chanteuses à donner vie à la vague des années 1960. Discrète, elle n'a jamais beaucoup aimé parler d'elle, bien qu'elle ait eu très vite un succès international. Avec Cliff Richard, elle fera partie de la base de la musique de la nouvelle génération. Si vous la croisez un jour, et que l'envie vous prend de la surprendre en passant, saluez-la en lui disant : « Hello, Sally ! », elle vous fera cadeau de son sourire de jeune fille. C'est ainsi que sa famille l'appelait, lorsqu'elle était enfant.

Françoise Hardy avec Brian Jones

1965

Dans les années 1960, parmi les musiciens, beaucoup d'Anglo-Saxons considéraient Françoise Hardy comme l'idéal féminin parmis les Français. Où que je sois dans le monde, avec les Beatles, les Rolling Stones ou Bob Dylan, tous me disaient qu'ils voulaient la connaître. Par chance, Françoise et moi étions très liés, donc on rencontrait les Beatles à Londres lorsqu'elle chantait au Savoy ou les Rolling Stones à Paris lorsqu'ils passaient à l'Olympia. Le plus touchant c'est que Françoise ne se rendait pas compte de l'effet qu'elle faisait. Le spectacle que je préfère est d'abord celui de l'intelligence, ensuite il me semble que rien n'est plus beau à voir que la beauté qui s'ignore. Pour moi, celles qui se savent belles manquent un peu de mystère. En l'occurrence, je fus vraiment gâté, Françoise possédait les deux. En plus, elle ne vivait que pour l'écriture et la haute idée qu'elle se faisait d'une histoire d'amour. Au début des années 1960, c'est peut-être grâce à ma proximité avec elle que les Anglo-Saxons m'ont si bien accepté.

Dominique Blanc et Michel Piccoli

2000

Le jour où j'avais réuni la troupe du film *Les Acteurs* de Bertrand Blier, j'en avais profité pour faire quelques photos de ces merveilleux comédiens. J'aime beaucoup la réaction de Dominique Blanc devant le geste de Piccoli ; je connaissais ce dernier depuis longtemps et je le savais capable de fantaisies inattendues. Alors que je leur demandais juste de poser ensemble, en face de mon appareil, Michel se précipita aux pieds de Dominique, la laissant assez décontenancée, comme vous pouvez le voir.

Mick Jagger

1972

Mick est certainement l'artiste le plus proche de la phrase qu'Édith Piaf m'avait dite, au début des années 1950. Je devais avoir douze ans lorsqu'on m'avait emmené la voir sur scène. Après son tour de chant, bien que très fatiguée, elle avait accepté de me recevoir dans sa loge : « Que veux-tu faire plus tard ? » m'avait-elle demandé. Et moi, intimidé et manquant d'imagination, j'avais répondu : « Je veux être artiste ! » Sans me quitter des yeux, elle me dit : « Si tu veux être un artiste, prends tes défauts et mets-les en avant avec affirmation, et ils deviendront des qualités que les autres imitent ! » Elle venait de me faire cadeau de la plus belle définition du mot spectacle. Curieusement, la première fois que je vois Mick Jagger sur scène, en 1964, cette phrase me revient aussitôt. Effectivement, ce petit Blanc qui rêve d'être noir cherche à bouger comme James Brown et sa façon de faire, au départ un peu maladroite, va devenir un style imité par les autres. Huit ans plus tard, les Stones sont à leur apogée ; la tournée de 1972 est certainement la première vraiment bien organisée. Pour moi, c'est la plus belle période du groupe. Yves Saint Laurent a confectionné les tenues de scène de Mick qui mettent en valeur son jeu de scène et cette démarche de petit garçon en colère, qui restera sa marque de fabrique pour toujours. Pendant les concerts, je passe mon temps au bord de la scène à écouter « Sympathy for the Devil », accoudé à des enceintes dont le son est tellement puissant que je n'en reviens pas de n'être pas devenu sourd. Ce groupe reste celui qui m'aura le plus impressionné, tant sur scène que par leur faculté à casser les règles établies. Je serai toujours reconnaissant envers Mick de m'avoir accordé sa confiance, durant dix années, me permettant ainsi de suivre son incroyable ascension en compagnie de ses potes.

Un chat
2008

Ce chat surpris chez Jacques Dutronc en Corse n'a rien à voir avec ce que je vous raconte aujourd'hui. Simplement, il me rappelle une des situations les plus absurdes auxquelles je fus confronté durant mes années de publicité américaine. Il s'agissait de tournages assez abstraits que je réalisais pour des campagnes à la gloire d'une nourriture pour chats nommée Purina Cat Chow. Ces films de trente secondes mettaient en scène un bébé assis sur l'herbe en compagnie d'un chaton. Le boulot consistait à attendre que le chat se love autour du bébé, c'était ça « l'histoire ». Vous avouerez qu'en matière de direction d'acteur, on peut difficilement faire plus succinct. On louait donc un parc dans Los Angeles pour installer deux grandes tentes, une destinée à abriter au calme une dizaine de nourrissons avec leurs mamans et l'autre pour autant de chats traités comme des stars. Ensuite, on installait un bébé avec précaution sur l'herbe, puis un dresseur posait doucement l'animal près de lui. Et là, allongé sur le sol derrière une caméra, je pouvais attendre des heures qu'il se passe quelque chose. Parfois, le bébé tombait sur le dos, ou il se mettait à hurler d'ennui sous l'œil goguenard du chat qui prenait un malin plaisir à ne pas bouger son cul, juste pour nous exaspérer. Toutes les vingt minutes on changeait les bébés et les chats à tour de rôle, et ainsi de suite sous l'œil excédé de clients et de créatifs d'agence déprimés de se sentir inutiles. Allongé par terre derrière ma caméra, je n'avais rien d'autre à faire que de patienter et chuchoter « moteur » et « coupez ! ». Une année, ce tournage dura trois jours, autrement dit ce fut une mine d'or puisqu'on me payait à la journée. J'étais ravi de pouvoir faire vivre ma famille aussi facilement, même si par moments je ne pouvais empêcher l'absurdité de la situation de me sauter aux yeux.

Johnny et Sylvie

1963 *à New York*

Tout était nouveau dans cette photo. L'Amérique représentait l'avenir du monde, et les futurs mariés symbolisaient la France de demain. Bref, tout était « devant ». Les parents, les adultes avaient subi deux guerres, ils commençaient enfin à se détendre. Et boum ! Voilà des mômes qui les poussent en chantant des paroles approximatives et qui dansent comme des « zazous ». Les vingt ans qui suivront vont tout chambouler. Les années 1990 arrivent avec les prémices de la fin de la fête… À vous de jouer maintenant !

« Il paraît que Sacha Guitry faisait une croix chaque fois qu'il trompait sa femme, et qu'au bout de dix fois il lui faisait un énorme cadeau. C'est le principe de la carte de fidélité, non ? »
Jean Yanne

Azzedine Alaïa

1995

La dernière couturière. Azzedine est parti il y a quelque temps, le 18 novembre 2017, emportant une idée de la mode qui lui était propre, une mode hors des modes. À part sortir ses chiens, Azzedine ne bougeait guère de chez lui, sa cuisine était le centre de son monde, il y recevait parfois et y travaillait tout le temps. Azzedine Alaïa était le plus discret des grands couturiers, parce qu'il était le dernier, comme vous le diraient Farida ou Jean-Paul Goude qui le connaissaient mieux que moi. Ma sœur Anne-Marie m'a raconté qu'il s'amusait à l'appeler régulièrement en prenant un fort accent allemand de façon à se faire passer pour Karl Lagerfeld. Elle le laissait faire un moment pour voir quelle était son invention du jour. Ça pouvait aller de « Allô, qu'est-ce que c'est que cette couverture ridicule, vous voulez faire *Voici* maintenant ? » à « Je n'en peux plus de Chanel. J'annule le défilé, je te le dis à toi mais ne le répète à personne ! ». Ce à quoi Anne-Marie répondait : « Mais bien sûr, Azzedine ! » Alors, ravi de sa blague, il gloussait de son petit rire enfantin.

Le danseur étoile Patrick Dupond

1990

Mon rêve eût été de faire la séance sur les toits de l'Opéra, mais à Paris, tout est si compliqué...
Réflexion du jour qui n'a strictement aucun rapport : dernièrement, en allant au marché, je suivais dans la rue un couple étrange. La dame était opulente et son mari tout chétif, une sorte d'Éric Zemmour battu par la vie. Elle tenait un cabas rempli de légumes et lui, il poussait un landau. Ils avançaient tout en se lançant reproches et méchancetés, une logorrhée d'insultes du plus bas niveau. Unis par la détestation, ils cheminaient hargne au vent sans se soucier du monde. J'imaginais le quotidien de leur progéniture. Un héros, le môme...
Je ne comprends pas qu'on oblige les enfants à supporter leurs parents. D'abord, avant la naissance, on devrait pouvoir les choisir. On va quand même être obligé de passer seize ou dix-huit ans avec eux... En plus, ça vieillit les parents, il faut s'en occuper jusqu'aux derniers cent mètres, sans quoi on culpabilise, on ne peut plus regarder la télé tranquille. Je verrais bien une sorte de supermarché du parent, moi. Une nursery pour géniteurs. Vous voyez ? Comme chez le fleuriste, on pourrait faire des croisements intéressants. Par exemple, si on voulait la jouer rassurant, on pourrait choisir un père très musclé et une mère très intelligente. Ou bien, je ne sais pas, une Bluebell Girl du Lido et un moine tibétain. Il ne serait pas interdit d'être créatif. Parce que Angelina Jolie et Brad Pitt, vous comprenez, c'était trop facile. Jeunes, beaux, riches et célèbres, y a pas d'imagination là-dedans... En plus, même pas foutus de tenir la longueur, ça foire comme les copains. Et puis on pourrait aussi prendre deux femmes ou deux hommes. Moi, par exemple, je verrais bien Sa Majesté Ludovine de La Rochère avec Clémentine Autain. Niveau conversation, au moins, y aurait du sport. Je me serais bien vu en fils de Sean Penn et de Patrick Modiano. Vous imaginez l'oiseau ? Ça serait une épée, n'empêche... Et vous, qui choisiriez-vous ?

Les singes

1971

En 1971, Alain Delon allait sortir un long-métrage qu'il avait produit, intitulé *Doucement les basses !*

« As-tu un court-métrage avec ton film ? » lui demandai-je (c'était encore l'usage de montrer de petites histoires avant le grand film). Comme il n'en avait pas, je lui fis la proposition suivante : « Si tu veux, j'en tourne un vite fait ! » Il me donna les moyens financiers de le faire, ainsi que sa confiance puisqu'il ne me demanda même pas ce que j'avais en tête. Avec Bob Elia, mon ami directeur artistique avec qui j'ai beaucoup travaillé, nous avons réuni une dizaine de chimpanzés durant une journée en studio avec l'aide de Katherine Margaritis, et les avons habillés de tous les costumes de la société des hommes. Ils apparaissaient les uns après les autres, en flic, en curé, en femme légère ou en émir du Qatar et ils se mélangeaient. Nous avons tellement ri durant ce tournage, cela en frisait l'inhumain. Les singes semblaient se marrer comme nous à l'idée d'une journée sans cage. Que les associations pour la défense des animaux se rassurent, nous n'étions pas du genre à martyriser... (Quelle époque, où il faut par avance s'excuser de tout !) Et pour la bande-son, on a invité chez moi une classe des Arts déco pendant vingt- quatre heures et on a déconné en faisant une fête arrosée comme il se doit. (Tommy Brown et Micky Jones, aussi de la soirée, composèrent la musique. Quelques mois plus tard, Tommy est mort et Micky partit à New York créer le groupe Foreigner.) Gros succès le jour de la première du film. En ce qui me concerne, démarrer un générique par « Alain Delon présente... » et voir arriver des singes, ça suffisait pour me faire ma semaine. Encore une fois, merci Alain.

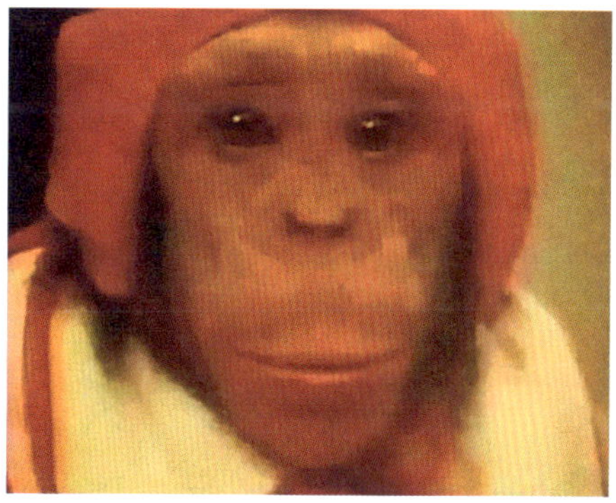

Didier Dagueneau

2009

Il y a quelques années, j'ai eu la chance de faire avec Laure Gasparotto, mon amie œnologue, un livre consacré aux vignerons de notre pays. Ainsi, j'ai parcouru pendant des mois les routes des régions viticoles afin de rencontrer les passionnés, les obsessionnels, les artistes que sont ces gens qui consacrent leur vie à la vigne. N'ayant pas encore renoncé à plaire, j'octroyai à cette activité le rythme raisonnable d'une semaine par mois, afin d'éviter la vilaine surcharge pondérale dont n'auraient pas manqué de me faire cadeau les nombreuses dégustations et autres ripailles coutumières des adeptes de cette profession – ma silhouette d'ex-playboy germanopratin en aurait été profondément affectée, conséquence regrettable que ne m'auraient pas pardonnée quelques anciennes maîtresses. J'ai ainsi fait la connaissance d'une quarantaine de gens extraordinaires, passionnés par leur métier, redorant le blason de la viticulture française grâce à une exigence de qualité qui tendrait à faire défaut aux apôtres de la mondialisation.

Un des plus surprenants fut sûrement Didier Dagueneau, le chantre du pouilly-fumé. Il fallait le voir dans son petit domaine de Saint-Andelain, entouré d'adeptes de la culture biodynamique et du travail bien fait. C'était un personnage haut en couleur, amateur des traditions, vivant à fond ses trois passions : ses vins, sa famille et ses chiens de traîneau. Quand il n'était pas penché sur ses vignes, il œuvrait en cuisine avec sa femme ou en forêt avec ses bêtes. Pour moi qui aime par-dessus tout les gens qui inventent leur vie, avec Dagueneau, j'étais gâté. Hélas, un jour, Didier est parti pour le grand tour à la suite d'un accident d'ULM. Il me manque encore aujourd'hui.
Cher Didier, je lève mon verre en pensant à toi.

Jacques Dutronc et François Périer

1973

Ils ne s'étaient peut-être pas revus depuis 1973, lors du tournage d'*Antoine et Sébastien*. Jacques faisait son premier film et mon père en avait tourné plus de cent. Je ne sais pas si Jacques avait eu conscience de l'élégance avec laquelle mon père avait mis son talent au service de cet acteur débutant. Ils étaient liés par un sens commun de l'humour et un penchant forcené pour les bêtises. Nous étions venus chez mon père, Jacques avait apporté une bouteille de champagne. Il avait levé son verre en demandant à mon père : « Alors, à quoi on boit, François ? » Après une hésitation, ce dernier répondit presque en s'excusant : « À toutes celles qu'on n'a pas eues ! » Et Jacques de rajouter : « Alors j'aurais dû apporter une caisse ! » Il faut dire qu'avec Belmondo, Pierre Mondy, Jean Carmet et j'en oublie, mon père était connu pour faire des blagues de potache sur les tournages. Une nuit, pendant le tournage de *Week-end à Zuydcoote*, mon père était en train de dormir dans une chambre d'hôtel en compagnie de sa femme, Colette. Réveillée par un bruit venant du couloir, Cette dernière lui demande d'aller voir ce qui se passe. En réalité, il s'agissait de Belmondo, Marielle et Mondy qui avaient poussé une énorme armoire à glace devant la porte de leur chambre, puis étaient partis en vitesse. À moitié endormi, mon père ouvre la porte et, dans le grand miroir, bien sûr il voit son image. Alors il referme la porte et quand Colette lui demande qui c'était, il répond en se couchant : « Ce n'était rien, c'était moi ! » Cet humour à double détente a le don de m'enchanter. C'était gratuit, juste pour le plaisir de le raconter le lendemain.

Petite phrase de mon père :
« Même si je ne buvais que de l'eau jusqu'à la fin de mes jours, ça ferait encore un bon mélange ! »

Ma fille Lola

1995

Réflexion du jour qui n'a aucun rapport. Fortiche le « GOD ». Il y a deux mille ans, profitant d'une semaine où il n'y avait rien d'intéressant à la télé, Dieu a tout inventé : la nature, les plantes, les animaux, les hommes, les femmes, les impôts, la blennorragie, Donald Trump, les juges, les critiques, la douane, le vivre-ensemble, la Légion d'honneur et le fauteuil Stannah (liste non exhaustive).

Loin de moi l'idée de mépriser ceux qui, n'osant penser par eux-mêmes, ont besoin de croire en une quelconque divinité, mais quand on sait qu'à l'heure où vous avez la gentillesse de me lire, un milliard de gens dans le monde n'ont pas l'eau courante, et que deux milliards n'ont pas de chiottes, ne m'en veuillez pas de ne croire en rien. Pour la première et dernière fois de ma vie, je suis heureux d'être vieux et c'est avec honte, je ne verrai rien de l'avenir réservé à nos enfants (à condition qu'on ne nous fasse pas le coup de la réincarnation, ce qui relèverait du scandale absolu). Je ne suis pas fier si j'en crois ce que disait le philosophe français Bernard Stiegler : « Le suicide est en voie de développement dans le monde entier, et en particulier auprès d'une jeunesse qui sait qu'elle sera au chômage pendant très longtemps. » Bon, ça suffit ! Arrêtons avec les idées négatives. Une grosse épidémie ou une bonne guerre mondiale, et hop, tout rentrera dans l'ordre !

Une pensée de Michel Audiard :
« J'ai été enfant de chœur et militant socialiste. C'est dire si j'ai entendu des conneries... »

Johnny et Sylvie

en tournée **1967**

Sur cette photo, je vois le toit d'une Ford Cobra, je vois l'envie de Sylvie qu'on la laisse un peu tranquille ; les tournées, c'est formidable, mais deux cent cinquante jours par an… Elle aimerait bien rentrer un peu chez elle pour retrouver sa maman, la merveilleuse Néné. Je vois la gentillesse des gens, touchés d'approcher ceux qu'ils ont vus la veille sur scène et d'être aussi près de ce qui ne sera qu'une apparition furtive. Je vois la fatigue sur le visage de Johnny, il a dû encore sortir la veille après le concert. Si ça se trouve, il n'a même pas dormi du tout et maintenant, à lui la route, à fond sur le champignon en frôlant les platanes jusqu'à la prochaine ville. Je vois un type très pressé de toucher l'idole du doigt, ou au moins de toucher ne serait-ce que son blouson. Je vois un flic monégasque hésitant entre maintenir l'ordre et s'approcher plus près. Je vois à gauche Ticky Holgado, à l'époque très content d'être l'assistant de Johnny ; même si c'est un peu fatigant, c'est quand même plus drôle que d'être l'homme à tout faire de Claude François, l'obsessionnel du détail ; avec Jojo, au moins, on rigole. Il ne sait pas encore que le destin lui prépare une prochaine vie d'acteur à laquelle il ne s'attend même pas. Il y sera formidable d'ailleurs, il aurait pu avoir une longue carrière, mais les années 1960 en ont fatigué plus d'un, car au fond c'est de ça qu'il est mort, ce cher Ticky, de fatigue, comme beaucoup d'autres…

Honor Fraser

1996 *collier de Loulou de la Falaise pour YSL*

« J'adore les femmes ! » J'ai toujours détesté cette expression utilisée par des hommes que l'on dit séducteurs ; à ce que je sache, il ne s'agit pas d'un troupeau de chèvres. Moi, je n'aime pas « les femmes », j'en ai aimé une de temps en temps. Il en va de même pour elles, avec une différence de taille : une femme qui déclare « j'aime les hommes ! » est injustement cataloguée salope. Finalement, je me demande si vivre entre hommes et femmes n'est pas un malentendu. On peut tomber amoureux, aimer calmement ou à la folie mais, bien que je considère ma vie comme très privilégiée sur ce plan, j'en ai tiré la conclusion que les femmes et les hommes ne sont peut-être pas faits pour vivre ensemble. Je ne regrette en rien d'avoir aimé cinq femmes pour toujours, du reste elles sont toutes devenues mes meilleures amies ; mais l'obligation du quotidien engendre un ennui que je n'arrive pas à admettre, c'est au-dessus de mes forces. J'attends toujours avec impatience l'heure de notre amitié définitive. D'ailleurs je suis souvent parti (aucune fierté là-dedans, au contraire), pire je crois même que j'ai tout fait pour être quitté. Dans la vie des couples, il y a des phrases qui tuent : « Où vas-tu ? » (De quel droit tu me demandes ça ?), « D'où viens-tu ? » (Ah, parce que ça te regarde ?) et la pire, la meurtrière : « À quoi tu penses ? » Question d'autant plus dangereuse qu'on vous la pose toujours au moment où on ne pense à rien, donc en plus on a l'air d'un con. Je me demande si les homosexuels qui veulent absolument se marier ont raison : ils risquent de tomber dans les mêmes pièges de l'habitude contrainte que nous, les hétéros. En même temps, pourquoi pas, je ne vois pas de quel droit on leur interdirait les joies du divorce et de la pension alimentaire…

John Lennon

à Paris **1965**

C'est étrange, ces moments forts que l'on n'oublie jamais. L'arrivée des Américains sur la lune, l'assassinat de Kennedy, le 11 Septembre... Un de ceux qui m'ont marqué à vie fut le jour où John Lennon est mort, le 8 décembre 1980. Je venais de m'installer à Los Angeles, dans une maison magnifique en haut des colines, d'où je voyais Hollywood d'un côté et la vallée de l'autre ; j'étais là, sur ma terrasse, genre roi du monde, le soir tombait et tout à coup j'entends la nouvelle. Ça m'a mis les larmes aux yeux, pourtant je ne l'avais pas revu depuis 1969. D'ailleurs, ce n'était pas un bon souvenir, car lors de ma dernière rencontre avec John, on s'était engueulés, je ne sais plus pourquoi ; j'étais trop emballé par les Stones, je crois. C'était un mois après la photo que j'avais faite pour la pochette de *Penny Lane*. Le groupe m'avait emmené dîner dans leur club privé, un endroit très classe typiquement londonien. Il était peut-être givré ce soir-là, la conversation avait mal tourné, je me souviens que Paul était un peu gêné. John était génial, mais par moments, il avait un côté tête de lard. Comment aurais-je pu savoir que je ne le reverrais plus ? Ensuite j'avais arrêté la photo en 1973 pour faire tourner Dutronc ; je pensais que cette vie de photographe était derrière moi. Mais ce soir-là, à Los Angeles, j'ai regretté de l'avoir perdu de vue. La mort de Lennon, c'était vraiment la fin d'une époque...

Des gens de l'Aveyron

2019

Lucienne Lepoustre et Denise Durand vivaient depuis des lustres dans un village de ma région. Dans le Paris des années 1940, au cœur de La Villette, il y avait Le Veau d'Or. Plus qu'un restaurant, c'était une institution. Lucienne tenait la caisse, Pierre, son mari, dirigeait la salle, et Denise servait son monde. Bien sûr, la distribution des rôles était un peu plus compliquée. Si le jour Lucienne arborait la moue sévère de la patronne sûre de son fait, le soir Denise retrouvait Pierre et, l'espace d'un moment, la soubrette s'offrait le luxe de toiser son patron en arborant le sourire des secrets bien cachés. Pierre, fidèle à l'une, était l'esclave de l'autre, mais les années n'entamaient pas le respect des convenances. Et le matin venu, chacun rejouait sa partition. Pendant l'Occupation, les gens de théâtre y célébraient les soirs de première. Sacha Guitry côtoyait Louis Jouvet et le jeune François Périer y faisait la fête avec Pierre Brasseur. Tandis que, dans la salle du haut, il fallait servir des Allemands désireux de s'encanailler, dans la cave, malgré les restrictions, le Tout-Paris des gens du spectacle festoyait. C'était une façon comme une autre de faire de la résistance. Et puis, un jour, Pierre est mort, laissant seules avec leurs souvenirs Lucienne, sa femme, et Denise, « l'autre ». Alors elles sont rentrées au pays, à La Capelle, dans le Lot, là où Lucienne était née. Elles y vivaient, serrées l'une contre l'autre, pleines de gaieté cependant. Toujours prêtes à déboucher du lourd, du sérieux, de la boisson d'homme, en trinquant royalement à la photo encadrée de Pierre, celui qui les avait réunies et qu'elles ne quitteraient jamais. J'aimerais penser qu'aujourd'hui, s'il y a un ciel, elles sont allées le retrouver. Malheureusement, j'en doute.

Albert Cossery

à Paris **2006**

Quelques questions en passant :
— Pourquoi en France les gens votent-ils toujours « contre » au lieu de voter « pour » ?
— Pourquoi le soir des résultats des élections, les politiques expliquent-ils qu'ils ont quand même gagné lorsqu'ils ont perdu ?
— Pourquoi ces derniers parlent-ils toujours de « rassemblement », comme si la langue française n'offrait pas d'autres mots pour désigner leurs espoirs ?
— Pourquoi assurent-ils, en remontant leur col, que la France est la cinquième puissance mondiale alors que c'est fini depuis longtemps ?
— Pourquoi affirment-ils qu'un scandale est toujours « sans précédent », voire une « affaire d'État » ?
— Pourquoi les journalistes politiques se croient-ils obligés de couper la parole à leurs invités puisque c'est très mal élevé ? (Oui, je sais, ils sont trop longs et vous tartinent leurs éléments de langage... Eh bien alors il ne faut pas les inviter !)
— Pourquoi est-il si difficile de retirer de son carnet d'adresses le nom de quelqu'un qui vient de mourir ?
— Pourquoi les Parisiens aiment-ils si peu les chiens alors que ceux-ci apportent un peu d'humanité à leurs trottoirs ?
— Pourquoi à la télé continue t-on de parler de « la plus belle avenue du monde » alors que les Champs-Élysées ressemblent désormais à un *shopping mall* pour Chinois ?
— Pourquoi ne donne-t-on pas la Légion d'honneur au plus beau sourire de la mode, à savoir celui d'Isabel Marant ?
— Pourquoi fait-on de plus en plus d'enfants puisqu'on sait de moins en moins les élever ?
— Pourquoi n'y a-t-il que Mick Jagger qui ne prenne pas de ventre en vieillissant ?
— Pourquoi étaler ses « pensées » sur Instagram quand on peut planter un arbre ?
— Et surtout : pourquoi Albert Cossery, le grand écrivain égyptien, dernier dandy de Saint-Germain-des-Prés, n'est-il plus de ce monde ?

Cristóbal Balenciaga

1927

Nous sommes là en présence de deux élégances. D'abord, bien sûr, le modèle, le grand couturier Balenciaga au comble du classique, qui n'a pas besoin d'artifices pour affirmer sa différence. Mais il y a aussi Boris Lipnitzki, celui qu'on ne voit pas, dont le but est de mettre en valeur celui qui lui accorde sa confiance. Il ne cherche pas à ce que l'on reconnaisse d'abord son style ; il est là pour l'autre, pas pour lui.
Il faut voir le travail de ce formidable photographe dont la vie entière est consacrée à l'élégance et à la célébration des êtres. En regardant ses images, je me demande si son humilité ne vient pas aussi de la rigueur du matériel dont il dispose. À l'époque, pour faire une photo, il faut une chambre en bois, on ne peut faire que quelques plaques, il faut attendre la bonne lumière, on doit faire poser son sujet longtemps ; tous ces freins conduisent forcément à une obligation à la réflexion. Chaque déclenchement de l'obturateur comporte un risque, son geste est condamné à la lenteur. Dieu sait si je suis pour les avancées techniques, je sais bien que toute invention nouvelle fera naître des talents, mais quand je vois aujourd'hui tout ce que l'on peut faire sur un téléphone portable, rajeunir quelqu'un de vingt ans d'un seul clic, changer le ciel pâle d'un paysage en un orage digne de Vermeer et surtout prendre quarante photos en trente secondes au lieu de n'en prendre qu'une seule, je me demande si cette pléthore de facilités ne rend pas les images sans saveur, sans valeur, voire sans identité. Si vous regardez les photos d'un Boris Lipnitzki, l'instant est figé, et grâce à cette immobilité obligée, on sent encore le temps qui passe.

Gong Li

à Hambourg, en octobre **1993**

Je l'ai photographiée trois fois en l'espace de dix ans. Elle ne parlait ni français ni anglais. Je ne comprenais pas le chinois. Notre dernière rencontre eut lieu dans un studio, à Hambourg ; mes assistants étaient allemands. Ce fut une séance des plus insolites. Je leur demandais un objectif, ils me passaient un peigne. Il y avait bien la traductrice, une espèce de mésange à lunettes, qui tentait de passer les messages. Peine perdue, Gong Li ne l'écoutait pas, moi non plus. Alors nous nous parlions par signes. Je levais les bras, elle faisait de même. Je tournais la tête, elle suivait le mouvement. Elle devenait poupée, je tirais les ficelles. Nos univers étaient séparés par une muraille de Chine. Elle avait les lenteurs d'une princesse d'autrefois. À la fin de la prise de vue, elle a demandé à son traducteur de me dire qu'elle était satisfaite. Puis elle m'a souri et, en se retournant vers la porte, elle n'est pas vraiment sortie ; disons qu'elle s'est évaporée. J'aurais aimé l'entendre une fois prononcer mon nom, mais ce n'était sans doute pas dans ses habitudes…

Une pensée de Coluche qui n'a, vous vous en doutez bien, aucun rapport avec cette photo :
« La vieillesse ? D'abord on oublie les noms, puis les visages, puis on oublie de fermer sa braguette, puis on oublie de l'ouvrir. »

Ma pomme

1980

Le bar du Beverly Hills Hotel de Los Angeles était connu comme la place où se concluaient les « deals » du cinéma. Effectivement, en entrant dans cet endroit, on touchait du doigt tous les attributs du succès ; disons qu'il y flottait l'illusoire impression que l'avenir vous appartenait. Un jour, je m'y trouvais assis à une table, non loin d'un producteur hollywoodien faisant face à un jeune metteur en scène désireux de lui vendre une idée.
La scène peut sembler caricaturale, elle est pourtant vraie. « Bon alors c'est quoi votre projet ? » dit l'homme au visage de cachalot. Et ce jeune homme, émule du American Film Institute de Los Angeles dont l'adolescence avait sûrement été bercée par Godard, Truffaut et Cassavetes, résuma son envie de film de la façon suivante : « Ça parle de *teenagers* sur une plage ; il y a la mer, du surf, des seins et des fesses, un meurtre, une vengeance et ça sera interdit au moins de treize ans. » En gros, pas de scénario, une histoire d'adolescents déjà vue mille fois, facile à sortir au printemps, sans parler du thème de la vengeance qui représente 80 % du cinéma américain. « D'accord, on fait un deal pour l'écriture ! » répondit le producteur. Ce jour-là, j'ai compris que je ne serai jamais un cinéaste américain. Car il faut savoir qu'en Europe, les films que l'on reçoit de là-bas sont la crème de la crème, mais il faut voir le reste. J'ai bien fait de revenir en France. Depuis, j'ai mis fin à toute velléité de cinéma ; j'ai seulement réalisé quelques documentaires pour la télévision française, sur Dutronc évidemment. Finalement, pour un type censé être photographe, j'aurai passé ma vie à tenter de réaliser des films. Pourtant j'aimais bien Los Angeles dans les années 1980. Mais, comme le dit Patrick Modiano : « On se lasse de tout, même de Rio ! »

Maïmé Arnodin

à Paris, avril **1986**

Cette belle personne est celle qui, avec sa compagne Denise Fayolle, a inventé le « prêt-à-porter » ; vous pouvez imaginer, je suppose, l'importance qu'elle a eue dans le monde de la mode. Pour les besoins d'une photo, j'avais loué une somptueuse Mercedes décapotable afin de faire une photo d'elle au volant, à pleine vitesse. Roulant à fond d'une seule main dans le bois de Boulogne, elle délaisse le volant pour se tourner vers moi. « Si on allait à Deauville ! » me dit-elle gaiement. Je réponds « Allons-y ! » par bravade. Alors elle ajoute : « Et puis là-bas, on ira au casino et on jouera la voiture ! » Moi, j'ai dit ça pour faire jeune, elle, elle l'aurait fait. Il ne fallait pas mentir à ses yeux de fillette, ni lui raconter de salades ; elle connaissait la chanson.

Louis Jouvet et mon père, François Périer

1950

Pourquoi ne faisais-je rien en classe ? La raison tient peut-être au fait que ce qui se passait dans la maison de mes parents était infiniment plus spectaculaire que les litanies des professeurs – ces héros de l'Éducation nationale auxquels je ne rendis hommage que le jour où j'eus moi-même des enfants. Ce que l'on tentait de m'apprendre à l'école ne pouvait lutter avec le va-et-vient constant des personnages exceptionnels qui, de jour comme de nuit, comblaient mon quotidien d'enfant gâté. Entre les grands dîners du soir après le théâtre et les différentes réceptions durant les week-ends, tout le monde du spectacle passait chez nous. Parfois nous apercevions derrière les rideaux des fenêtres du bureau de mon père l'impressionnant visage de cet homme immense qu'était Louis Jouvet. Il venait souvent à la maison. Je voyais bien que son regard ne s'attardait guère sur nous lorsque l'on jouait dans le jardin, mon frère, ma sœur et moi : pour lui, « jouer » était beaucoup trop sérieux pour être laissé entre les mains des enfants. Néanmoins, je me souviens du jour où, alors que je déjeunais seul dans la salle à manger, la porte s'ouvrit et Louis Jouvet entra dans la pièce comme sur la scène d'un théâtre, occupant tout l'espace pour se placer en face de moi, posant enfin ses mains, les bras bien écartés, de l'autre côté de la grande table. En me fixant droit dans les yeux, il prit son souffle : « Ton père veut que tu fasses du latin ? (Inspiration.) Il a raison ! (Expiration.) » La sentence excluait toute réponse, des années d'adulation des foules lui conférant un ton qu'on ne contredisait pas. Puis il se releva et sortit en refermant la porte. Je fis du latin et je suis convaincu qu'aujourd'hui, si je peux aligner ces quelques lignes, c'est d'abord grâce à Louis Jouvet.

Sonia Rykiel et Jean-Paul Gaultier

1995

Lorsque j'ai quitté Paris pour l'Aveyron, ça m'a quand même fait drôle. J'avais passé dans cette ville la plus grande partie de ma vie, la page n'était pas simple à tourner. Mais ce n'est pas la capitale que je quittai, il y a vingt-cinq ans ; c'est un certain esprit parisien. Assez du cynisme, des ricanements, assez de l'hégémonie de l'intelligentsia, des détenteurs du bon goût ; j'avais le sentiment qu'une sorte d'obsession new-yorkaise s'était emparée de la ville. Je ne comprends plus les Parisiens : si on leur sourit dans la rue, les passants prennent ça pour une agression ; ils n'aiment ni les Chinois ni les Arabes et ils n'aiment pas non plus les chiens. (Vous avez déjà essayé de prendre les transports en commun avec un chien ? J'ai failli en venir aux mains avec un Uber qui avait osé me dire : « Pas de ÇA dans ma voiture ! » Ça ? L'amour de ma vie ? Alors qu'à la campagne, quand j'entre dans un magasin, les gens disent bonjour à ma chienne avant même de me voir...) J'ai passé la plus grande partie de ma vie dans la capitale et je la trouve toujours magnifique, mais le Paris que je connaissais n'existe plus. La terrasse du Pam Pam, le bar du Mammy's, la rue Saint-Benoît pleine de monde, le club Saint-Germain, l'Olympia avant qu'il soit déplacé de quelques mètres, chez Castel (du temps de Jean Castel), l'Élysée Matignon, Le Mathis, même le parc de Saint-Cloud n'est plus le même... Peut-être mes dix années américaines m'avaient-elles conduit à fantasmer sur Paris ; dans les rues je cherchais le Fred Astaire de *Funny Face* lorsqu'en été les Champs-Élysées étaient vides et qu'Audrey Hepburn n'avait pas peur du sourire d'un passant. Je n'avais plus le cœur léger. Peut-être les grandes villes sont-elles faites pour les jeunes ; au fond, moi, je ne m'en sers plus. L'âge sans doute... Heureusement, finir mes jours à la campagne me semble être un privilège inouï. À moins qu'une fois de plus je ne décide de changer de vie.

Mère Marguerite Dutronc

2006

Lorsqu'il y a vingt-cinq ans, j'ai décidé de venir dans l'Aveyron pour y finir ma vie, j'ignorais qu'à dix-sept kilomètres de chez moi, la mère supérieure de Monteils était la tante de Jacques Dutronc. Hasard incroyable, d'autant plus qu'il ne m'en avait jamais parlé. Lorsque je demandai à la rencontrer, on me répondit qu'elle n'était pas emballée par l'idée de rencontrer un « journaliste ». (Je fais de temps en temps des chroniques dans *Le Villefranchois*, le journal des Aveyronnais, pour le plaisir de rencontrer les gens de la région.) Son appréhension ne m'étonna pas : dans la famille, ils ne courent pas après la publicité personnelle. Finalement, elle accepta de me rencontrer par politesse. Elle ressemblait effectivement au père de Jacques, lequel était un personnage haut en couleur, dont la vie était diamétralement opposée à celle de sa sœur. Lorsque Jacques a refait de la scène au Casino de Paris, en 1992, son père, du haut de ses quatre-vingt-dix ans, est venu tous les soirs au spectacle, entouré de deux ou trois hôtesses de l'air, amies de longue date. Mon entrevue avec mère Marguerite fut des plus chaleureuses ; je lui avais apporté ce portrait afin de l'immortaliser aux côtés de son neveu. Avec son cigare et son allure de rockeur, digne représentant d'une vie assez délurée, je trouvais cette image de la sainte et du diable des plus réjouissantes. Après la photo, elle posa aussitôt le portrait de Jacques sur la cheminée à côté d'un crucifix. Les Dutronc m'étonneront toujours.

Petite phrase du jour de Jacques Dutronc : « Boire ou conduire, c'est un slogan génial. Mon père, qui n'a pas de voiture, s'est mis à boire depuis. »

Mick Jagger et Bill Wyman

en coulisses, pendant la tournée américaine de 1972

Une armée de policiers forme une haie d'honneur, jusque dans les coulisses. Ils sont bien une trentaine à s'étaler en rang pour préparer la venue du maire de Boston, dont la femme tient à être photographiée aux côtés du groupe. Ce qui est quand même assez paradoxal si l'on songe à ce que sont les Rolling Stones : une langue tirée à la société entière, ils se tapent des gamines, se droguent à tour de bras, gagnent des millions ; son mari devrait les considérer comme des petits bandits, normalement leur place est en prison. Ils arrivent enfin et l'épouse ne passe pas inaperçue. Crinière péroxydée, son corps massif n'est qu'une succession de plis redondants… C'est beau, l'amour ! Dans les coulisses aménagées en un buffet pantagruélique digne de la pochette de *Beggars Banquet*, Keith torse nu dort à même le sol tandis que des membres de l'orchestre de Stevie Wonder (lequel assure la première partie) sont en train de rouler des joints sur les pages jaunes du *Boston News*. Les flics au garde-à-vous ont le regard en coin, leurs maxillaires bloqués tremblotent un tantinet. Et lorsque la dame demande à Mick une dédicace, celui-ci s'exécute avec un sourire évasif en posant un poster des Stones sur la table, près d'une pyramide de cocaïne à faire pâlir la brigade des stups de la région entière. Allez faire l'éducation de vos enfants après ça.

Julie Driscoll
1968

Avoir eu la chance de photographier beaucoup de gens ne signifie pas qu'on les connaît bien. Par exemple, cette chanteuse anglaise est entrée un jour dans mon studio, peut-être avons-nous échangé trois phrases, puis elle est repartie. Bon, après tout, c'est un travail, n'est-ce pas ? Mais parfois j'ai regretté de ne pas avoir engagé la conversation plus avant. Avec les hommes, c'est simple : cent fois j'ai pu dire sans problème : « Tiens si on allait boire un coup ? », mais vis-à-vis des femmes, la peur d'être pris pour un dragueur m'a souvent bloqué. Je l'ai maintes fois regretté en voyant la porte se refermer. Valeria Bruni-Tedeschi par exemple, face à sa tristesse durant notre première séance de photos : j'aurais adoré l'emmener dans un café pour lui redonner le sourire. Emmanuelle Devos également ; à l'époque, je ne connaissais pas cette actrice. Dans son attitude, on sentait une certaine retenue : visiblement, poser pour des photos ne l'emballait pas. Après une courte prise de vue, je me souviens d'être instinctivement sorti dans la rue pour la rattraper. Je la voyais marcher de dos, me demandant ce qui pouvait lui passer par la tête, là, maintenant. Puis, après quelques pas, je me suis arrêté et j'ai fait demi-tour : « Que vais-je lui dire ? Elle va penser que je veux lui sauter dessus ! » Elle l'aurait sans doute cru. Et pourtant, ce n'était pas mon intention. Voilà comment on passe à côté de quelqu'un. Combien de rendez-vous manqués ? On croise des milliers de gens mais on en « rencontre » très peu et se contenter de frôler ceux-là me semble impardonnable. Seulement les usages, la politesse vous interdisent de franchir le pas. Finalement, dans ma vie, les seuls privilèges qui auront vraiment compté restent ceux auxquels je n'avais pas droit.

Bob Dylan

quelque part en Angleterre **1966**

J'étais vraiment emballé par ce jeune artiste, aussi étais-je fou de joie de le suivre en tournée durant une semaine. Les chansons américaines avaient quand même été chamboulées par ses paroles, car avant lui, une grande partie des textes du jazz, du blues ou de la pop music tournait autour de « *I love you I want you I need you, Oh please baby don't go, I'm going to love you all night long*, etc. » (d'accord c'est réducteur, mais franchement, en gros ce n'est pas loin de la vérité...). Dylan arrive et il parle de sa vie, de sa génération, du siècle avec une poésie et un unique sens de l'abstraction, À vrai dire, au début, je comprenais mal ses textes ; c'est sa musique et son allure qui me plaisaient. Je l'avais rejoint sur sa tournée anglaise. Le plus frustrant, c'est qu'à cause de mon anglais approximatif, je n'ai pu avoir que deux ou trois conversations avec lui. Sa tournée passant par Paris, un soir, il me demanda pourquoi les Français voulaient venir le voir puisqu'ils ne comprenaient pas ses textes. À quoi je lui ai répondu : « Ben justement, c'est pour te voir ! » Ma réponse n'a pas eu l'air de l'emballer. C'est à cause de cette rencontre que je me suis donné un mal de chien à traduire ses textes pour en saisir le sens. Après cela, je l'ai écouté en boucle pendant des années.

Francis Blanche

1960 *par Pierre Vauthey*

J'aimais beaucoup Francis Blanche : il appartenait à ce genre de comiques susceptibles de faire des blagues pour rien, pour le plaisir ; parfois de simples bêtises dont personne n'était témoin. Seuls des amis ou quelques passants relataient ses plaisanteries, loin de toute caméra cachée. La plus connue de ses histoires, c'est lorsque, par un beau dimanche de printemps, Francis Blanche, alors qu'il arrive devant le passage du Lido des Champs-Élysées dans sa Cadillac de cinq mètres de long, décide de se garer dans un espace un peu court. Après un moment d'hésitation, il recule de façon brutale jusqu'à rentrer de plein fouet dans une pauvre 4CV garée contre le trottoir. Les passants, surpris par le bruit, s'approchent, intéressés comme toujours par le spectacle d'un accident. Et tandis que la Cadillac avance vers l'avant, voilà qu'elle freine et repart en arrière, emboutissant cette fois la Renault avec une violence inouïe. Stupéfaction dans la foule qui commence à insulter ce « sale riche » de conducteur. D'autres entourent le véhicule tandis qu'on appelle un policier. Celui-ci demande à Francis Blanche les papiers de son véhicule. C'est alors qu'il lui tend la carte grise de la Cadillac, ainsi que celle de la 4CV. Il avait préparé son coup la veille, juste pour se marrer. Impossible pour le flic de le verbaliser, l'acteur remercie la foule et il s'en va.

Une autre fois, il a fait installer sur sa voiture un faux clapet cachant un trou semblable à celui destiné à recevoir l'essence. Puis avec un copain, il arrive jusqu'à un garage en poussant le véhicule. Très essoufflé, il remercie le pompiste d'exister. « Super ou ordinaire ? » dit ce dernier. « Non, de l'eau ! » répond Francis Blanche. Incompréhension sur le visage du pompiste qui vide un arrosoir dans le trou. « Combien je vous dois ? » demande-t-il. Puis il redémarre en remerciant le pompiste interloqué. Encore aujourd'hui, sur sa tombe qui se trouve à Èze, il paraît qu'on peut lire son épitaphe : « Laissez-moi dormir, j'étais fait pour ça ! »

Lucky Blondo

1963

Je ne sais pas pourquoi, Lucky Blondo me rappelle l'atmosphère des cafés des années 1960. Je ne l'ai pas beaucoup connu, mais c'était un type très gentil.

À l'entrée derrière le bar trône la caissière, une tête de hibou montée sur roulement à billes. Le cheveu bien crêpé comme du sucre glace, le trait de rouge dépassant rageusement la limite de ses lèvres comme pour affirmer une sensualité fameuse, trop longtemps oubliée. Elle toise son monde, la caissière. Elle les regarde bien en face, ses clients, depuis qu'elle a changé de profession. Toujours à Pigalle, mais côté consommations. C'est qu'elle en a vu des sexes dans sa vie d'avant. Des petits tremblotants, des prétentieux, des timides. Des alanguis très doux, des paresseux pas fiers, des qui sautaient en marche, des affolés prudents. Des qui se recroquevillaient par peur d'être de trop, et des infatigables puissants mais sans finesse, durs à la tâche mais sans conversation. Elle l'a bien méritée, sa position assise, après toutes ces années à lire dans les moulures des plafonds. Aussi lorsqu'on la paie, elle ébauche un sourire, réminiscence du devoir accompli, du travail bien fait. Elle souriait pour l'amour, maintenant c'est pour une bière ; dans les deux cas, le plaisir est pour l'autre. Elle passe les plats, c'est tout. Je les aimais bien les cafés de Paris qui sentaient l'après-guerre, avec la sciure par terre et le néon moderne.

Mon aventure avec Mickey

1980

Dans les années 1980, la Pac, la société de Thierry de Ganay, m'avait engagé pour réaliser aux États-Unis un spot publicitaire pour Disney, destiné à récolter des fonds en vue de construire Euro Disney en France. Le tournage se passait à Orlando, dans des conditions absolument incroyables. Nous avions le parc entier à notre disposition, or j'avais avec moi mon fils Arthur qui devait avoir six ou sept ans. Vous pouvez imaginer le bonheur pour ce môme de voir son père diriger Mickey, Blanche-Neige, Donald et ses potes ; c'était l'extase. Surtout Mickey, que j'ai utilisé plusieurs fois, notamment pour la dernière scène du film. En effet, j'avais emmené plusieurs des personnages dans un paysage de campagne, censé représenter une prairie française pour tourner la fin du film ; ils avaient tous des outils à l'épaule comme s'ils se décidaient à commencer les travaux du futur Euro Disney. Mon petit Arthur était absent, il faisait sa sieste. Heureusement car, tandis que nous étions en train de préparer le tournage de cette scène, j'aperçois Mickey finissant d'enfiler son costume et, tenez-vous bien, j'ai un échange de regards très appuyés avec la jeune personne qui s'apprête à passer son masque. Elle est charmante en plus. Et c'est sans doute ce jour-là que j'ai donné la preuve la plus héroïque de mon rôle de père. Rendez-vous compte, j'aurais peut-être pu avoir une aventure avec cette jeune femme. En la suppliant de garder son masque, j'aurais pu vivre un moment fougueux « avec Mickey ». Vous imaginez le traumatisme ? Je devenais d'un seul coup un sujet d'étude passionnant pour les psychanalystes mondiaux. Mais, à l'idée de mon petit se jetant dans ses bras le lendemain, j'ai accompli un effort surhumain : j'ai détourné mon regard et j'ai repris mon rôle de metteur en scène, avec au cœur l'amertume du cosmonaute dont on annule le lancement de sa fusée.

François Périer et moi

1945

Mon merveilleux père. Pour la première fois de ma vie, je suis heureux que tu ne sois plus là. Si tu voyais la France d'aujourd'hui tu serais effondré, on y tue même un professeur d'école. Si je croyais en un quelconque ailleurs, j'attendrais de t'y retrouver, hélas il n'en est rien, c'est donc à ton souvenir que je m'adresse. Tu m'avais pourtant dit de respecter les profs, j'avais la tête ailleurs, j'aurais dû t'écouter. Si jamais tu es dans un paradis, ne lis plus les journaux ni internet, oublie la télévision, ça te mettrait le moral en flaque, ça ne vaut plus la peine. Ou bien, comme le chantaient Simon et Garfunkel, regarde juste la chaîne météo, ne serait-ce que pour voir sous quel ciel ta famille passera la journée.

Ma pomme

1980 *à New York*

Dans la série : « Quand pépère se penche sur son cas », ou l'époque où j'étais sur la route du succès au sens où les Américains l'entendent.

Dilettante, c'est juste une façon d'envisager la vie, une sorte d'apostolat consistant à comprendre que ce que l'on fait n'a pas tellement d'importance puisqu'on va rarement au bout des choses, et qu'il n'est pas honteux de choisir la solitude. Les gens qui me font l'amitié de s'intéresser à mon cas sont un peu largués, c'est normal, je m'y perds aussi. Dans les années 1960, je faisais photographe d'idoles ; dans les années 1970, je tournais des films de cinéma ; dans les années 1980, je nourrissais ma famille avec la publicité en Amérique ; puis arrivent les dix ans de mode grâce à ma sœur et au journal *Elle* ; et voilà qu'en 2000, je me mets à écrire des livres. Maintenant, je raconte ma vie sur scène et je sévis dans l'édition. Le plus amusant dans cette vie improvisée, c'est le syndrome du nid d'abeilles. À chaque compartiment son lot de rencontres, d'amitiés ou d'amours définitives que l'on quitte afin de ne jamais les perdre. À Los Angeles, je connais une faune publicitaire qui ignore tout du photographe français. Ici même, peu de gens connaissent les films que j'ai commis il y a quarante ans. Les gens de la mode ne savent pas que j'écris, et les écrivains se demandent dans quelle émission de télé je suis chroniqueur… Gros avantage : impossible de faire le bilan, pas d'état des lieux, c'est une vie en friche. L'existence a vraiment le sens de l'humour, à trop vouloir noyer le poisson, j'aurais dû faire gaffe, le poisson, c'était moi.

Mon père, François Périer, avec Jean-Paul Sartre

1948

C'est par lui que tout a commencé. J'aurai passé ma vie à tenter de lui ressembler. Et Dieu sait que ce ne fut pas simple. Il s'en sera donné du mal pour essayer d'inculquer à son ludion de fils les bases de l'honnêteté, de la rigueur et de l'humour indispensable qui furent les fondations de sa vie, tout en donnant des souvenirs aux innombrables spectateurs qui le suivirent tous les soirs sur les scènes des théâtres de France. Il aura également tourné dans plus de cent films, dont certains sont des chefs-d'œuvre. C'est étrange d'avoir un père que les autres admirent ; il ne nous appartient pas vraiment, on ne le voit pas assez. Les liens du sang nous manquaient un peu, mais nous les avons inventés. Cette torsion des sentiments apprise pendant l'enfance m'aura permis par la suite de me choisir des gens pour en faire ma famille. Cela comme le reste, je le lui dois ; après tout, c'est lui qui m'avait donné l'exemple. Je mesure chaque jour la chance que j'ai eue de grandir dans son ombre. Il m'aura tout donné, je ne serais rien sans lui.

Index

p. 8 Daniel Filipacchi et Jean-Marie Périer : © collection privée Jean-Marie Périer | **p. 21** Simone Signoret : © Simone Signoret, Manèges : DR | **p. 25** Arthur Penn : © AP/ SIPA | **p. 29** Michel Simon : © Reporters Associés / Gamma Rapho via Getty Images | **p. 39, 137 et 164** François Périer : © collection privée Jean-Marie Périer | **p. 47** Barbra Streisand © Steve Schapiro/Corbis Premium Historical/Getty Images | **p. 51** James Caan © Jeff Dunas | **p. 54** Vitrine magasin Schwab's : DR | **p. 56** Yvonne Printemps : DR | **p. 59** François Périer et Gérard Depardieu : © collection privée Jean-Marie Périer | **p. 63** Jacqueline Porel : © collection privée Jean-Marie Périer | **p. 77** Helmut Berger : © The History Collection/ Alamy banque d'Images | **p. 79** Une femme marchant dans la rue : © Rengim Mutevellioglu/ Getty Images | **p. 81** Michael Caine : © Everett Collection/ Bridgeman Images | **p. 83** Françoise Hardy et Daniel Filipacchi : © Pierre Vauthey/ Sygma/ Sygma via Getty Images | **p. 90** Jack Nicholson : © Roy Jones/ Intermittent/ Getty Images | **p. 96** Duke Ellington : © Daniel Filipacchi/Paris Match/Scoop | **p. 102** Juliette Gréco : © René Saint-Paul | Bridgeman Images | **p. 106** Orson Welles : © Michael Ochs Archives / Intermittent / Getty Images | **p. 113, 210 et 315** Jacques Porel : © collection privée Jean-Marie Périer | **p. 121** Mikhaïl Barychnikov : © Bettmann/ Getty Images | **p. 122** Agnès Jaoui et Jean-Pierre Bacri : © Catherine Cabrol/ Kipa/ Sygma via Getty Images | **p. 123** Maurice Ronet : © Claude Schwartz. Tous droits réservés 2023/ Bridgeman Images | **p. 146** Fred Astaire : © Eric Carpenter/Metro-Goldwyn-Mayer Pictures/Diltz/Bridgeman Images | **p. 148** Françoise Hardy et Jean-Marie Périer : © Giovanni Coruzzi/ Bridgeman Images | **p. 153** Jean-Marie Périer et Thomas Dutronc : © SAY WHO / Jean PICON | **p. 154** Anne-Marie Périer, Jean-Marie Périer et Inès de la Fressange : © SAY WHO / Jean PICON | **p. 167** Dean Martin et son fils : © Martin Hills / Getty Images | **p. 171** Daniel Filipacchi : © collection privée Jean-Marie Périer | **p. 175** François Périer et Jorge Semprún : © Agnès Pivot, collection privée Jean-Marie Périer | **p. 176** Billie Eilish : © JEP Celebrity Photos / Alamy Banque D'Images | **p. 177** Réjane : © Nadar, collection privée Jean-Marie Périer | **p. 184** Nora Hamzawi : © Abaca Press/ Alamy banque d'images | **p. 188** Bob Evans et Ali MacGraw : © Ron Galella/ Getty Images | **p. 198** Serge Gainsbourg : © Tony Frank | **p. 203** Harrison Ford dans Blade Runner, par Ridley Scott, 1982 : collection Christophel © The Ladd Company/Shaw Brothers | **p. 217** David Crosby : © Sony Pictures Classics/ Entertainment Pictures/ Alamy banque d'Images | **p. 218** Simone Signoret et Yves Montand : DR | **p. 225** Nico : © Trinity Mirror / Mirrorpix / Alamy Banque D'Images | **p. 237** Gene Vincent : © Pictorial Press Ltd/ Alamy Banque d'Images | **p. 257** Jean-Pierre Rassam : © Alain Dejean/Sygma/ Getty Images | **p. 258** Une Mustang crème : © Bettmann/ Getty Images | **p. 261** Le David de Michel-Ange : © Franco Origlia/ Getty Images | **p. 264** Étienne Daho et Jean-Marie Périer : © Frédéric Maligne | **p. 277** Un avion qui décolle : © Lukas Godja/ Adobe Stock | **p. 279** Florence Aubenas : © Christian Liewig-Corbis/Getty Images | **p. 281** Dany Robin et François Périer dans Elle et moi : © La Société des Films Sirius/ Les Productions Jacques Roitfeld/ Collection Nana Productions/ SIPA | **p. 292** François Périer et Federico Fellini : © Reporters Associati & Archivi/ Mondadori Portfolio via Getty Images | **p. 312** Jacques Porel, Jacqueline Porel et Jean-Marie Périer : © collection privée Jean-Marie Périer | **p. 313** Sean Young dans Blade Runner, 1982, Real Ridley Scott. Collection Christophel © The Ladd Company / Shaw Brothers | **p. 318** Vincent Lindon, Michèle Morgan et François Périer : © collection privée Jean-Marie Périer | **p. 319** Anne-Marie Duval-Foulc : © collection privée Jean-Marie Périer | **p. 335** Une femme de dos : © Ilona Wellmann/ Trevillion Images | **p. 360** Greta Garbo dans le rôle de Mata Hari, en 1931 : © Clarence Sinclair-Bull/Bridgeman Images | **p. 363** Anne Sylvestre : © Louis Monier/Bridgeman Images | **p. 386** Cristóbal Balenciaga : © Boris Lipnitzki / Roger-Viollet | **p. 390** Louis Jouvet et François Périer : DR | **p. 396** Francis Blanche : © Pierre Vauthey / Sygma / Sygma via Getty Images

Les citations de Jean Yanne proviennent
pour majorité de son livre *On n'arrête pas le progrès*,
éd. Le Cherche midi, 2015.

ACHEVÉ D'IMPRIMER EN SEPTEMBRE 2023
PAR L'IMPRIMERIE PPO GRAPHIC
91120 PALAISEAU
POUR LE COMPTE DES ÉDITIONS CALMANN-LÉVY
21, RUE DU MONTPARNASSE 75006 PARIS

N°ÉDITEUR : 6129478/01
DÉPÔT LÉGAL : NOVEMBRE 2023
IMPRIMÉ EN FRANCE